Éthique et politique chez Hans Jonas

Ouverture philosophique

Collection dirigée par Aline Caillet, Dominique Chateau, Jean-Marc Lachaud et Bruno Péquignot

Une collection d'ouvrages qui se propose d'accueillir des travaux originaux sans exclusive d'écoles ou de thématiques.

Il s'agit de favoriser la confrontation de recherches et des réflexions, qu'elles soient le fait de philosophes « professionnels » ou non. On n'y confondra donc pas la philosophie avec une discipline académique ; elle est réputée être le fait de tous ceux qu'habite la passion de penser, qu'ils soient professeurs de philosophie, spécialistes des sciences humaines, sociales ou naturelles, ou… polisseurs de verres de lunettes astronomiques.

Dernières parutions

Edmundo MORIM de CARVALHO, *Paradoxes et peinture I : Escher, Klee, Kandinsky, Matisse, Picasso*, 2015.
Edmundo MORIM de CARVALHO, *Paradoxes et peinture II : Monochrome, Hyperréalisme, expressionnisme abstrait et pop art*, 2015.
Lenka STRANSKA, Hervé ZÉNOUDA (dir.), *Son – image – geste. Une interaction illusoire ?*, 2015.
Jean-Luc EVARD, *Du sensible au sensé*, 2015.
Philippe FLEURY, *Philosophie de l'histoire et cosmopolitisme*, 2015.
Aouichaoui Mohamed KARRAY, *Thomas Hobbes et l'idée de puissance*, 2015.
Jalal BADLEH, *De Derrida à Lévinas, La dette et l'envoi, Le temps de l'autre, La déconstruction et l'invention du futur*, 2015.
Lilia BACHA, *Le Regard en-péché, Réflexion sur le regard porté sur le corps féminin*, 2015.
Andreas WILMES, Johan-Antoine MALLET (eds), *Figures philosophiques du conflit*, 2015.
Adrien DIAKIODI, *Le combat philosophique de Maurice Blondel contre la double ignorance des masses,* 2015.
Samir MESTIRI, *L'ironie de Socrate. Essai sur l'ironie philosophique*, 2015.
Paul DUBOUCHET, *De la guerre au terrorisme... Les véritables causes*, 2015.
Etienne PIERRE, *Le boudoir de la mort ou l'imposture de Sade*, 2015.
Gérald ANTONI, *Le Saint Nom de Jésus. Mystère et révélation*, 2015.
Stéphane MOURAD, *L'unité de l'intellect. Histoire d'une controverse*, 2015.
Jean-Louis BISCHOFF, *Corps et pop culture*, 2015.

Cyrille SEMDE

Éthique et politique chez Hans Jonas

Pour une philosophie politique de l'environnement

5-7, rue de l'Ecole-Polytechnique, 75005 Paris

http://www.harmattan.fr
diffusion.harmattan@wanadoo.fr

ISBN : 978-2-343-07592-1
EAN : 9782343075921

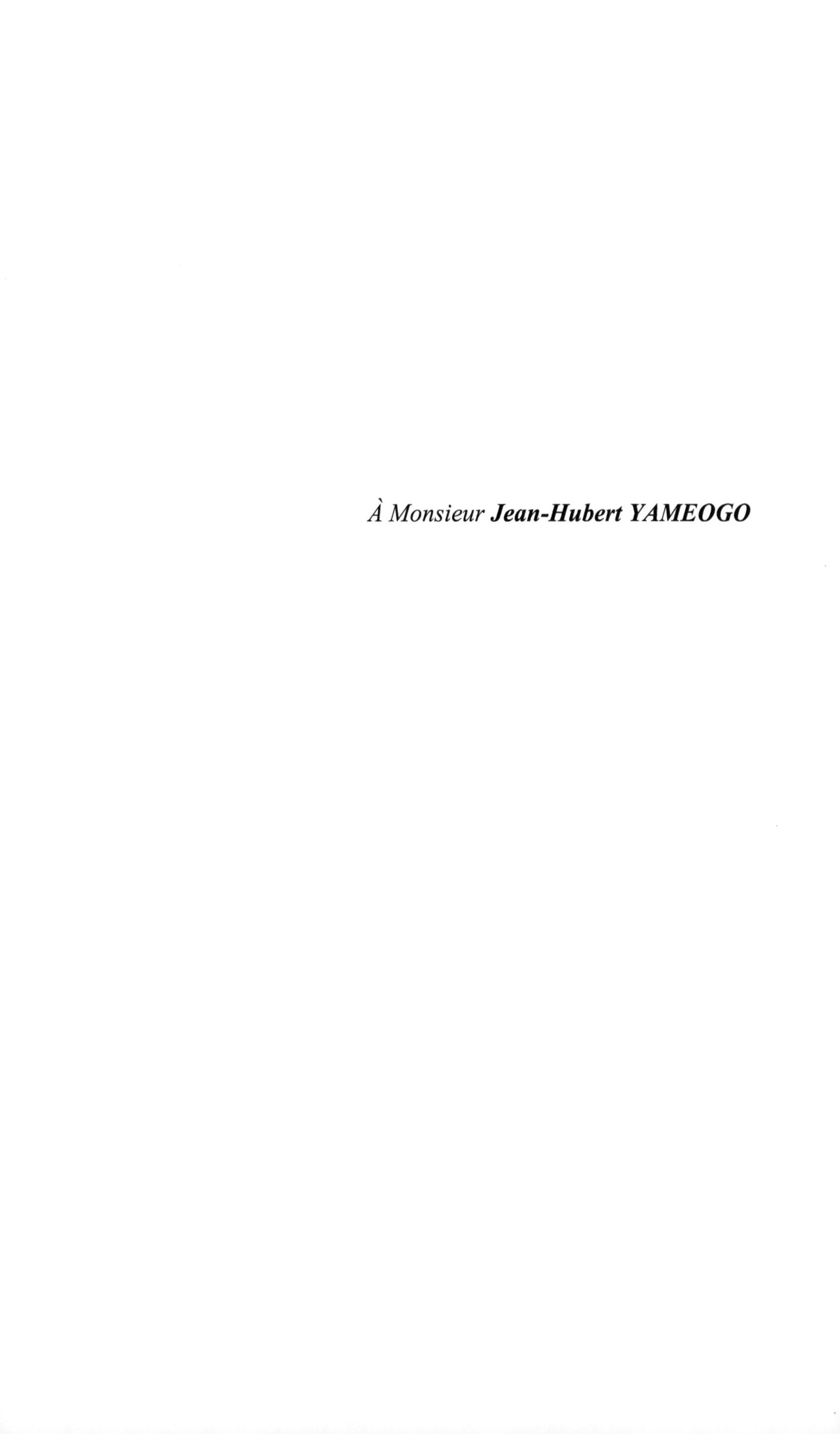

À Monsieur ***Jean-Hubert YAMEOGO***

PRÉFACE

L'auteur du présent ouvrage m'a fait l'honneur de m'en confier la préface. L'acte est sans doute loin d'être banal car cette sollicitation est le signe d'une amitié, dans l'expérience de la simplicité de la vie mais aussi à l'épreuve partagée de diverses contingences... Le caractère inédit et singulier de l'exercice mais aussi la proximité avec l'auteur ont rendu cependant ma plume quelque peu hésitante. Il n'est pas aisé de parler d'un ami, même quand il est question d'en être le préfacier. Cyrille Semdé, enseignant de philosophie à l'Université de Ouagadougou, est connu pour s'être engagé dans ses enseignements sur les sentiers très spéculatifs et exaltants de l'idéalisme allemand, de la phénoménologie mais aussi dans un dialogue fécond avec certaines figures référentielles de l'éthique environnementale. On le sait, la crise écologique contemporaine est investie par des sciences telles que la géologie, la climatologie, la biologie, le droit... Mais elle doit requérir, pour être bien pensée, les vertus d'un discours qui interroge les choses dans leur pesanteur métaphysique, les questionne dans leur dimension éthique. L'affirmation d'un sens et d'une nécessité de la philosophie tient à son souci des préoccupations des hommes.

L'écrit que l'auteur offre aux lecteurs est une méditation philosophique sur la crise environnementale. Il est articulé sur la pensée de Hans Jonas, pensée incontournable en ce qu'elle prend, de manière radicale, la mesure de la crise contemporaine consécutive au déploiement de la science et de la technique. Le choix de la philosophie de Hans Jonas comme cadre théorique d'examen de la problématique environnementale se justifie d'abord par l'intérêt personnel qu'il accorde à la phénoménologie et au questionnement dont elle peut être l'objet. Une telle approche critique se rencontre chez le philosophe qui, comme il l'avoue lui-même, doit à cette école son initiation à la philosophie. Il a en effet été disciple de Heidegger dont il critique la pensée même si elle marque un pas décisif par rapport à celle du maître, Husserl. Ensuite, par-delà la phénoménologie, la théorie de la responsabilité offre l'occasion d'un regard en arrière critique sur l'histoire de la philosophie ; elle contraint à nouveau la philosophie à se questionner, afin de discerner son rôle dans la crise de l'humanité contemporaine, dont l'une des formes n'est rien d'autre que la crise écologique. L'auteur est bien conscient qu'il n'aborde que l'une des dimensions de la théorie qui, en plus de ses implications écologiques, soulève d'autres questions telles que celles qui touchent à la bioéthique, à l'éthique appliquée aux sciences de la santé, à la théologie, à la métaphysique...La question écologique constitue une porte d'entrée non seulement à la pensée du philosophe, mais aussi une ouverture au débat sur les implications philosophiques des problèmes contemporains, notamment ceux de l'éthique et de la politique. Mais le tout de la réflexion est supporté en arrière-plan par un projet philosophique plus spécifique : celui de la quête des fondements d'une philosophie politique de l'environnement.

La crise de la nature appelle une responsabilité fondatrice d'un souci pour les générations futures et pour un développement durable. Nous connaissons ce passage de Hans Jonas : « Le Prométhée définitivement déchaîné, auquel la science confère des forces jamais encore connues et l'économie son impulsion effrénée, réclame une éthique qui, par des entraves librement consenties, empêche le pouvoir de l'homme de devenir une malédiction pour lui. »[1] La pensée jonassienne a ouvert une perception inédite et *Le principe-responsabilité. Une éthique pour la société technologique*, texte monumental qui aspire à réinstaurer une nouvelle alliance entre l'homme et la nature, a illuminé le ciel de la philosophie contemporaine.

Cyrille Semdé, dans cette réflexion, traite surtout des implications et conséquences éthiques et politiques du projet jonassien, notamment de la place qu'il accorde à la liberté, au régime démocratique. Il évalue la préférence *a priori* jonassienne pour la tyrannie qui serait le contrepoids véritablement opérant à la catastrophe qui menace l'humanité. Si on peut donc soutenir que le philosophe allemand fait progresser l'éthique de manière notable et substantielle pour une humanité en quête de survie, la liberté semble dans ce mouvement être traitée de manière problématique. Cet essai nous fait voir la richesse et la fécondité de la pensée de Jonas tout en mettant l'accent sur les

[1] Hans Jonas, *Le principe responsabilité. Une éthique pour la civilisation technologique,* trad. par Jean Greisch, Paris, éd. du Cerf, 1990, p.13

conditions politiques de sa réalisation. Dans son explicitation de la pensée du philosophe allemand, l'auteur convoque de manière habile, avisée, divers courants et options de l'éthique tenant de l'anthropocentrisme, du biocentrisme, de l'écocentrisme mais aussi des figures référentielles tels que Platon, Emmanuel Kant, Georg Wilhelm Friedrich Hegel, Edmund Husserl, Martin Heidegger, Jürgen Habermas, Karl Otto-Apel. Dans un style alerte, sans les radotages ni les obscurités dans lesquels semblent exceller certains philosophes, l'auteur argumente son choix de la démocratie délibérative, fondée sur l'éthique de la discussion.

Je me rappelle l'insistante question d'une dame allemande m'interrogeant sur les raisons de mon choix de rédiger une thèse sur la figure de l'esprit objectif selon Hegel. Elle cherchait le bien-fondé d'un tel projet dans la mesure où la pensée de ce philosophe lui semblait très éloignée des préoccupations du continent noir et de ses habitants, y compris de ses intellectuels. Cette dame, inspirée sans doute non pas par le préjugé qu'un Africain ne pourrait pas comprendre Hegel mais par une sorte d'inquiétude généreuse ou d'indignation vertueuse, n'avait pas compris que les philosophes ne brillent pas seulement pour leurs espaces culturels immédiats et qu'il y a dans toute pensée authentique quelque chose d'universel. Les véritables penseurs, nonobstant leurs limites et même en vertu de celles-ci, projettent des lueurs substantielles aussi bien sur leurs contemporains que sur leur postérité. J'ai attiré l'attention de mon interlocutrice étonnée sur des aspects relevant chez Hegel d'une mauvaise anthropologie, notamment ses propos ahurissants sur l'Afrique noire mais aussi sur le fait que cheminer avec lui est une si bonne compagnie qui nous permet, au-delà des scories, de mettre la main sur des pierres précieuses, qui pourront être des repères pour les hommes qui veulent aller de l'avant, quelles que soient leurs déterminations culturelles.

À ceux qui, en proie à une sorte d'incrédulité, seraient tentés de poser la même question à l'auteur de cet ouvrage, on pourrait dire qu'une pensée comme celle de Hans Jonas ne peut être enfermée dans un espace socio-culturel et qu'elle est loin d'être anachronique. L'homme est un prédateur pour la nature partout sur la terre. Le péril écologique est universel : dégradation de l'environnement, exploitation immodérée des ressources naturelles, déforestation, destruction d'espèces animales et végétales,... Dans *L'ingérence écologique* Michel Bachelet dénonce le mode de vie de l'*homo mundi* : « Saccagée, dévastée par une majorité de peuples pauvres, consommée et gaspillée par une minorité d'États riches, la terre n'en finit pas de suer ses ressources pour assurer la survie d'une humanité ingrate. Jusqu'ici, elle a nourri très chichement les uns, pantagruéliquement les autres, mais aucun d'eux ne lui a accordé sa gratitude. »[2] L'auteur, dans le fond, ne se livre pas à une ''importation'' de Hans Jonas. La nécessité du pacte écologique que réclame ce philosophe, la responsabilité qu'il appelle de manière urgente ne concernent pas seulement les pays du Nord ou les sociétés industrialisées. Elle concerne peut-être beaucoup plus les pays sous-développés dont les populations peuvent, de par leur ignorance ou de par la misère qui les assaille, se rendre coupables de négligence ou d'actes préjudiciables à une bonne entente avec la nature. Il faut un éveil collectif pour prémunir d'un cauchemar planétaire. La responsabilité des politiques est engagée mais aussi celle des citoyens qui, par leur incurie, contribuent à hypothéquer l'harmonie avec la nature. C'est en cela que la discussion mais aussi l'éducation en matière d'éthique de la discussion, la démocratisation, c'est-à-dire la vulgarisation du savoir sur les questions environnementales sont les conditions d'une sorte de pacifisme ou de compassion favorables à un équilibre écologique.

Cyrille Semdé, phénoménologue, esthéticien, philosophe de l'environnement, ami de la nature, nous offre là un bel ouvrage que d'autres, j'en suis certain, suivront.

Dr Alain Casimir ZONGO
Université de KOUDOUGOU

[2] Michel Bachelet, *L'ingérence écologique*, Paris, éd. Frison Roche, 1995

INTRODUCTION GÉNÉRALE

La pensée éthique et politique représente une détermination essentielle du penser philosophique tel qu'il se construit dès son émergence. Interprétée parfois comme un art de vivre, la philosophie s'adresse à l'homme en lui proposant des règles et des modèles de vie susceptibles de conférer un sens authentique à son existence. Cette recherche des meilleurs principes, c'est-à-dire, du point de vue philosophique, des principes raisonnables, conduit parfois à l'examen de la question politique. La politique apparaît comme le moyen ou le cadre dans lequel et par lequel l'éthique peut s'accomplir, même si, *a priori* l'éthique et la politique se distinguent l'une de l'autre. La société en effet, constitutive de la nature de l'homme, devrait contribuer à le faire devenir ce qu'il est, c'est-à-dire un être raisonnable et libre. C'est ainsi que l'éthique conduit à la politique et cette dernière manifeste le besoin de s'appuyer sur des principes éthiques pour répondre à sa fin[3]. Pour Jacqueline Russ, cette préoccupation pour les questions éthiques et politiques jouit d'une grande ferveur aujourd'hui. En effet, dans *La Pensée éthique contemporaine,* elle affirme : *« Tout semble annoncer, aujourd'hui, un retour de la philosophie éthique : développement de nouveaux courants de pensée, renaissance du débat éthique et multiplication des discussions. Ainsi la réflexion axiologique et morale bénéficie-t-elle d'une faveur inédite.»*[4] Beaucoup de signes témoignent d'un regain d'intérêt pour la question de l'éthique.

Sur le plan de la pratique sociale et politique, on assiste en effet à l'émergence de structures telles que les comités nationaux d'éthique, créés parfois à l'occasion de crises politiques, comme c'est le cas au Burkina Faso[5], commis à la réflexion concernant les voies et moyens

---

[3] Bien entendu il s'agit ici d'un présupposé qui ne signifie nullement l'ignorance de la dialectique entre l'éthique et la politique.

[4] **Jacqueline Russ** : *La pensée éthique contemporaine,* Paris, éd. P.U.F, 1994, p.3

[5] Un comité national fut créé par décret présidentiel en date du 08 Jin 2001 suite à l'assassinat du journaliste Norbert ZONGO le 13 Décembre 1998. L'article 2 stipule

pour faire respecter certaines valeurs morales. Même les actions de lutte contre la corruption peuvent être mises au compte de la préoccupation actuelle pour l'éthique en tant qu'elles participent des efforts pour moraliser non seulement la vie publique, mais aussi la gestion du pouvoir politique. Le souci éthique se repère encore au niveau des organismes internationaux. Il en est ainsi du Comité International de Bioéthique (C.I.B.), créé en 1993 par l'U.N.E.S.C.O., dont la tâche principale consiste à encadrer non seulement les recherches dans le domaine des sciences de la vie, mais encore leurs applications aussi bien dans le domaine de la santé que dans celui de l'économie qui en constitue un enjeu indéniable. Il s'agit, en dernière analyse, de veiller au respect des principes de dignité et de liberté de l'homme considéré comme une personne. Toujours dans le cadre de cette organisation fut proclamée le 11 Novembre 1997 la *Déclaration Universelle sur le Génome Humain et les droits de l'homme.* Tandis que l'article1 définit ce que l'on entend par « *génome humain* »[6], l'article suivant insiste sur le droit qu'a chaque individu au respect de sa dignité, quelle que soit sa différence génétique. Il en est de même de la C.O.M.E.S.T. (Commission Mondiale d'Ethique des connaissances Scientifiques et des Technologies), créée en 1998, dont la vocation consiste à formuler des principes éthiques susceptibles d'éclairer les débats des responsables politiques à la lumière de critères non économiques.

Au niveau théorique, on observe le même affairement autour de la question de l'éthique. On assiste à une prolifération de théories. La diversité de celles-ci vient du fait que chacune propose des principes susceptibles de refonder l'éthique ou de l'orienter en fonction du secteur de la vie à laquelle elle s'adresse. On peut citer à ce titre *l'éthique de la reliance* fondée par Edgar Morin qui en expose les principes dans *La méthode 6. L'éthique*, paru en 2004 à Paris aux éditions du Seuil. Cet ouvrage se présente comme le point d'aboutissement d'un projet philosophique que s'était assigné l'auteur et dont la première étape s'est accomplie avec la publication de *La nature de la nature* aux éditions du Seuil en 1981. S'ajoutent

---

que « le Comité national d'éthique est un observatoire de la société burkinabè. » dont le but est de veiller » à la sauvegarde des valeurs laïques et républicaines aux plans moral, culturel et humain. »

[6] « Le génome humain sous-tend l'unité fondamentale de tous les membres de la famille humaine, ainsi que la reconnaissance de leur dignité intrinsèque et de leur diversité. Dans un sens symbolique, il est le patrimoine de l'humanité. »

également *l'éthique de la discussion* dont Jürgen Habermas et Karl Otto Apel sont les promoteurs, le projet de fondation d'une « éthique de l'engagement » élaboré par Mahamadé Savadogo, *l'éthique de l'environnement* dont celle de la responsabilité que s'est proposée Hans Jonas de construire

Au sujet de l'éthique de l'environnement, l'œuvre de Hans Jonas figure parmi celles que l'on peut considérer comme étant les plus incontournables. Elle constitue par conséquent une référence essentielle en la matière. Les discours officiels (politiques et économiques) lui doivent par exemple l'idée du « *souci pour les générations futures* », qui sert par ailleurs de fondement au « *concept de développement durable* ». Bien entendu, le souci pour les générations futures comme principe éthique est antérieur à Hans Jonas. Il importe cependant de souligner l'importance de sa contribution à la justification philosophique de l'impérieuse nécessité de faire du souci pour l'avenir de l'humanité l'objet d'une responsabilité active. La pensée du philosophe Allemand, qui s'est nourrie d'abord de la philosophie classique, se présente comme étant la répercussion en Allemagne de l'*écologie profonde* développée dans les pays anglo-saxons[7]. Du point de vue de ce philosophe, la crise de l'environnement s'origine dans le développement scientifique et technique, progrès qui est tel, qu'il menace jusqu'à l'existence même de l'homme. Par conséquent, sortir de la crise exige que l'homme parvienne à maîtriser non plus la nature, mais la technique elle-même. Ainsi dès la préface, l'auteur affirme que *« le Prométhée définitivement déchaîné, auquel la science confère des forces jamais encore connues et l'économie son impulsion effrénée, réclame une éthique qui, par des entraves librement consenties, empêche le pouvoir de l'homme de devenir une malédiction pour lui.»*[8] Le principe de neutralité axiologique caractéristique de l'esprit scientifique moderne

---

[7] **Luc Ferry** : l'écologie profonde *« non seulement tend à devenir l'idéologie dominante des mouvements « alternatifs » en Allemagne et aux Etats-Unis, mais c'est elle aussi qui pose dans les termes les plus radicaux la question de la nécessaire remise en cause de l'humanisme. Elle a bien entendu trouvé ses intellectuels organiques : Aldo Léopold aux Etats-Unis, mais aussi, pour une large part de son travail, Hans Jonas en Allemagne dont le Principe Responsabilité (...) est devenu la bible d'une certaine gauche allemande et bien au-delà...* », In *Le nouvel ordre écologique. L'arbre, l'animal, l'homme*, Paris, éd. Grasset, 1992, p.32.

[8] **Hans Jonas** : *Le principe responsabilité, Une éthique pour la civilisation technologique*, trad. par Jean Greisch, Paris, éd. du Cerf, 3ème édition, 1995, p.13.

devient caduc dans la mesure où, en subordonnant la science aux objectifs économiques et même politiques, on l'éloigne de l'ancienne éthique de la recherche orientée vers la contemplation. Elle devient un instrument de transformation économique de la nature au point que son idéal originaire, celui de la libération, prend désormais la forme d'une menace ou d'un danger qu'il faut éviter, que l'on peut éviter à la condition de construire une nouvelle éthique. Le caractère particulier de cette éthique réside dans le fait que non seulement elle se désigne comme une *éthique du futur*[9], mais encore elle s'adresse non pas à l'individu, mais essentiellement à la collectivité. Dans ces conditions, elle comporte d'emblée une dimension sociale qui pose le problème de son application politique. Il faut définir et instaurer un cadre politique suffisamment efficace pour la mise en œuvre des principes d'une *éthique de la responsabilité* en tant que réponse appropriée à la civilisation technologique. Ce projet ne saurait se réaliser, du point de vue de Hans Jonas, dans le cadre de la démocratie. Car il s'agit d'un projet qui nécessite des restrictions et des contraintes auxquelles les citoyens ne pourraient volontairement *consentir*.

Mais ne s'agit-il pas là d'une erreur d'interprétation de la pensée du philosophe dans la mesure où, conformément à ce qu'il suggère dans le passage qui vient d'être cité, il soutient que c'est *« par des entraves librement consenties »* que l'humanité présente peut éviter la menace technologique ? L'application d'une éthique de la responsabilité comme réponse au défi technologique présupposerait donc l'autonomie des citoyens. Par conséquent aucune contrainte extérieure ne devrait obliger les citoyens à se subordonner aux nouveaux impératifs. Mais l'autonomie des citoyens ne constitue-t-elle pas l'un des fondements de la démocratie ? Dans ce sens, existe-t-il encore des raisons pleinement justifiées de soutenir que Hans Jonas rejette la démocratie comme système politique capable de satisfaire aux exigences d'une éthique de la responsabilité ?

On n'a pas besoin de sortir de la doctrine de Hans Jonas pour rechercher ces raisons. En effet, plus loin dans *Le Principe responsabilité,* il insiste sur le fait que les régimes populaires et plus précisément démocratiques sont inefficaces pour un tel projet, car ils sont moins capables d'imposer des mesures de discipline suffisam-

---

[9] Il faut remarquer que les écrits de Hans Jonas consacrés à l'éthique insistent particulièrement sur cette dimension temporelle – l'orientation vers l'avenir. Le sens du concept sera explicité par la suite.

ment contraignantes que ne le sont les régimes d'inspiration marxistes-communistes. Par conséquent, ce serait seulement dans le cadre de régimes "tyranniques", autoritaires, que les mesures qui s'imposent pourraient être appliquées de façon efficace. Au nom du souci écologique, soutient-il, « *nous pouvons même accepter comme prix nécessaire pour le salut physique une pause de la liberté dans les affaires extérieures de l'humanité* »[10]. Par « affaires extérieures », on peut entendre les relations de l'homme avec la nature et les rapports interpersonnels dans le cadre de la vie sociale.

A priori une telle option renferme une contradiction qui n'échappe pas à Hans Jonas lui-même, et révèle, d'une certaine façon, certaines ambivalences de sa démarche. En effet, il reconnaît que la liberté constitue la nature humaine, même si elle s'exprime déjà dans les formes primitives de la subjectivité. La plupart des doctrines philosophiques s'accordent sur cette idée au point que la philosophie, dans son ensemble et dès son émergence, peut être considérée comme la voie vers la liberté puisqu'elle se conçoit comme étant le domaine de la pensée et de l'agir libres. La liberté apparaît comme le "*ce-sans-quoi*" l'homme cesserait d'être tel, conformément à l'avertissement bien célèbre de Jean-Jacques Rousseau selon lequel « *renoncer à sa liberté c'est renoncer à sa qualité d'homme, aux droits de l'humanité et même à ses devoirs...* »[11] Des divergences peuvent apparaître lorsqu'il s'agit de déterminer le sens de la liberté, qu'il s'agisse de la liberté intérieure (celle de l'homme par rapport à lui-même ou liberté morale), ou de la liberté de l'homme en tant qu'il est un être social (la liberté civile ou politique) ou encore de la liberté de l'homme par rapport à la nature extérieure. Toujours est-il que ces points de vue se rencontrent sur un point commun : sans liberté, il n'y a pas d'humanité ; sans liberté, l'existence de l'homme perd son sens. Les règles morales, juridiques, l'effort humain, n'ont de sens et de valeur qu'en relation avec ce principe de la liberté.

Privilégier la survie physique de l'humanité même au prix de la liberté devient contradictoire d'autant plus que Hans Jonas reconnaît qu'elle est ontologiquement constitutive de l'essence de l'homme et

---

[10]**Hans Jonas** : *Pour une éthique du futur,* trad. par Cornille et PR. Ivernel, Paris, éd. Payot et Rivages, 1998, pp. 113-115.

[11] **Jean-Jacques Rousseau :** *Du contrat social* ou *principes du droit politique.* In *Œuvres complètes III,* Encyclopédie de la Pléiade, Paris, éd. Gallimard, 1964, p. 356.

qu'elle fonde la responsabilité. Il essaie cependant de surmonter cette incohérence en indiquant qu'il ne s'agit pas « d'effacer » la liberté mais plutôt de la bannir « *temporairement de l'espace public...* »[12] Mais c'est là justement que le problème se pose. Pendant combien de temps une telle suspension de la liberté peut-elle durer ? De la volonté de sa mise entre parenthèses provisoire ne risque-t-on pas de la supprimer définitivement ? Toujours est-il que, sur le plan politique, l'option de Hans Jonas ne semble pas s'accommoder de la démocratie qu'il juge incapable de servir de cadre politique pour la prise de mesures suffisamment contraignantes pour juguler la crise écologique.

Pourtant même au fond de l'écologie radicale se trouvent des présupposés démocratiques, à commencer par l'idée même d'une extension des droits et des valeurs à la nature. Car l'idée de démocratie n'est pas séparable de celle de la nécessité d'un décentrement, non seulement du pouvoir, mais aussi des valeurs et des droits. La crise de l'environnement exige que ce décentrement s'étende à la sphère non humaine. De plus, c'est encore dans des régimes démocratiques qu'ont pu se constituer des formations politiques qui font de la défense de l'environnement le fil d'Ariane de leur programme politique. Les partis politiques dits des Verts figurent parmi les mouvements de défense de l'environnement. Mais il faut distinguer les mouvements écologiques de la pensée écologique. Les premiers se constituent soit comme mouvements de la société civile, soit comme organisations internationales, soit comme des partis politiques. On peut citer à titre d'exemple des organisations telles que l'U.I.C.N. et Green Peace. À la différence des mouvements écologiques, la pensée écologique s'inscrit dans le cadre de la recherche scientifique et également dans celui de la réflexion philosophique. Les mouvements écologiques s'appuient sur les données de la pensée écologique pour justifier leur raison d'être. Que ces mouvements existent et soient tolérés dans la sphère publique restreinte des Etats tout comme dans l'espace public international, cela témoigne d'une inscription ou de la possibilité d'une inscription de la question écologique dans le débat démocratique. L'ouverture de l'espace public international aux débats sur l'environnement participe aussi d'une volonté de gérer démocratiquement les questions liées au développement scientifico-technique et à l'industrialisation dont les conséquences écologiques paraissent inquiétantes. Que les différents Etats

[12] *Ibidem.*

aient l'opportunité de s'exprimer sur la question et de défendre leurs positions même si parfois certaines ne sont pas rassurantes en matière de lutte contre le réchauffement de la planète par exemple, cela traduit la possibilité de trouver démocratiquement et de façon consensuelle, les voies et moyens susceptibles de sauvegarder l'environnement. Ainsi, pour Axel Kahn, la responsabilité ultime devant laquelle nous sommes placés face aux dérapages « *dans l'utilisation de ce fantastique potentiel technique* »[13] possède une dimension essentiellement politique : elle est la responsabilité qui revient, non pas seulement aux chercheurs, mais aussi aux citoyens. Et pour Axel Kahn, ce n'est que dans le cadre d'une société démocratique qu'une telle responsabilité peut s'exercer.

Le besoin s'impose alors de réinterroger la position de l'écologie profonde, notamment la philosophie de Hans Jonas. Est-il vrai que la préoccupation pour l'environnement ne s'accommode pas avec toute forme d'organisation démocratique du pouvoir politique ? Dans son livre intitulé *Pour une éthique du futur*, Hans Jonas avoue que la « *tyrannie serait toujours préférable au désastre* », et qu'il approuve moralement une telle option « *pour le cas où ce genre d'alternative se présenterait* »[14]. Mais choisir la tyrannie face à la catastrophe, n'est-ce pas opter pour une catastrophe contre une autre ? Instituer des régimes forts au nom de l'urgence écologique ne contrasterait-il pas avec les revendications quotidiennes en faveur de l'implantation de gouvernements démocratiques véritables ? Le problème écologique est une réalité que l'on ne pourrait éluder ; instaurer dans les différents Etats une démocratie qui satisfait aux aspirations de l'homme en est aussi une autre. Comment concilier ces deux exigences propres à notre monde contemporain ? À supposer qu'il n'y ait pas d'incompatibilité radicale entre la démocratie comme mode de gouvernement et les préoccupations pour l'environnement ; il reste à savoir si toute démocratie, aussi bien dans la théorie que dans la pratique, peut satisfaire au projet écologique. La mise en œuvre de l'éthique environnementale n'exige-t-elle pas une reconsidération critique des principes de la démocratie ? D'où pouvons-nous tenir les caractères de cet idéal démocratique ?

---

[13] **Axel Kahn**, *Société et révolution biologique. Pour une éthique de la responsabilité*, Paris, INRA éditions, 1996, p.56.

[14] **Hans Jonas**, *Pour une éthique du futur*, op.cit, p. 113.

Contre les radicaux, précisément contre la thèse de Hans Jonas, il est possible et légitime de soutenir l'idée selon laquelle il n'y a pas d'incompatibilité radicale entre le souci écologique et la gestion démocratique du pouvoir ; bien au contraire, c'est seulement dans le cadre démocratique que la question environnementale peut être prise en charge de manière efficace. La tâche que nous nous assignons consiste alors à montrer que les obligations qu'implique l'éthique environnementale peuvent être appliquées sans une suspension de l'autonomie des citoyens. Il faut éviter que le problème écologique ne serve de prétexte pour légitimer ou pour instaurer des régimes dictatoriaux, aux antipodes des aspirations contemporaines à plus d'autonomie et de démocratie, surtout en Afrique dont l'expérience démocratique est encore très récente, donc très fragile. Mais l'insertion de l'éthique de l'environnement dans le débat démocratique impose une relecture de la démocratie, aussi bien dans ses principes que dans la pratique. À ce sujet les propositions faites par Habermas et Apel semblent très prometteuses. Ainsi entre la tyrannie et la catastrophe, nous disons qu'il faut choisir la discussion, si tant est qu'elle constitue la procédure de validation des normes morales et juridiques qui doivent guider l'action des citoyens.

L'effectuation de la tâche que nous venons de nous assigner exige que soient examinées des questions qui ne sont pas moins fondamentales. Elles concernent d'abord la justification du projet de la fondation d'une éthique de l'environnement ; ensuite la diversité des options possibles, une fois que l'on a admis que construire cette éthique s'avère comme une impérieuse nécessité. L'examen de la première question interviendra dès cette introduction, tandis que l'analyse des différentes positions en matière d'éthique écologique nous occupera dans le premier chapitre. La réflexion sur ces problèmes préliminaires nous permettra, dans le développement de nos idées, de situer l'originalité de l'interprétation jonassienne en ce qui concerne la motivation du projet de fondation de l'éthique de l'environnement, ainsi que l'originalité des principes sur lesquels il fonde cette éthique.

Eric Weil dans son ouvrage intitulé *Philosophie morale* montre que toute réflexion morale ne commence et ne se justifie que parce qu'il y a une crise morale. Cette crise signifie que les normes suivant lesquelles s'est conduit jusqu'ici un individu ou une communauté sont devenues incertaines. Cette incertitude renvoie au fait que, ou bien les normes en vigueur se trouvent remises en cause à l'occasion de la confrontation avec d'autres normes, ou bien elles ne sont plus adaptées à une nouvelle situation à laquelle se trouve confronté l'individu ou la société. Au départ prévaut donc « *la certitude morale : on sait ce qu'il faut faire et éviter, ce qui est désirable ou non, bon ou mauvais* »[15]. Cette certitude originaire est telle, qu'elle n'implique pas immédiatement la reconnaissance de la relativité des valeurs, et c'est pour cette raison que sur le plan « politique », les relations immédiates entre sociétés ne peuvent consister que dans la confrontation, chacune se prévalant des meilleures normes en dehors desquelles ne peuvent exister de « vrais hommes ». Bien entendu, la problématique de Weil ne s'inscrit pas dans le cadre exclusif de la question de l'éthique environnementale. Mais ce qui importe ici c'est l'idée que toute réflexion morale naît de l'ébranlement de la certitude qu'il s'agit alors de restaurer[16].

Dans le même sens peuvent être interprétés les propos suivants d' Edmund Husserl : « *Chaque fois,* dit-il, *et quel que soit le domaine culturel, qu'il s'agit d'une réforme radicale et universelle, la force d'impulsion réside dans une misère spirituelle ; la situation intellectuelle générale remplit l'âme d'un tel sentiment de profonde insatisfaction qu'il ne lui paraît plus possible de continuer à vivre dans les formes et normes actuelles.»*[17] Husserl s'exprime ici dans le contexte de son projet philosophique de la reconstruction de l'édifice du savoir, projet qui fut celui de René Descartes, sur la base de vérités apodictiques, ou, comme il le dit, sur la base « *d'intuitions absolues* ». En d'autres termes, il s'agit pour lui d'œuvrer à la réalisation de l'idée de « *la philosophie comme science rigoureuse* », sous la forme de la phénoménologie transcendantale, idée qui fut l'ambition inaugurale de la philosophie et qui s'est corrompue au fur et à mesure de l'évolution de la pensée.

Si donc toute entreprise de fondation ou de refondation présuppose l'épreuve d'une insatisfaction intellectuelle ou du sentiment d'incertitude, on doit admettre que le projet de construction de l'éthique environnementale trouve sa motivation dans la *crise de l'environnement.* C'est en tout cas ce qu'affirme André Beauchamp

---

[15] **Eric WEIL**, *Philosophie morale,* Paris, éd. Vrin, 1998, p.13.
[16] **Eric WEIL**, *Philosophie morale*, op.cit, p.13.
[17]**HUSSERL**, *Philosophie première*, volume1, 1923-1924. *Histoire critique des idées*. Trad. par Arion L. Kelkel, Paris, éd. P.U.F, 2003, p.8.

dans son article « La construction du champ de l'éthique en environnement » : *« S'il y a émergence d'une éthique de l'environnement (bien que l'expression puisse être en elle-même fort discutable), c'est parce que, de prime abord, il semble y avoir crise de l'environnement »*[18]. Il est vrai que l'expression "*éthique de l'environnement*" renferme une ambiguïté. On pourrait entendre par-là une éthique qui appartient à l'environnement, comme lorsque par exemple nous parlons de la voiture *de* monsieur Dupond. Nous entendons par-là que la *voiture appartient* à M. Dupond, qu'il en est le propriétaire. Mais la voiture lui reste extérieure ; c'est un objet bien distinct dans sa nature de M. Dupond. Il n'en est plus de même lorsqu'il est question par exemple de la tête *de* M. Dupond. Nous ne désignons plus une réalité extérieure distincte de lui mais de quelque chose qui est constitutif de son être. La même chose peut se dire des idées ou de la pensée de M. Dupond. Celles-ci peuvent très bien s'extérioriser soit à travers le langage, soit par la création d'objets artistiques, etc. Seulement, elles constituent des réalités intérieures propres à lui ; elles sont par lui élaborées.

Le premier sens, appliqué à la notion d'*éthique de l'environnement,* paraît inapproprié. Car cela signifierait que l'éthique soit comparable à un objet que pourrait posséder l'environnement. Or l'éthique n'est pas un objet matériel. Elle désigne plutôt un *acte de la réflexion*, précisément de la réflexion morale. Le deuxième sens paraît moins absurde. La tête de Dupond, même si elle est constitutive de son être, elle n'en est pas l'élément exclusif ; elle n'en est qu'une partie. Dans ce sens on peut considérer l'environnement comme un tout dont l'éthique constitue une partie. En d'autres termes, nous pouvons considérer que l'environnement propose à la pensée une diversité de thématiques dont celle de l'éthique. Mais si nous le considérons comme totalité, il reste maintenant à en déterminer le contenu. Pour cela désignons le terme environnement par sa signification la plus large dérivée de l'étymologie: ce qui *environne,* qui *entoure* l'homme. Or deux ordres de réalités environnent l'homme : la société et la nature. La société se présente comme une

---

[18] **André Beauchamp**, « La construction du champ de l'éthique en environnement ». Article publié dans *Philosopher*, Revue de l'Enseignement de la philosophie au Québec, n° 16, 1994, pp. 125-132. Nous en avons utilisé la version numérisée par Jean-Marie Tremblay, bénévole, professeur de sociologie au Cégep de Chicoutimi ; Courriel: jmt_sociologue@videotron.ca; Site web: http://www.uqac.ca/jmt-sociologue/

réalité complexe, une structure dont les composantes sont entre autres, le système d'organisation politique et économique, les valeurs culturelles, le tissu des valeurs morales que l'on peut identifier à des règles éthiques, etc. Seulement, à travers cette identification, nous risquons de confondre *morale et éthique.*

La morale désigne l'ensemble des valeurs concrètes qui constituent les principes de vie d'un individu ou d'une société. C'est ce que Weil appelle « *morale concrète* »[19] ; ainsi se comprend l'affirmation selon laquelle, « *tout homme possède une morale* »[20]. Tout individu vit donc *environné* de valeurs morales qu'il interprète, qu'il essaie d'intégrer à sa propre vision des choses. Ces valeurs font partie de la vie sociale comme la tête de M. Dupond fait partie de son être. Elles lui sont essentielles. Mais si l'on peut parler de la morale de telle ou telle société, parler de l'éthique de cette société est irrecevable. Car nous avons désigné l'éthique comme acte, comme effort de réflexion sur les problèmes d'ordre moral que pose la vie pratique. C'est de cette manière en tout cas que Jacqueline RUSS, dans *La pensée éthique contemporaine,* définit l'éthique en opposition au concept de « morale », définition dont nous prenons acte : *« Qu'est-ce que l'éthique ?* S'interroge-t-elle. *Non point une morale, à savoir un ensemble de règles propres à une culture, mais une « métamorale », une doctrine se situant au-delà de la morale, une théorie raisonnée sur le bien et le mal, les valeurs et les jugements moraux.»*[21]On doit donc se garder de l'erreur dans laquelle pourrait nous conduire l'étymologie des deux termes. Car l'un et l'autre renvoient à l'idée de *mœurs* ou de *coutumes.* Ce qui les sépare à ce niveau n'est que l'origine : tandis que le mot *éthique* vient du grec, *moral* dérive du latin. Il ne saurait y avoir, à considérer strictement la signification du concept, une "éthique sociale", si on entend par-là l'éthique propre à telle ou telle société. L'expression pourrait avoir un sens, tout au plus, dans le cas où elle renverrait à l'idée d'une éthique, d'une réflexion morale non centrée sur l'individu mais sur la collectivité. Si elle se fait prescriptive, les règles qu'elle définit ne s'adressent pas en priorité à l'individu, mais à la *collectivité.* Edgar Morin insiste d'ailleurs sur le fait que l'éthique doit envisager l'homme sous une triple dimension : en tant qu'individu, en tant

[19] **Eric Weil,** *Philosophie morale,* op. cit., p.13.

[20] *Ibidem.*

[21]**Jacqueline Russ**, *La pensée éthique contemporaine,* Op.cit, p.5.

qu'enraciné dans une société ou une communauté, et en tant qu'appartenant à une espèce. D'où le concept *d'éthique de la reliance*[22] dans laquelle est prise en compte l'enracinement terrien de l'homme. Nous verrons que, dans cette mesure, l'éthique de l'environnement se construit comme une éthique collective et c'est pour cela qu'elle va de pair avec une réflexion politique.

Quoiqu'il en soit, en tant que *métamorale*, l'éthique, à la différence de la morale, se désigne, nous l'avons déjà souligné, comme acte de réflexion. Or tout acte de ce genre est d'abord celui d'un individu, comme il en va d'ailleurs de la pensée philosophique en général. Elle est avant tout une entreprise personnelle de pensée critique qui, pour le besoin de la rationalité, se doit de se justifier pour prétendre ainsi à une validité universelle. En ce qui concerne le cas spécifique de l'éthique, il s'agit de s'interroger sur la valeur des valeurs de fait, c'est-à-dire sur leur fondement. Ce qui signifie que le contexte de l'environnement social peut inciter à la réflexion éthique, et dans ce sens une réflexion morale qui pourrait contribuer à la réorganisation de la société. C'est ainsi que la *bioéthique* consiste en une réflexion sur des préoccupations qui sont induites par le développement des techniques et des sciences biomédicales[23]. Il s'agit, à titre d'exemple, des questions liées à l'acharnement thérapeutique, aux manipulations génétiques, à l'euthanasie, etc. Le progrès enregistré dans le domaine de la connaissance du vivant, les possibilités qu'il offre à l'homme en matière de manipulation du vivant génèrent des questions qui peuvent être formulées de la manière suivante : que vaut une vie artificiellement maintenue ? Qu'elle dignité et quelle qualité faut-il accorder à une vie qui se déroule désormais dans un coma prolongé ? A-t-on le droit de mettre fin à la vie d'un être humain sous prétexte d'abréger sa souffrance ? Où commence et où s'arrête la responsabilité du médecin ? Mourir est-il un droit que l'on doit reconnaître ? Ces questions amènent ultimement à réfléchir sur le sens de la notion de "personne" et sur les critères d'une vie humaine qualitativement acceptable.

---

[22] *«L'éthique est, pour les individus autonomes et responsables, l'expression de l'impératif de reliance. Tout acte éthique, répétons-le, est en fait un acte de reliance, reliance avec autrui, reliance avec les siens, reliance avec la communauté, reliance avec l'humanité et, en dernière instance, insertion dans la reliance cosmique.»* **In Edgar Morin**, *La méthode 6. L'éthique, Paris, éd. Vrin, 2004, p.33.*

[23] Bien entendu cette définition est restrictive.

À partir des considérations précédentes peut apparaître l'une des significations possibles et acceptables du concept d'*éthique de l'environnement*. On peut le déterminer, en effet, comme étant la réflexion morale appliquée à l'environnement social, d'autant plus que le problème de la bioéthique que nous venons de prendre comme exemple constitue une partie intégrante de l'éthique écologique. Ce qui présuppose qu'il existe des questions d'ordre moral et par conséquent existentiel qui sont liées à cet environnement. Il a été dit aussi que le terme environnement renvoie à la nature. Par nature, on peut entendre l'ensemble du monde végétal, minéral et animal : toutes les espèces vivantes aussi bien micro que macrobiologiques, la terre, les eaux. Mais cette définition laisse surgir immédiatement un problème. Peut-on considérer l'homme comme faisant partie de la nature ou bien en est-il exclu? S'il en fait partie, constitue-t-elle encore ce qui l'environne ? Dire que celle-ci *possède* une éthique suppose qu'elle soit capable de dire ce qui est bien pour elle ou non, en un mot, qu'elle dispose d'un pouvoir d'évaluation ou qu'elle soit en elle-même une source de valeurs, indépendamment de tout jugement d'origine humaine. Ce qui veut dire qu'elle est érigée en sujet. Ainsi les relations Homme/Nature consisteraient dans un rapport de sujet à sujet et, par conséquent, l'on devrait concevoir la possibilité d'une réciprocité en matière de droits ou de devoirs. La nature de cette manière devient l'égal de l'homme contre qui il faut la défendre. Nous verrons qu'une telle thèse n'est pas absente des théories les plus fondamentalistes dans le domaine de l'éthique contemporaine. Enfin l'expression "*éthique de l'environnement*" peut désigner une éthique dont l'objet est de protéger l'environnement, en l'occurrence la nature et par suite l'environnement culturel, en raison de l'interdépendance entre Nature et Culture. On pourrait, dans ce cas, dire qu'il s'agit d'une *éthique pour* l'environnement ; mais le « *pour* » ici n'indique pas une destination : il ne s'agit pas d'une éthique que l'on construit et que l'environnement devrait appliquer. Il est plutôt question d'une éthique *relative* à l'environnement, une éthique qui intègre dans nos obligations des devoirs visant à protéger la nature. Mais pourquoi justement la protéger et contre qui ? La protéger suppose qu'elle soit en danger. Par qui peut-elle être mise en danger ? S'il s'agit de l'homme à travers ses activités, ne faut-il pas craindre que l'éthique de l'environnement conduise à sa haine, à un antihumanisme ? Si c'est la nature elle-même qui génère ses propres menaces à l'égard d'elle-même, y a-t-il un sens pour l'homme à en faire une préoccupation éthique ?

L'analyse conceptuelle à laquelle nous venons de nous exercer dont le but était d'élucider le concept équivoque d'éthique de l'environnement, semble nous avoir éloignés de l'intention originaire qui nous guide dans ce paragraphe. Il s'agissait en effet de montrer que la nécessité et la légitimité de la fondation de l'éthique de l'environnement se justifiaient par la situation de crise écologique, si tant est que toute réflexion ne se met en marche qu'à l'occasion d'une crise. Dans ces conditions il reste à montrer en quoi il y a une crise de l'environnement. Est-elle un possible qui est seulement craint et dont les signes commencent à se manifester, ou constitue-t-elle une réalité qui a déjà terminé son processus de formation ?

Que la nature soit en danger ou qu'il y ait une *crise de l'environnement*, cela ne fait aujourd'hui l'objet d'aucun doute. Elle se traduit, comme le résume Cathérine Larrère, en termes de *«multitude de dommages précis, de pollutions localisées, de dangers identifiés, mais aussi de catastrophes exemplaires (Seveso, Bhopal, Tchernobyl, « la mort de la mer d'Aral », les « marées noires ») et jusqu'à la probable menace qui pèse sur nos ressources (érosion de la diversité biologique, déforestation des régions tropicales) ou sur notre vie (déchirure de la couche d'ozone, effet de serre, etc.).»*[24] Ces propos peuvent être illustrés par le contenu des rapports scientifiques établis par le Groupe Intergouvernemental d'Experts sur l'Évolution du Climat (G.I.E.C.). La mission de ce groupe, créé par l'Organisation Mondiale de la Météorologie et par le Programme des Nations Unies pour l'environnement, consiste à rassembler des données scientifiques, techniques et socioéconomiques, qui permettent d'envisager les risques des changements climatiques liés aux activités humaines. Des différents rapports, depuis celui de 1990 il ressort que les changements climatiques, précisément le réchauffement de la planète, constituent une réalité, et qu'ils sont la conséquence des activités industrielles de l'homme. Celles-ci produisent des gaz à effet de serre qui contribuent au réchauffement global de la planète. Ces rapports servent de fondements à l'élaboration de stratégies susceptibles de permettre d'éviter les conséquences néfastes possibles du réchauffement du climat. Ses conséquences consistent, par exemple, dans le risque d'élévation du

---

[24] **Catherine et Raphaël LARRERE** : *Du bon usage de la nature. Pour une philosophie de l'environnement,* Paris, éd. Aubier, 1997. P.7.

niveau de la mer (ce qui constitue une menace pour les Etats insulaires), l'augmentation de la sécheresse dans certaines régions, la multiplication de fortes précipitations et le risque d'inondation dans d'autres, la baisse de la production agricole dans les régions de basse altitude, l'accroissement du nombre de décès et de maladies dû à la hausse des températures, aux inondations, aux tempêtes, etc. Ce qui semble donc en jeu dans cette crise, c'est la survie de l'humanité dont nous pouvons désormais en toute légitimité envisager la mort globale, comme le laisse entendre Michel Serres. Dans son texte intitulé *Retour au contrat naturel,* il parle en effet de la réalité de trois morts : la mort de l'individu (de l'homme en tant qu'individu), la mort de la civilisation ou des cultures, et la mort de l'espèce, la disparition possible de l'humanité ou de la vie dans sa globalité[25].

Or cette mort globale se présente d'abord comme un processus naturel. La réalité de ces crises est mise en évidence par la paléontologie. Si l'on en croit Christian Lévêque, le concept de *crises d'extinctions en masse*[26] désigne les périodes durant lesquelles il s'est produit une disparition en grand nombre d'espèces vivantes, due à des catastrophes naturelles. La première crise daterait d'il y a environ 230-250 millions d'années à l'occasion de laquelle « *plus de 50% du domaine marin peu profond...vont disparaître à jamais* »[27]. À cette crise s'ajoute une seconde qui se situe entre 65 et 70 millions d'années, ce qui correspond à la période de la disparition des dinosaures. Ensuite la mort globale peut être d'origine humaine ; dans ce cas, elle se présente comme la conséquence du progrès de la puissance technique et militaire de l'homme. L'éthique de l'environnement ne prend comme objet que cette menace d'extinction d'origine humaine. Ce qui est inquiétant, c'est qu'à la différence du processus

---

[25] **Michel Serres** : « *jusqu'à une date récente,* dit-il, *nous distinguions donc deux morts : celle qui paraît la seule intéressante et originale, la nôtre propre ou celle de telle que nous aimons(...). Nous savions aussi que disparaissent à jamais des groupes humains tout entiers (...). Mais une troisième, inconnue du genre humain jusqu'à la moitié de notre siècle, exactement le 6 août 1945, désigne l'une des deux ou trois grandes originalités de l'ère qui se termine, où nous risquâmes même de l'expérimenter en vraie grandeur : la mort, globale, de l'humanité.* » in « Retour au contrat naturel », Paris, Bibliothèque Nationale de France, 2000, P.10. Ce texte est une conférence prononcée dans la Bibliothèque Nationale de France, le 04 janvier 1998.

[26] **Christian Lévêque** : *Environnement et diversité du vivant*, Paris, éd.ORSTOM, CSI, 1994, p.25.

[27] *Ibidem*, p. 26.

naturel, l'extinction massive d'origine humaine se produit suivant un rythme de temps accéléré. Hans Jonas pose ce risque de la mort globale comme étant le problème auquel doit répondre l'éthique de la responsabilité.

Face à toutes ces menaces, des décisions sont prises – même si elles ne font pas toujours l'unanimité – qui visent à envisager des actions, aussi bien sur le plan national qu'international, en faveur de la protection de l'environnement. Il s'agit, par exemple, de la réduction des gaz à effet de serre. Ces décisions sont pour la plupart exprimées sous la forme de conventions. Il en est ainsi des trois conventions : sur les changements climatiques, sur la diversité biologique et sur la désertification, fruits de la Conférence des Nations Unies sur l'environnement et le développement tenue à Rio en 1992. À ces conventions s'ajoute le protocole de Kyoto de 1997, qui est entré en vigueur depuis 2005, dont l'ambition est de réduire les émissions des gaz à effet de serre de 5% d'ici à l'an 2012. Mais les solutions envisagées sont essentiellement de nature technique et politique, et elles divisent les parties présentes à la conférence qui a généré le protocole. On note essentiellement une réticence des Etats-Unis et de la Chine par rapport à l'application des engagements pris. D'ores et déjà, ne pouvons-nous pas conclure que cette situation est l'indice que, si l'éthique de l'environnement ne peut s'appliquer aisément dans les régimes démocratiques dont les U.S.A. constituent une représentation importante, les régimes communistes ou autoritaires ne sont pas nécessairement plus favorables à la mise en œuvre d'une telle éthique ? Ces divergences se sont encore manifestées en 2007, lors de la conférence de Bali sur l'environnement dont l'enjeu était de définir de nouveaux cadres de lutte contre le réchauffement climatique susceptibles de remplacer le protocole de Kyoto. Les Etats-Unis refusent l'idée d'objectifs contraignants s'ils ne doivent pas s'appliquer à tous les Etats. Le Brésil exige de tels objectifs mais seulement à l'adresse des pays développés et non pas des pays émergents. Il faut aussi mentionner le fait que dans la plupart des pays sous-développés le souci écologique n'occupe pas la première place des préoccupations en raison des enjeux économiques.

Que les décisions ne fassent pas l'unanimité quant à leur application, cela prouve qu'elles ne sont pas suffisantes et que ce qu'il faut, c'est bien avant tout une *réforme éthique et politique,* qui implique une relecture de nos relations avec la nature. Ce qu'il faut revoir, c'est d'abord le système des valeurs qui déterminent le comportement des hommes. Les opinions sur le sens de cette refondation sont très divergentes et c'est ce dont il sera question dans le premier chapitre de la première partie. Leur examen servira de préparation théorique à l'analyse de la pensée de Hans Jonas sur la question.

Notre préoccupation fondamentale que nous avons ficelée dès le départ consiste à réfléchir sur les conditions politiques d'application de l'éthique de la responsabilité en tant qu'éthique de l'environnement. Afin d'effectuer une telle tâche, nous nous proposons, du point de vue de la démarche, de traiter, dans une première partie, du concept de *vide éthique* à travers lequel apparaît l'asymétrie entre le besoin d'éthique imposé par la crise environnementale, et l'incapacité des doctrines philosophiques déjà constituées de satisfaire une telle requête. C'est à partir d'un tel constat d'absence de repères antérieurs que Hans Jonas justifie d'ailleurs l'originalité de sa théorie de la responsabilité. Pour cette raison, nous analyserons, dans une seconde partie les concepts essentiels sur lesquels sont pensés les principes de la « nouvelle éthique.» Ces catégories sont notamment celles de la *finalité* et de la *vulnérabilité.* Toutes ces catégories déterminent l'horizon de la *responsabilité* tant individuelle, collective que politique. Enfin, nous aborderons, dans la dernière partie du livre, la question de la traduction dans le champ de l'action politique des principes de l'éthique de la responsabilité en tant que réponse au défi écologique, maintenant que ses présupposés théoriques ont été révélés. Dans ce cadre sera abordée la théorie de l'éthique de la discussion élaborée par Karl Otto-Apel et par Jürgen Habermas. Nous considérons, à titre d'hypothèse, cette théorie comme une réponse aux écueils théoriques et surtout politiques de la doctrine de Hans Jonas. Il convient cependant de remarquer qu'il existe des divergences de vues entre Apel et Habermas. Elles concernent la question du fondement ultime du consensus et de celle de la responsabilité. Mais la discussion de l'opposition qui existe entre les deux promoteurs de l'éthique de la communication ne sera conduite que de manière incidente. Notre objet n'est pas de rendre compte de cette opposition. Ce qui nous intéresse, ce sera beaucoup plus ce qui les unit que ce qui les sépare.

Première partie

L'idée du vide éthique

PREMIER CHAPITRE

LES TENDANCES EN MATIÈRE D'ÉTHIQUE ENVIRONNEMENTALE

Tout système philosophique, quelque original qu'il prétende l'être, demeure tributaire de l'histoire de la philosophie. Toute philosophie assume à son compte, de manière critique certes, un héritage conceptuel, s'inscrit dans une tradition au sein de laquelle elle reçoit sa signification. La philosophie que fonde Hans Jonas n'échappe pas à ce principe. C'est par rapport aux systèmes philosophiques antérieurs qu'elle tente de se définir, en en montrant les limites mais aussi la fécondité par rapport à son propre projet philosophique. Les grandes figurent auxquelles il fait allusion sont notamment celles de Platon, de Kant, de Hegel, de Nietzsche, de Husserl, de Heidegger, etc. Afin d'analyser les principes théoriques de l'éthique de la responsabilité, afin de montrer comment Hans Jonas s'acquitte de la tâche de la fondation de cette éthique, il importe de confronter sa doctrine avec les systèmes de Kant et les pensées fondatrices de la phénoménologie contemporaine. Mais auparavant il est important de revenir, sous forme de préliminaire, sur les différentes tendances ou théories en matière d'éthique environnementale. Cela sera utile par la suite, lorsqu'il s'agira de préciser l'orientation que Hans Jonas donne à sa pensée.

L'éthique environnementale, aussi bien dans la théorie qu'en ce qui regarde la question de son application politique, donne lieu à plusieurs positions divergentes au fond desquelles se trouvent cependant deux idées communes : d'une part, la stigmatisation de l'humanisme moderne cartésien comme étant le présupposé philosophique qui a conduit à la crise de l'environnement ; d'autre part, l'exigence d'une extension de l'éthique à la sphère non humaine. Ce qui suppose une détermination du statut de la nature et le sens de cette extension. Faut-il la traiter comme un sujet de droits ayant des valeurs intrinsèques, ce qui conduirait à la placer sur un même pied d'égalité avec l'homme ? Ou bien est-il plus juste de ne considérer que l'homme comme unique sujet de droits qui, cependant, est contraint, pour sa propre survie, de tenir compte de la nature en tant que celle-ci conditionne ne serait-ce que son existence physique ? C'est sur ces questions que les positions deviennent antinomiques.

Luc Ferry discerne trois positions en matière d'éthique environnementale : l'option anthropocentriste ; celle biocentriste et enfin la position radicale, écocentriste. Augustin Berque les réduit à deux options fondamentales[28]. Dans le fond, toute éthique environnementale est de nature holistique ou se fonde sur des principes holistiques. Ce qui donc est commun à toutes les tendances en la matière, c'est le refus de l'attitude réductionniste propre à l'homocentrisme classique. Seulement, il faut distinguer un holisme radical opposé à tout anthropocentrisme, et un holisme moins radical qui se veut plus humaniste que le premier.

I.1. Le holisme écocentrique et biocentrique ou l'éthique antihumaniste

L'écocentrisme non seulement dissout l'homme dans la biosphère, mais bien plus elle l'investit « *d'une valeur intrinsèque bien supérieure à celle de cette espèce, somme toute plutôt nuisible, qu'est l'espèce humaine.* »[29] L'univers tout entier devient ainsi sujet de droits qu'il faut défendre contre l'homme puisque celui-ci se fait nuisible. C'est la thèse de l'*écologie profonde,* représentée par des penseurs tels qu'Aldo Léopold, Arne Naess (qui forgea la notion de *deep ecology* "écologie profonde" qu'il oppose à celle de *shallow ecology* "écologie superficielle"), Michel Serres, Georges Sesssions etc. Ils incarnent, en matière de pensée écologique, la tendance la plus radicale. Ainsi, pour Aldo Leopold, c'est la nature dans son entièreté (la terre, les eaux, les animaux, les plantes) qui doit être regardée comme sujet de droits.

[28] **Augustin Berque** : « *À mon sens,* dit-il, *ces positions se déploient entre deux pôles théoriques, dont l'un serait la subordination de l'humanité à la biosphère, et l'autre, à l'inverse, la subordination des questions environnementales aux intérêts de l'humanité. On qualifie en général de holisme les positions du premier bord, et d'anthropocentrisme celles du second»,* In « Ce qui fonde l'éthique de l'environnement », in *Diogène* N°207, Juillet-Septembre 2004, pp.03-14.

[29] **Luc Ferry**, *Le nouvel ordre écologique. L'arbre, l'animal, l'homme*, op.cit. p.33.

Cette position est radicalement critique vis-à-vis du dualisme classique et de la conception traditionnelle du droit. L'un des principes fondamentaux du droit est la possibilité de la réciprocité. Or ce principe ne peut valoir dans la position écocentriste. En effet, le droit n'est valable que s'il présuppose le devoir. En d'autres termes, dans le commerce entre les hommes, le droit que l'individu ou qu'un groupe peut revendiquer n'a de sens que s'il est reconnu et représenté comme un devoir. Mon droit et son respect doivent pouvoir être reconnus par l'autre comme une obligation. De la même manière, je ne peux pas prétendre à des droits si je ne me reconnais pas des obligations envers les autres. L'homme peut reconnaître des droits à la nature : par exemple le droit à l'existence comme le stipule la déclaration universelle des droits des animaux. Mais mon droit à l'existence peut-il être reconnu par la nature ? Je sais que le lion a droit à la vie ; mais à l'inverse, le lion qui a faim et qui me croise sur sa route sait-il que ma vie est aussi sacrée que la sienne ? On voit par-là que, si l'éthique de l'environnement doit avoir un sens, elle n'impose pas seulement une reconstruction de l'ontologie, mais aussi une refondation théorique du droit.

L'exigence d'une telle refondation constitue l'une des idées fondamentales développées par Michel Serres dans *Le contrat naturel.* Dans ce texte, l'auteur situe, comme la plupart de ceux qui écrivent en faveur d'une éthique de l'environnement, l'origine de la crise écologique dans l'idéal cartésien de la domination de la nature. L'humanité moderne a pris tellement au sérieux ce principe de la nécessaire domination, qu'elle en est arrivée à provoquer une rupture entre elle et le monde, entre elle et la Terre. Pour l'auteur, il n'y a pas d'autre issue que la déconstruction de cette idéologie. « *Il faut donc,* dit-il, *changer de direction et laisser le cap imposé par la philosophie de Descartes.*»[30]Mais ce changement de direction ne signifie pas seulement abandon de l'idéal cartésien ; il implique aussi une déconstruction des représentations modernes du droit. Certaines théories politiques fondent en effet le droit et le pouvoir politique sur l'hypothèse d'un état originaire de nature antérieur à la société civile que les hommes abandonnent pour une raison de survie et créent ainsi, par convention, la cité et le pouvoir politique. Celui-ci reçoit pour mission d'assurer pour tous la liberté, la justice et la sécurité, toutes choses susceptibles de garantir l'épanouissement de tous. Mais,

[30] **Michel Serres** : *Le contrat naturel*, Paris, éd. Flammarion, 1992, p.61.

objecte Serres, toutes les théories contractualistes modernes, parce que centrées sur l'homme, demeurent muettes sur le monde ou sur la nature. Assimilant le passage de l'état de nature à l'état civil à l'exode rural vers les villes, Michel Serres affirme que ce passage ne signifie rien d'autre « *qu'à partir de là nous avons oublié ladite nature, désormais lointaine, muette, inerte, retirée, infiniment loin des cités ou des groupes, de nos textes et de la publicité.* »[31] L'oubli du monde des choses, de la Terre ou de la nature, voilà l'écueil essentiel des doctrines du contrat social. Elles sont de nature réductionnistes.

Ce réductionnisme persiste dans les théories modernes du droit naturel. Dans ces systèmes, le concept de droit naturel ne désigne nullement l'idée de l'existence de droits propres à la nature, comme le défend la pensée écologique. Le droit naturel dont il est question se fonde au contraire sur la nature de l'homme. Parce que cette dernière, exprimée par les concepts de raison, de liberté, est universelle, on déduit par-là l'universalité du droit naturel qui, en cela, devient supérieur au droit positif. Serres conclut à partir de là que le droit naturel moderne annule le monde. Les objections précédentes valent également pour l'idée des droits de l'homme, qui, d'ailleurs, se construit sur la base du droit naturel moderne. Pour Michel Serres, seul un renversement des représentations modernes du droit peut sauver le monde du naufrage. Les renverser veut dire admettre et proclamer que la nature, le monde des objets, sont des sujets de droit. Une telle reconnaissance interdirait désormais à l'homme l'attitude de *parasite* et lui imposerait celle de l'*hôte*. Il faut donc dépasser le seuil que n'a pas franchi la déclaration Universelle des droits de l'homme. Celle-ci en effet, dit Serres, « *a eu le mérite de dire : « tout homme » et la faiblesse de penser : « seuls les hommes » ou les hommes seuls.* »[32] En d'autres termes, le pas qui devait conduire à élargir le droit à la nature ou à la Terre, n'a pas été accompli. Étendre le droit à la nature signifie effectuer un acte de retour à la nature, ajouter au contrat social un *contrat naturel* : « *retour donc à la nature ! Cela signifie : au contrat exclusivement social ajouter la passation d'un contrat naturel de symbiose et de réciprocité où notre rapport aux choses laisserait maîtrise et possession pour l'écoute admirative, la réciprocité, la contemplation, le respect, où la connaissance ne*

[31] *Ibidem*, p.62.
[32] *Ibidem*, p.65.

supposerait plus la propriété, ni l'action la maîtrise... »[33] Désormais deux impératifs s'imposent : il s'agit de l'impératif anthropocentrique, d'origine biblique, qui commande l'amour du prochain. Serres en précise le contenu en soulignant qu'il ne s'agit pas d'aimer ses proches, mais l'humanité sans que l'amour de cette dernière n'aille toutefois de pair avec la haine de ses proches. Cette loi divine doit être comprise sous sa double dimension du local et du global. Car se contenter d' « *aimer ses voisins ou pareils seulement amène à l'équipe, à la secte, au gangstérisme et au racisme ; aimer les hommes en somme, tout en exploitant ses proches, voilà l'hypocrisie fréquente des moralistes prêcheurs.*»[34] Mais même comprise sous ce double aspect, la loi divine reste insuffisante puisqu'elle se tait sur les arbres, sur les montagnes, en un mot, sur la nature. Il faut donc la compléter par un second impératif, celui qui commande d'aimer le monde, c'est-à-dire la nature. Là encore doivent être pris en compte le local et le global. Il ne s'agit pas d'aimer la Terre entière en détruisant le paysage immédiat. Mais n'aimer « *seulement que son sol propre entraîne à d'inexplicables guerres dues aux passions de l'appartenance.*»[35] Nous pouvons donc observer que, des idées de Michel Serres, se dégage une position écocentrée, dans la mesure où l'extension de l'éthique, notamment du droit, vise la nature dans son entièreté : le monde végétal, animal et minéral, allant jusqu'à enseigner le retour à un état de symbiose entre l'homme et la Terre.

Mais l'écocentrisme, quoique défendu par d'éminents pionniers de l'éthique environnementale, fait l'objet de vives critiques provenant du milieu même des théoriciens de cette éthique. Sans retourner à l'anthropocentrisme classique réductionniste, on se refuse à inclure le monde végétal et minéral dans les considérations éthiques. Ainsi Luc Ferry, qui défend dans le fond une éthique *biocentrique* non radicale, soutient que toute problématique de l'éthique de l'environnement ne peut recevoir du sens qu'en restreignant le débat aux rapports éthiques entre l'homme et l'animal. Il justifie cette restriction par le fait que la zoophilie est devenue un fait social. À cette raison s'ajoute une motivation philosophique qui consiste dans la déconstruction du cartésianisme. Pour Luc Ferry, aucun humanisme n'est allé aussi loin dans la « *dévalorisation de la nature en général et dans celle de*

---

[33] *Ibidem*, p.67.

[34] *Ibidem*, p. 82.

[35] *Ibidem*, p.83.

l'animal en particulier»[36] que l'humanisme cartésien. L'animal apparaît comme le premier être de la nature qui est visé dans cet humanisme. De cette manière, conclut Ferry, toute discussion sur la fondation d'un *« humanisme non métaphysique* » doit se saisir du cas des animaux comme paradigme. Le *holisme biocentrique* postule la nécessité de l'extension de l'éthique non pas à toute la nature, mais à certains animaux, ceux qui sont capables de ressentir du plaisir et de la douleur. La valeur éthique postulée n'est plus la liberté que confère le statut d'être raisonnable, mais *le bonheur* qui ne se distingue pas du bien-être. Dans cette perspective, tout être susceptible d'éprouver de la peine ou de la douleur devient également sujet de droit : « *La question n'est pas : peuvent-ils* ***raisonner*** *? Ni peuvent-ils* ***parler*** *? Mais bien : peuvent-ils* ***souffrir ?*** »[37].

Cette position biocentrique emprunte l'essentiel de ses arguments à la philosophie utilitariste, élaborée par Jeremy Bentham et par son disciple John Stuart Mill. Dans son texte intitulé *L'utilitarisme,* ce dernier qui cherche à définir les principes de la morale utilitariste, commence d'abord par formuler des objections contre ce qu'il appelle les *théories intuitionnistes et inductives* du critère de la moralité. Par cette expression, il entend toute doctrine qui fonde la morale soit sur un sens dit moral, soit sur l'instinct, soit une faculté telle que la raison. Stuart Mill dénonce l'abstraction propre à ces théories qui, dans le fond, se rejoignent sur le fait qu'elles veulent asseoir la morale sur des lois générales, le jugement moral consistant alors à rapporter un acte particulier à une règle générale, à subsumer le particulier sous l'universel. Contre ces doctrines, Stuart Mill soutient le point de vue utilitariste qui trouve dans l'utilité le *critérium* de la moralité. Or il existe une symétrie entre le concept de l'utilité et celui du plaisir. Car, dit l'auteur, *« d'Epicure à Bentham, tous les auteurs qui ont défendu la doctrine de l'utilité ont désigné par ce mot, non pas quelque chose qui dû être opposé au plaisir, mais le plaisir même, en même temps que l'absence de douleur. »* Par conséquent, *« l'utilitarisme soutient... que la seule chose désirable comme fin est le bonheur, c'est-à-dire le plaisir et l'absence de douleur.»*[38] Postuler l'utilité revient à

---

[36] **Luc Ferry**, *Le Nouvel ordre écologique. L'arbre, l'animal, l'homme*, op.cit., p.40.

[37] **Bentham**, *Introduction aux principes de la morale et de la législation,* (1789), cité par Luc Ferry, Le nouvel ordre écologique. L'arbre, l'animal, l'homme, op.cit., p. 82.

[38] **John Stuart Mill** : *L'utilitarisme*, trad. par Georges Tanesse, Paris, éd. Flammarion 1988, pp. 47-48.

considérer le plaisir ou le bonheur comme la fin suprême de l'activité humaine. Elle est donc ce qui doit être recherché. On peut affirmer que ce que la théorie utilitariste pose comme impératif éthique se formule de la manière suivante : « agis toujours de telle sorte à produire dans le monde le plus grand bien! » Sur cette base, l'éthique utilitariste tient plus compte des conséquences de l'action que de la simple intention. Elle s'éloigne donc de toute éthique formelle de type kantien par exemple. Du point de vue utilitariste, est moralement bon ce qui augmente le bonheur (le bien-être) dans le monde; est moralement condamnable ce qui accroît la souffrance.

Ce qui est décisif dans la doctrine utilitariste, et qui justifie sans doute pourquoi elle sert de fondement à l'éthique biocentrique, c'est qu'elle ne se construit pas radicalement comme une doctrine anthropocentrée dans la mesure où, dans le monde des sujets moraux, elle inclut les animaux. En effet, Stuart Mill définit la morale utilitariste de la manière suivante : «*La morale peut être...définie comme l'ensemble des règles et des préceptes qui s'appliquent à la conduite humaine et par l'observation desquels une existence telle qu'on vient de la décrire pourrait être assurée, dans la plus large mesure possible, à tous les hommes ; et point seulement à eux, mais, autant que la nature des choses le comporte, à tous les êtres sentants de la création.*»[39] On peut observer que la doctrine utilitariste ne se fonde pas sur des présupposés égoïstes ; mais au contraire elle inscrit dans ses principes l'exigence altruiste. Il ne s'agit pas de la recherche du bonheur personnel, mais aussi de celui des autres, au point que l'individu peut bien se sacrifier, si cela doit apporter un plus grand bonheur pour la collectivité.

Toute proportion gardée, toute éthique environnementale, y compris celle de Hans Jonas, se rapproche de l'utilitarisme. En effet – la suite de l'analyse le montrera –, l'éthique de la responsabilité qui rejette le pur formalisme en éthique se fonde sur les conséquences possibles de l'activité humaine, surtout quand celle-ci est soutenue par

NB. Il convient cependant de relever que la doctrine d'Epicure ne doit pas être à tout point de vue confondue à l'utilitarisme de Bentham. On se souvient qu4Epicure lui-même dut se défendre de ce que l'on pourrait appeler la tendance à la caricature ou à la simplification de sa pensée en la réduisant à un éloge de tout plaisir. Le plaisir qui doit être recherché exige une certaine prudence qui permet d'éviter qu'il ne s'accompagne d'une douleur plus grande. Il s'agit d'une recherche calculée, sélective du plaisir.

[39] *Ibidem*, p.58.

la puissance technologique. Mais bien entendu, dans son contenu, elle ne fait pas du plaisir le bien à rechercher. Elle privilégie d'abord l'existence physique de l'humanité et pose de façon secondaire la question du bien-vivre. Toutefois il faudrait remarquer que l'utilitarisme, tel que décrit par John Stuart Mill, repose sur des présupposés qui empêchent qu'elle serve entièrement de cadre théorique pour la fondation de l'éthique de l'environnement. En effet, lorsqu'il s'agit de savoir comment l'idéal utilitariste peut être réalisé dans le monde, Stuart Mill suggère que cela dépend en partie de soi-même, en partie de l'éducation, en partie de l'organisation sociale, mais aussi du progrès continu de l'homme dans la recherche scientifique : *« la plupart des malheurs accablants de la vie humaine sont, en eux-mêmes évitables, et si, dans les affaires de l'humanité, le progrès continue, ils seront finalement contenus dans d'étroites limites(...) ; et le progrès de la science nous permet des victoires encore plus directes sur ce détestable adversaire »* qu'est la maladie[40]. Stuart Mill reste à ce niveau fidèle à l'idéal baconien que Hans Jonas déconstruit sévèrement.

Quoiqu'il en soit, le principe utilitariste sert de toile de fond à la déclaration des droits des animaux proclamée en 1978 à la Maison de l'U.N.E.S.C.O., à Paris. On y lit les affirmations suivantes : *« Tous les animaux naissent égaux devant la vie et ont les mêmes droits à l'existence. » (Art. 1) ; « Tout animal a droit au respect ; L'homme, en tant qu'espèce animale, ne peut s'attribuer le droit d'exterminer les autres animaux ou de les exploiter en violant ce droit : il a le droit de mettre ses connaissances au service des animaux ; tout animal a droit à l'attention, aux soins et à la protection de l'homme. »* (Art. 2)[41].

---

[40] *Ibidem*, P63.

[41] Il ne faut pas toutefois confondre la lutte pour le respect des droits des animaux avec celle qui vise la protection de l'environnement. Le problème écologique ne se réduit pas au problème des droits des animaux, puisque la notion d'environnement est assez large. De plus, il se peut que l'intérêt des animaux ne coïncide pas nécessairement avec celui de l'environnement. Puisque l'environnement est un système, il arrive que sa protection implique la réduction du nombre des animaux d'une espèce donnée – en les tuant –, devenue dangereuse pour l'équilibre écologique d'un espace déterminé. C'est pour cette raison que Helmut F. Kaplan, défenseur des droits des animaux, fait observer qu'une réflexion sur les droits des animaux peut ne pas paraître comme une priorité face à des problèmes plus urgents tels que le non respect des droits de l'homme, « la crise écologique qui menace... ». cf. Helmut F. Kaplan, *Fondements éthiques pour une alimentation végétarienne*, trad. par Cyril Taffin de Tilques, Paris, éd. L'Harmattan, p. 15. Mais cela dit,

Tout ce qui attrait à la dégradation de l'environnement, telles que les pollutions, est considéré comme des crimes et des génocides. Le respect ne se fonde donc plus sur l'idée de la dignité que confèrent les notions de « personne » et d' « être raisonnable » ; ou du moins le concept de dignité ne s'applique plus seulement à l'homme mais aussi aux animaux. Même l'utilisation de l'animal comme objet d'expérimentation est condamnée si elle implique la souffrance physique ou psychologique, que cette expérimentation réponde à des besoins théoriques scientifiques, médicaux ou économiques. Le biocentrisme refuse la spécificité humaine ou, d'une certaine façon, il rejette le fait que cette spécificité serve de motif pour réduire l'éthique à l'homme. Ainsi se trouvent renversées radicalement les anciennes philosophies morales qui se fondaient sur l'idée de l'existence de valeurs intrinsèques à l'homme seul. Celui-ci de par sa *nature* possèderait une dignité, et de ce fait il représenterait une valeur en soi. Les valeurs les plus naturelles et auxquelles l'homme ne peut renoncer consistent dans la liberté, l'égalité, la sécurité et, par conséquent, la vie qui, du reste, est sacrée. Dans cette logique, nul n'a le droit de porter atteinte, ni à sa propre vie, ni à celle des autres. Vivre, se conserver et persévérer dans son être constitue selon les mots de Spinoza la première vertu et celle qui est antérieure aux autres[42]. Ces considérations éthiques sont fondamentalement remises en cause par l'écologie profonde (écocentrique ou biocentrique). La source des valeurs n'est plus exclusivement l'homme mais également la nature.

Dominique Bourg rassemble le contenu de l'écologie profonde en quatre thèses fondamentales : *1) la nature possède une valeur intrinsèque, c'est-à-dire une valeur qui ne dépend plus de l'acte d'évaluation d'origine humaine ; 2) l'ordre de la nature lui est inhérent, il ne vient pas de l'homme ; 3) la valeur suprême est la nature définie comme l'ensemble des espèces vivantes et de leurs milieux ; 4) par voie de conséquence, tous les êtres naturels doivent être regardés comme des sujets de droits ; ainsi, le principe essentiel du droit consiste dans l'égalité de toutes les espèces devant l'existence*[43]. La

---

l'éthique qu'exigent la crise écologique et la question animale se fonde sur un même présupposé : l'extension des considérations morales et juridiques à la sphère non humaine.

[42] **Spinoza:** *Ethique,* in *œuvres complètes III,* Trad. par Georges Appuhn, Paris, éd. Flammarion, 1965, p. 240.

[43] **Dominique Bourg**: *Les scénarios de l'écologie. Débat avec Jean-Paul Déléage,* Paris, éd. Hacette, 1996, pp.33-34.

valeur décisive est, au bout du compte, la vie entendue au sens biologique du terme.

À l'opposé des éthiques traditionnelles, l'éthique holistique n'inscrit plus l'égalité dans le cadre de la communauté humaine. L'égalitarisme qu'elle fonde est essentiellement biocentrique. En résumé, la doctrine holistique radicale se caractérise par son antimodernisme dans lequel il faut inscrire l'antilibéralisme, et par son antihumanisme (ou antispécisme). Contre elle se développe l'écologie superficielle.

I.2. Le holisme critique ou l'humanisme holistique

I.2.1. Principes de l'humanisme critique : considérations générales

L'écologie superficielle – c'est l'une des objections essentielles que l'écologie profonde formule contre elle – conserve des principes anthropocentriques. Tout en se démarquant de l'ancien anthropocentrisme qui postule le droit de l'homme à la domination et à l'exploitation incontrôlée, elle place toujours l'homme au centre des préoccupations. Il s'agit de relativiser les problèmes de l'environnement par rapport aux intérêts humains dont on sait qu'ils sont économiques, sociaux, culturels etc. L'environnement en lui-même ne reçoit aucune valeur intrinsèque. Il n'est, comme le dit Luc Ferry, « *que ce qui environne l'être humain, la périphérie donc, et non le centre. À ce titre, elle* [la nature] *ne saurait être considérée comme un sujet de droit, comme une entité possédant une valeur absolue en elle-même.*»[44] Cette dernière position qui correspond en réalité à une position critique à la fois de l'humanisme radical et de l'écologisme radical essaie de concilier à la fois le holisme et l'anthropocentrisme, l'humanisme et le naturalisme. À l'opposé de l'écologie radicale se construit donc cette écologie dite superficielle, comme le désigne Arne Naess. C'est dans ce sens que Don E. Marietta, dans son livre intitulé *For people and the planet,* plaide pour un *holisme* ou pour un humanisme critique: « *I also refer to critical holism as humanistic holism [...]. Upon the basis of critical holism, I defend a humanistic ethic that calls for a duty more inclusive than duty just to human, or*

[44] **Luc Ferry,** *Le nouvel ordre écologique. L'arbre, l'animal, l'homme,* op. cit., p.31.

even just to living things»[45]. Dès le début du livre se trouve indiqué le caractère révolutionnaire de la philosophie de l'environnement. La référence à la figure de Socrate montre bien que c'est la philosophie classique en ses origines même qui se trouve réinterrogée. En effet, Rolston Holmes, qui préface l'ouvrage, déclare: «*Philosophers since Socrates have insisted that the unexamined life is not worth living, but only more recently have environmental philosophers insisted that life in an unexamined world is not worth living either.* »[46] Ici s'opposent deux points de vue qui marquent deux moments essentiels de l'histoire de la philosophie. Le premier moment renvoie à la tradition philosophique qui remonte à Socrate et à l'attitude qui lui est propre. Dans sa tentative de se défendre contre les accusations dont il était l'objet Socrate, persuadé de l'injustice de ces accusations ainsi que du verdict du procès, refuse de renoncer à la philosophie en tant que celle-ci offre le seul modèle d'une existence valable. Examiner sa vie, exercer une critique implacable des normes et des valeurs sur lesquelles l'individu doit fonder son existence, voilà le premier impératif de la morale qui ressort de l'attitude socratique. Une existence abandonnée à l'aveuglement des désirs, des passions et des instincts n'a aucune valeur. C'est l'implication fondamentale de l'injonction « connais-toi, toi-même ». Ce faisant, avec Socrate, la réflexion s'oriente résolument vers l'homme qui devient alors le seul sujet moral.

Ainsi, avant que n'émerge le problème écologique et sa traduction dans le champ de la pensée philosophique, il est reproché aux philosophes de se représenter l'homme comme un être à part dans la nature, d'insister sur ce qu'André Beauchamp appelle « *la rupture*

---

[45] **Don E. Marietta Jr.**, *For people and the planet. Holism and Humanism in Enironmental Ethics,* Philadelphia, Temple University Press, 1995, p.5. Ce qui peut se traduire de la manière suivante: *"je me réfère également à l'idée d'un holisme critique en tant que holisme humaniste... sur la base de cette idée, je défends un humanisme éthique qui fait appel à une conception plus inclusive du devoir qu'à une représentation du devoir qui se limite juste à l'homme et même uniquement aux êtres vivants".*

[46] On peut esquisser la traduction suivante : *« les philosophes depuis Socrate ont insisté sur l'idée selon laquelle une vie sans examen n'est pas une vie valable ; mais c'est seulement tout récemment que les philosophes de l'environnement ont soutenu qu'une vie dans un monde qui n'est pas examiné n'est pas non plus une vie valable ».* **Rolston Holmes**, in **Don E. Marietta Jr**, *For people and the planet. Holism and Humanism in Enironmental Ethics,* op.cit., Foreword, p.ix

humaine»[47], c'est-à-dire sur le fait que l'homme, parce qu'il est doué de raison, se démarque ou s'isole du reste de la nature et se perçoit comme un être commis à la supériorité sur les autres. Dans cette logique, la pensée éthique se fait radicalement réductionniste ou anthropocentriste. On essaie de déterminer, à la suite de Socrate, les règles suivant lesquelles l'homme peut et doit vivre de manière raisonnable, de telle sorte que son existence puisse recevoir sens et valeur. Mais on ne prend pas en compte l'enracinement mondain ou planétaire de l'homme. Ainsi Socrate qui aime et recherche la sagesse ne pense rien apprendre des arbres ou de la nature physique d'une manière générale. S'adressant à Phèdre en effet, il lui fait comprendre que s'il préfère la ville à la campagne, c'est bien parce qu'il aime apprendre ; « *or*, précise-t-il, *la campagne et les arbres ne souhaitent rien* [lui] *apprendre, tandis que les hommes de la ville le font, eux.*»[48] En d'autres termes, le philosophe qui cherche à répondre à l'injonction de l'Oracle ne peut progresser dans la connaissance que dans le cadre de la vie sociale. Ce n'est pas avec la nature qu'il faut et que l'on peut, en effet, se livrer à l'exercice de la maïeutique qui est la voie vers la découverte de soi. Il en est de même de toute connaissance qui prend pour objet des réalités mythiques. Socrate considère que ces dernières, parce qu'elles lui sont extérieures ne peuvent pas constituer pour lui une préoccupation. Ainsi conclut Rolston Holmes : *« Socrate a aimé la cité avec sa politique et sa culture ; il a vécu et il est mort en défendant et en critiquant Athènes. Il a aspiré à l'excellence d'une personne noble, mais il a difficilement reconnu qu'il vivait sur une planète. Aujourd'hui nous découvrons que nous ne pouvons pas savoir qui nous sommes si nous ne savons pas où nous sommes. Nous avons besoin d'une éthique de la Terre. »*[49] L'attitude de Socrate n'est donc pas, dans le contexte de la crise

---

[47] **André Beauchamp**: *Introduction à l'éthique environnementale*, Montréal, éd. Paulines, 1993, pp.39-41.

[48] **Platon** : *Le Banquet, Phèdre, Apologie de Socrate,* trad. par Luc Brisson, Paris, éd. Flammarion, 2008, p.202.

[49]**Rolston Holmes**, in **Don E. Marietta Jr**, *For people and the planet. Holism and Humanism in Enironmental Ethics,* op.cit., Foreword, p.ix. Il s'agit d'une esquisse personnelle de traduction du passage suivant: « *Socrates loved the city, with its politics and culture ; he lived and died defending, and criticizing, Athens. Socrates aspired to the excellence of a noble person, but he hardly knew he lived on a planet. Today...we discover...that we cannot know who we are without knowing where we are. We need an Earth ethics.* »

écologique et la nouvelle éthique qui est exigée, philosophiquement fructueuse. Même Aristote n'est pas épargné par Holmes. D'après la formule devenue courante, Aristote avait affirmé dans la *Politique* que « l'homme est par nature un animal politique », qu'il est destiné à vivre en société. Si l'homme par son genre est un animal, il n'en demeure pas moins que ce qui le différencie des autres animaux, c'est sa prédisposition à la vie collective. Aristote ne pense pas que « l'habitat » de l'homme soit la nature, mais la cité. Pour Holmes, cela ne signifie rien d'autre que pour Aristote la seule existence possible pour l'homme est la vie culturelle ou politique. Ainsi, se construit déjà dans la philosophie antique ce que dénonce l'éthique environnementale : la réduction de la sphère de l'éthique à l'homme. Aristote ne tire pas de la dimension biologique de l'homme des règles éthiques, c'est-à-dire des normes qui incluent la nature comme objet de responsabilité[50].

Cependant l'on pourrait trouver des circonstances atténuantes au "procès-condamnation" de la philosophie antique grecque. Ainsi pour Cathérine et Raphaël Larrère qui défendent l'idée d'un *bon usage de la nature* pour sortir de la crise, une telle idée s'origine dans l'ancienne philosophie grecque et même dans les textes bibliques : « *Le " bon usage " est une très vieille idée que l'on trouve par exemple chez Aristote. On la rencontre également dans la genèse où l'on dit que Dieu a confié la terre aux hommes, comme un bien commun, pour qu'ils en aient l'usage et qu'ils en prennent soin.* »[51] Mais il faut remarquer que les mêmes textes bibliques constituent parfois l'objet de vives critiques dans le contexte de la problématique écologique. On y trouve en effet l'idée de la vocation dominatrice de l'homme. Dieu autorise l'homme à se multiplier, à remplir la terre et à la soumettre. Or, nous l'avons déjà vu, la crise de l'environnement est vue non seulement comme étant le résultat de cette volonté de subordination transformatrice de la nature par l'homme au nom de la liberté, mais aussi comme la conséquence de la croissance

---

[50] Ces idées constituent une traduction en style indirect du passage suivant: « *Aristotle placed humans, though they rise up from the humus, the earth, belonging by necessity in social community, such as villages and towns: "Man is by nature a political animal"(Politics1.2.1253a). The human genus is animal, but the human differencia or essence is to build a polis, a town. The human habitat is town or city, which is another way of saying that human life is political and cultural* ». *Ibidem*

[51] **Catherine Larrère et Raphaël Larrère,** *Du bon usage de la nature*, op.cit., p. 16.

démographique. On trouve nombre de textes consacrés à la discussion de la relation entre christianisme et crise environnementale. Nous pouvons citer en guise d'exemple les titres suivants : — *Religion et Écologie*, Paris, Les éditions du Cerf, coll. « Sciences humaines et religions » ouvrage collectif publié sous la direction de Hervieu-Leger en 1993; – *Le progrès meurtrier. La destruction de la nature et de l'être humain à la lumière de l'héritage du christianisme*, d'Eugen Drewermann , Paris, éd. Stock. Toutefois, au-delà de ces critiques, l'Eglise s'inscrit aujourd'hui, toujours en s'appuyant sur les Ecritures, dans la logique de la lutte pour la protection de la nature et reconnaît la nécessité de la réflexion théorique sur les fondements éthiques. Par exemple le Pape Benoît XVI, lors de son allocution le Lundi 3 Septembre 2007 à plus de 500 000 jeunes réunis à Lorette dans le centre de l'Italie, affirme : « *Avant qu'il ne soit trop tard, nous devons faire des choix courageux qui recréeront une alliance forte entre l'homme et la Terre*[....] *Nous avons besoin d'un oui décisif pour s'occuper de la création, et d'un engagement fort pour renverser ces tendances qui risquent de rendre irréversible la situation de décomposition.* » Bien avant lui, Jean-Paul II avait insisté sur l'idée de la nécessité de la refondation de l'éthique face aux défis imposés par la mondialisation, dont le défi écologique ; mais il prend le soin de préciser que cette éthique qui doit sauver l'humanité du naufrage ne saurait se fonder sur les « *innovations technologiques, l'ingénierie ou l'efficacité.*»[52] S'inspirant de l'éthique kantienne et chrétienne, il rappelle que seule l'idée de l'homme comme personne et comme créature divine qui ne doit jamais être traitée comme moyen mais comme fin peut servir de référent fondamental pour la construction de l'éthique. Mais il convient de remarquer tout de suite que, même si au fond de l'enseignement chrétien se décèle l'idée d'un bon usage de la nature, la position de Hans Jonas sur le rôle de la religion dans la fondation de l'éthique de la responsabilité demeure ambivalente. La responsabilité est pensée à l'aune d'une révision de la théologie.

L'idée d'un bon usage ou l'enseignement d'une relation éthique avec la nature existe par ailleurs chez les Grecs comme l'affirment Catherine et Raphaël Larrère. D'abord, on leur doit le mérite d'avoir tenté une connaissance rationnelle ou scientifique de la nature

[52] **Jean-Paul II** , « Pour un code éthique commun de l'humanité », In *Concilium*, Revue Internationale de Théologie, 2001, N° 292 : *En quête de valeurs universelles*, pp.13-14.

physique dans la mesure où, et c'est la conviction de Larrère, l'éthique de l'environnement qui exige une reconsidération de nos rapports avec la nature ne s'aurait s'élaborer sans une connaissance, au maximum précise, de la nature : «*cette dimension normative, cette recherche d'une éthique doivent être guidées par une vision de la nature, scientifiquement informée. Le problème n'est pas tant d'attribuer une valeur à la nature que de comprendre à quel point notre vision de la nature règle nos comportements. Changer ceux-ci ne dépend pas seulement d'une réflexion éthique (sur la liberté, la volonté, ou les vertus), mais nous oblige à préciser notre conception de la nature.* » [53]

Si donc chez les Grecs la relation de l'homme à la nature consistait essentiellement en une relation éthique, cela se justifie par la conception qu'ils en avaient.

Si nous prenons en compte l'analyse que C. et R. Larrère font de la philosophie grecque antique, nous pouvons y discriminer deux représentations différentes de la nature : celle des présocratiques qui, selon une interprétation qui remonte à Aristote, consistait dans une vision matérialiste ; et celle de Platon et d'Aristote, essentiellement finaliste. La vision mécaniste ou matérialiste culmine avec l'émergence de l'atomisme de Démocrite et de Leucippe. La conséquence éthique que nous pouvons déduire de cet ancien atomisme, c'est une relation avec la nature libérée de la peur du surnaturel dans la mesure où, à l'origine, se trouvent les atomes dont l'agrégation fortuite produit les êtres. Il s'agit dans le fond d'un premier effort de désacralisation de la nature, d'un affranchissement des visions traditionnelles mythiques du monde. Mais cette désacralisation ne s'accompagne pas comme à l'époque moderne d'un élan de transformation et de subordination de la nature. Et c'est en cela que l'idée du *bon usage* de la nature chez les Grecs est acceptable.

Cette relation éthique se fait encore plus évidente chez Platon et chez Aristote. Considérons à titre d'illustration la doctrine de ce dernier. On discerne dans sa philosophie deux sens précis du concept de nature. La nature est ce qui est opposé à la culture. Appartient à la nature tout ce qui possède son propre principe de mouvement et de repos, mouvement qui conduit chaque être vers sa « fin ». La nature se caractérise donc par la spontanéité. Ainsi comprise elle mérite notre « respect » dans la mesure où « *elle ne fait rien en vain* ». Toute production de la nature vise une fin et c'est cette finalité qui lui

---

[53] **Catherine Larrère et Raphaël Larrère,** *Du bon usage de la nature*, op.cit., p.18.

confère sa beauté. C'est pour cela que l'étude de la nature dans son ensemble acquiert un intérêt capital : il s'agit de découvrir cette finalité en vue de la contemplation. C'est ainsi que la physique se range parmi les connaissances théorétiques au même titre que la métaphysique. Ensuite chez Aristote, le concept de nature renvoie à l'essence, à la *quiddité* d'un être, c'est-à-dire ce qui fait qu'un être est ce qu'il est et non pas autre chose. Ainsi, tout ce qui est dans la nature est appelé à réaliser sa nature. Or la cité figure parmi les choses qui sont dans la nature. Elle est une réalité naturelle de par la manière dont elle se constitue. Elle est l'unité de plusieurs villages qui dérivent chacun de l'union de plusieurs familles ; celles-ci à leur tour ne sont que le résultat de la réunion d'une diversité de couples. Or il apparaît que le couple dérive de « *L'union nécessaire...de deux êtres qui sont incapables d'exister l'un sans l'autre : c'est le cas,* poursuit Aristote, *pour le mâle et la femelle en vue de la procréation (et cette union n'a rien d'arbitraire, mais comme dans les autres espèces animales et chez les plantes, il s'agit d'une tendance naturelle à laisser après soi un autre être semblable à soi)...* »[54] La cité est un fait de la nature parce que cette dernière prédestine l'homme à vivre en société, et par suite, il appartient à la nature de l'homme de ne pouvoir vivre qu'en communauté. De la sorte, la cité devient antérieure à la famille et à l'individu qui ne sauraient se suffire à eux-mêmes.

C'est sur la base de ces idées que la critique de Rolston Holmes prend toute sa signification. Aristote enseigne, certes, un certain « respect » de la nature en insistant sur sa beauté que l'on découvre en l'étudiant. Il affirme même la supériorité de la beauté naturelle par rapport au beau artistique qui n'en est qu'une reproduction. L'art imite la nature jusque dans le processus de production de ses œuvres. En effet, il met en œuvre les quatre causes (matérielle, formelle, efficiente et finale) qui interviennent dans tout acte de production. Aristote montre que l'homme partage quelque chose de commun avec le reste de la nature. Il réunit en effet en lui l'âme végétative, sensitive et intellectuelle. Par ailleurs l'éthique environnementale développe un concept qui lui est central, et qui se trouve déjà thématisé par Aristote dans sa philosophie éthique. Il s'agit de la notion de *prudence,* qu'il présente comme une vertu morale par excellence. Le principe de prudence ou de *précaution* dans le domaine de l'éthique de l'environnement renvoie à l'idée selon laquelle, en l'absence de certitude

---

[54] **Aristote,** *La politique*, trad. par J. Tricot, Paris, éd. Vrin, 1995, pp 24-25.

concernant les conséquences des activités de l'homme, l'on doit observer la plus grande prudence[55]. C'est ce qu'Edgar Morin traduit en disant que nous devons désormais penser l'incertitude. Penser l'incertitude signifie que nous devons envisager les conséquences possibles de nos actes, et que par conséquent, le formalisme en éthique, comme c'est le cas chez Kant, est insuffisant. Cette incertitude se justifie selon le principe de *l'écologie de l'action.* Ce concept désigne chez Morin le fait que toute action s'inscrit dans un contexte social et environnemental qui peut la faire dévier de l'intention première[56]. La prudence doit donc être observée jusques dans l'action la plus positivement intentionnée. Nous verrons que c'est l'incertitude concernant les effets possibles de nos actes qui fonde chez Hans Jonas le principe de l'*heuristique de la peur* (1ère partie, chap.III). Mais d'ores et déjà, il est important de souligner que l'heuristique de la peur constitue l'une des idées les plus importantes de la doctrine jonassienne de la responsabilité. Autant son analyse de la peur est originale, autant elle donne lieu à des ambigüités qui ne la mettent pas à l'abri de toute critique. Pour notre part, nous soulignons tout de suite que l'*heuristique de la peur* n'est pas compatible avec le principe du pieux mensonge que recommande Hans Jonas dans l'application de l'éthique de la responsabilité. En tant qu'elle doit relever d'un exercice collectif, puisqu'elle sert à ouvrir l'horizon d'une responsabilité collective, elle ne peut être efficace que dans le contexte d'une gestion démocratique du pouvoir.

Aristote fut donc le premier à introduire la notion de *prudence* dans la pensée éthique et politique. Mais il ne conclut pas à la nécessité d'une relation éthique avec la nature, si cette relation implique la définition de droits et de valeurs intrinsèques à la nature, qui s'accompagneraient d'un ensemble d'obligations pour l'homme de les respecter. Ces obligations et ces droits ne valent que dans le cadre de la vie politique, cadre dans lequel l'homme se réalise pleinement comme tel. Le *sens biologique* de l'homme, le fait qu'il soit un animal comme le présuppose l'éthique de l'environnement ne prime plus. Il est un animal, mais raisonnable et politique, et c'est ce qu'il y a de

---

[55] Il convient de souligner ici la distinction entre le principe de précaution d principe de la prévention. Ce dernier implique en effet que les conséquences de l'action sont connues de manière certaine. De plus il existe une polémique autour du principe de précaution qui donne lieu à plusieurs écoles de précaution : l'école catastrophiste à laquelle on peut rattacher Hans Jonas, l'école prudentielle et l'école dialogique.

[56] **Edgar Morin,** *La méthode 6. Ethique*, op.cit., pp. 40-41.

plus décisif. De plus la société que veut fonder Aristote n'admet pas l'égalité entre les hommes. Seuls font partie de la cité les hommes libres ; en sont exclus les esclaves dont l'existence est cependant nécessaire pour assurer les conditions matérielles de la vie de l'homme libre. La cité est une réalité naturelle ; l'esclavage aussi. Il existe par nature des hommes qui sont appelés à dominer et d'autres à être dominés. C'est ainsi que naturellement le mâle doit se subordonner la femelle. L'éthique de l'environnement ne s'accommode pas de tous ces présupposés. Ainsi, parmi les mouvements écologistes figure ce qu'on a convenu d'appeler l'*écoféminisme.* Ce mouvement se constitue en opposition à toute idéologie de domination du mâle sur la femelle, qu'il s'agisse de celle de l'homme sur la femme, ou qu'il s'agisse de la domination de l'homme sur la nature, considérée par analogie comme une femme. La Terre est notre mère dit-on, et nous nous devons de la protéger.[57] Cette idée justifie la prise en considération des représentations propres aux peuples autrefois dits primitifs. Pour ces peuples en effet, la Terre, la forêt sont des réalités sacrées, au point qu'il n'est pas possible de les violer. Ainsi selon Jikiti Buinaima, un intellectuel d'origine indigène qui s'est engagé à lutter pour la protection de l'Amazonie, « *la forêt n'a pas de valeur commerciale.*»[58] Elle est à la fois la *Cathédrale* et l'*Habitat* du peuple indigène.

Quoiqu'il en soit, la remarque de Holmes à propos des grecs conserve sa pertinence dans la mesure où la protection de la nature n'était pas encore un problème à cette époque. De plus la prudence dont parle Aristote n'est pas relative aux risques de dégradation de la nature dont les conséquences peuvent être nuisibles à l'homme. Elle ne se réfère pas non plus à l'idée du souci pour les générations futures. Enfin, l'idée aristotélicienne de l'Etat n'est pas très prometteuse en matière de l'inscription de l'éthique de l'environnement dans l'action politique, dans la mesure où elle n'implique pas l'égalité et la liberté pour tous.

---

[57] Il faut remarquer cependant que l'idéologie de la domination de la nature par l'homme n'est pas aristotélicienne ; il s'agit d'une idéologie moderne.

[58] **Jikiti Buinaima**, *L'esprit de la forêt. Mon combat pour l'Amazonie,* Paris, Les Editions de Paris, 1996, p.11.

I.2.2. Principes de l'humanisme critique : synthèse

Ce qui caractérise en premier l'écologie critique c'est l'effort qui y est déployé pour concilier à la fois l'humanisme et le souci écologique. Dans cette perspective se situent les philosophies de Don E. Marietta Jr., de Luc Ferry, de Catherine et de Raphaël Larrère, etc. On y dénonce d'abord les incohérences de l'écologie profonde, incohérences qui se retrouvent dans les formes les plus radicales du holisme. Don E. Marietta en identifie deux qu'il considère comme étant pernicieuses, dangereuses et essentiellement antihumaines : il s'agit de ce qu'il appelle « le holisme axiologique » ("*axiological holism*") et du « holisme déontologique » ("*deontic holism*"). Il caractérise le premier de la manière suivante: *« This type of holism ascribes value on the basis of usefulness to the biosphere. An organism plays a role in the ecosystem, and that is what makes the organism valuable»*[59]. Cette forme de holisme se fonde sur le sens qu'il faut accorder à l'idée de la *valeur*. Sur quoi se fonde la valeur morale d'un être ? D'après le *holisme axiologique* - c'est ce que dit la citation – possède de la valeur ce qui est utile à la biosphère. Tout organisme joue un rôle dans l'écosystème et c'est ce qui lui confère de la valeur.

Il convient de préciser que les termes *biosphère*, *écosystème* sont des concepts hérités de l'écologie scientifique sur laquelle d'ailleurs se fonde l'essentiel des arguments qui soutiennent l'orientation holistique de l'éthique de l'environnement. L'apport fondamental de la science écologique consiste dans l'insistance sur l'interdépendance des espèces vivantes et sur leur interaction avec leur milieu. Ainsi un écosystème est-il l'ensemble des êtres vivants qui évoluent dans un milieu avec lequel ils entretiennent des relations. L'écosystème comporte à la fois des éléments biotiques (la biocénose ou communauté biologique) et des éléments abiotiques (le biotope). C'est l'ensemble des écosystèmes qui constituent la biosphère. L'équilibre de l'écosystème dépend de la qualité des relations entre les êtres vivants, et de leurs rapports avec le biotope. On peut donc considérer que, pour le holisme axiologique, la valeur essentielle est l'équilibre

[59] **Don E. Marietta Jr.**, *For people and the planet. Holism and Humanism in Enironmental Ethics* , op. cit. p.57. Esquisse de traduction : "*cette forme de holisme fonde la valeur sur l'utilité par rapport à la biosphère. Un organisme joue un rôle dans l'écosystème et c'est ce qui confère de la valeur*"

de la biosphère qui dépend de l'équilibre des écosystèmes. Porter atteinte à la vie d'une partie de l'écosystème revient à mettre en danger la survie de l'ensemble. Il n'est donc plus question de considérer la liberté humaine comme unique et exclusif fondement de l'éthique.

Le holisme déontologique qui est la seconde forme radicale du holisme, très voisine de la première, se caractérise de la manière suivante : « *Environmental holism can be presented in terms of moral duty... this approach to holism claims that there is a moral duty to be responsible member of the biospherical community. The moral standing of nonhuman entities also comes from membership in the biotic community.*»[60] Ce qui importe ici, c'est l'idée du devoir moral. L'origine des obligations morales se trouve dans l'appartenance à la communauté biologique. Pour Edgar Morin, l'affirmation de l'appartenance de l'homme au système écologique représente l'apport essentiel de l'écologie moderne. De son point de vue, le concept même d'écologie, à travers ce qu'il implique comme signification, possède un contenu plus précis mais plus complexe que les notions voisines de milieu, de nature et d'environnement : « *il ajoute,* dit-il, *de la complexité*»[61] à la notion de milieu, de même qu'il précise le sens du terme environnement ; enfin, il retranche de la mystique, voire de l'euphorie, à la notion de nature. Mais l'enseignement essentiel que l'on tire de l'analyse du concept réside dans l'idée, ignorée par la pensée occidentale moderne, selon laquelle « *l'être vivant, et a fortiori l'homme, est un système ouvert.* »[62] Cette ouverture est significative non seulement d'une relation complexe d'interdépendance, mais encore, sur le plan éthique, de l'institution d'un impératif moral adressé à l'homme : celui qui lui commande d'agir de façon responsable envers la nature. Se comporter de manière responsable dans la communauté biologique constitue donc le premier devoir moral. À partir de là, l'on perçoit que tous les êtres vivants deviennent des sujets moraux.

---

[60] *Ibidem*, p.58. Traduction : " *le holisme environnemental peut être présenté en termes de devoir moral... cette approche postule qu'être un membre responsable de la communauté biologique constitue une obligation morale. Le statut moral des entités non humaines repose également sur leur appartenance à la communauté biotique.*"

[61] **Edgar Morin,** *L'an I de l'ère écologique. La Terre dépend de l'homme qui dépend de la Terre*, Paris, éd. Tallandier, 2007, p. 13.

[62] *Ibidem.*

Pour Don E. Marietta, les deux positions sont à la fois réductionnistes, abstraites et antihumaines. Le reproche d'anti-humanisme se retrouve également chez Luc Ferry. Ce dernier fonde sa réflexion sur une analyse critique de la doctrine de Peter Singer, un fervent et radical défenseur des droits des animaux. Il souligne le fait que la pensée de Singer se fonde essentiellement sur le principe utilitariste de l'intérêt et sur celui de l'égalité formelle entre l'homme et les animaux. Enfin de compte, la théorie conduit à une mise entre parenthèses de l'humanisme. Contre cette attitude, Ferry soutient que l'égalité entre l'homme et l'animal ne saurait être parfaite, et que l'intérêt ne saurait fonder la morale. Ce qui sépare l'homme de l'animal, c'est la culture en vertu de laquelle l'homme est essentiellement un être *d'anti-nature*. Or la culture est l'effet de la liberté sur laquelle on doit ultimement fonder l'éthique, même ouverte à la nature. Pour lui, la morale de l'intérêt conduit à l'égoïsme dont l'homme ne peut s'arracher que par un acte de liberté. C'est la liberté qui, en tant que faculté, permet à l'homme de «*poser des valeurs morales et de les distinguer comme telles des simples intérêts qui, dès lors qu'ils ne sont pas les miens, peuvent à juste titre me laisser indifférent.*»[63] Plus loin il souligne qu' « *en l'absence de la liberté, une quelconque éthique normative* [ne] *pourrait se déployer.*»[64] Ceux qui défendent le holisme axiologique ou déontologique oublient que toute évaluation vient de l'homme, le seul être capable d'agir par représentation de la loi. Si la nature possède des droits, il n'en demeure pas moins que c'est l'homme qui les définit pour elle et s'engage à les respecter, d'ailleurs d'une manière unilatérale, ce qui trahit le sens même du droit. Le holisme critique prend en compte les concepts traditionnels fondateurs de l'éthique tels que la liberté, la justice et la dignité de la personne. Seulement, il montre que le respect de ses principes passe par la précaution à l'égard des conditions matérielles et objectives de leur possibilité. L'idée est que, si par exemple, on ne peut pas dire que l'animal possède une dignité, il existe cependant des attitudes à l'égard de l'animal qui sont dégradantes pour l'homme lui-même. Ferry cite en exemple des pratiques culinaires telles que le prélèvement des cuisses de la

---

[63] **Luc Ferry,** *Le nouvel ordre écologique. L'arbre, l'animal, l'homme,* op. cit., p103.

[64] *Ibidem*, p.104.

grenouille pendant qu'elle est encore en vie, la bastonnade du porc avant de l'égorger, etc.

Sur le plan de la pratique politique, il est tout aussi incohérent de plaider pour un régime fort – c'est à quoi conduit l'écologie profonde – alors que ces genres de régimes ont déjà fait leurs preuves et que de plus en plus la démocratie est revendiquée comme moyen légitime de gouverner. Sur ce plan de la pratique politique, cette tendance critique prend un caractère réformiste : pas de rejet radical de la modernité, ni la volonté d'un retour illusoire à l'âge d'or primitif de symbiose entre l'homme et la nature, ni de fuite en avant[65]. Ce qu'il faut, c'est « *un bon usage de la nature* ». Ni le *scénario fondamentaliste* développé par l'écologie profonde, ni le *scénario autoritaire* dont Hans Jonas constituerait la figure représentative ne sont en mesure de mettre en œuvre, de manière acceptable, les principes qui découlent de l'éthique environnementale[66]. Reste alors l'option démocratique qui s'exprime chez André Gorz et Ivan Illich. Nous pouvons y insérer celle de Luc Ferry et de tous ceux qui défendent un holisme humaniste[67].

---

[65]« *L'écologie sociale n'est ni passéiste ni technocratique. Elle cherche à définir la place unique de l'humanité dans la nature sans retourner à un âge des cavernes antitechnologiques ni fuir à bord des satellites et des vaisseaux spatiaux de la science fiction* », in **Murray Boockhin,** *Une société à refaire. Pour une écologie de la liberté*, trad. par Catherine Barret, Paris, Atelier de création libertaire, 1992, P.9.

[66] Nous devons à Dominique Bourg la distinction de trois scénarios possibles de l'inscription de l'éthique de l'environnement dans le champ de l'action : il s'agit du *scénario fondamentaliste*, développé par l'écologie profonde, du *scénario autoritaire* représenté par Hans Jonas et du *scénario démocratique.*

[67]Dans *Le Nouvel ordre écologique*, **Ferry** formule les questions suivantes *: « Faut-il, pour assurer la protection de notre environnement, que nous lui accordions des droits égaux, voire supérieurs à ceux des êtres humains ? Jusqu'où et en quel sens peut-on parler « de droits de la nature ? » le fait de lui reconnaître une certaine dignité implique-t-il la déconstruction radicale de l'humanisme sous toutes ses formes ? Une critique interne de cette tradition anthropocentriste ne permettrait-elle pas de faire droit au souci écologiste, sans renoncer aux principes démocratiques ? Et, par réciproque : en quel sens et sur quel mode concret le libéralisme politique, celui des droits de l'homme, pourrait-il intégrer les préoccupations d'une éthique de l'environnement ? »* Par rapport à ces questions, la thèse de Ferry est la suivante *: « ...il faut risquer des propositions visant à élaborer les repères théoriques et pratiques nécessaires à la défense d'une écologie démocratique.»*, op. cit. p.241.

Conclusion

L'éthique de l'environnement représente, sur le plan de la pensée, un champ ouvert où les prises de position sur les fondements de cette éthique demeurent suffisamment contradictoires. Tantôt les uns exigent une subordination de l'homme à la nature ; tantôt d'autres refusent que l'écologie puisse se construire sur la base de l'anti-humanisme. De même, en ce qui regarde les implications politiques, on se rend compte que l'éthique de la protection de l'environnement s'inscrit parfois dans les programmes de régimes dictatoriaux tels que le nazisme en Allemagne. À l'opposé, on proteste que la défense de la nature ne puisse justifier l'instauration de régimes fondamentalistes, non-démocratiques. Il est plutôt exigé la construction d'une écologie démocratique dans laquelle se réconcilient les droits de la nature et ceux de l'homme. Dans un autre sens, l'instauration d'une écologie démocratique va de pair avec la nécessité d'impliquer le maximum de citoyens possibles dans les prises de décisions en matière de protection de l'environnement. Mais défendre une écologie démocratique revient à s'inscrire en faux contre la théorie de Hans Jonas, dont le fondamentalisme s'exprime ne serait-ce qu'à travers sa conception paternaliste du pouvoir. Cependant on peut bien se poser la question du fondement réel d'un tel rejet. Les réprobations contre les thèses du holisme radical s'appliquent-elles en toute rigueur à la philosophie de Hans Jonas ? Dans *Le Principe Responsabilité* celui-ci déclare : « *Pour autant que l'ultime pôle de référence qui fait de l'intérêt pour la conservation de la nature un* ***intérêt moral*** *est le destin de* ***l'homme*** *en tant qu'il dépend de la nature, l'orientation anthropocentrique de l'éthique classique est encore conservée ici.*»[68] Au regard de cette affirmation, pouvons-nous encore considérer sa philosophie de la responsabilité comme étant radicalement anti-humaniste et anti-démocratique ?

Notre réflexion s'inscrit dans le cadre de ce débat, plus précisément dans la discussion autour de la question de l'application sur le plan politique de l'éthique environnementale ; elle veut se constituer comme un plaidoyer pour une écologie démocratique. Il s'agit de montrer que la responsabilité, interprétée même dans le sens jonassien, n'est pas incompatible avec toute organisation

[68] **Hans Jonas**, *Le Principe Responsabilité. Une éthique pour la civilisation technologique*, op.cit., p.25.

démocratique du pouvoir. Mais comme cela a été précisé au départ, nous nous proposons, en suivant la démarche de Hans Jonas, d'exposer d'abord la manière dont il s'acquitte de la tâche théorique de la fondation de l'éthique de la responsabilité avant d'aborder le problème de sa mise en œuvre pratique. Or, ce que l'auteur met d'abord en évidence dans sa démarche, c'est le fait du *vide éthique*, qui traduit l'absence de réponse philosophico-éthique à la menace technologique et qui justifie par conséquent la nécessité de la construction d'une éthique de la responsabilité appropriée à la nouvelle situation. L'objet des chapitres suivants consiste à exposer les arguments en faveur de la réalité du vide éthique.

Deuxième chapitre

Éthique de la responsabilité et principes de la philosophie kantienne : première approche

L'éthique de la responsabilité de Hans Jonas se construit sur la base d'un effort d'intégration critique de la philosophie morale de Kant. Il reproche notamment à ce dernier non seulement d'avoir édifié, à la suite de toutes les éthiques classiques antérieures, une éthique anthropocentrée, mais encore de s'enfermer dans un formalisme pur. Hegel avait déjà dénoncé ce formalisme caractéristique de la philosophie morale de Kant. En vertu de la séparation de la *raison théorique* et de la *raison pratique*, Kant entérine l'hypothèse humienne de la séparation de l'être et du devoir. Il manque le sens d'une éthique de l'absolu ou de l'infini, dans laquelle et par laquelle se réconcilient le particulier et l'universel : *« Dans la raison pratique l'idéel et le réel sont identiques, le réel reste purement et simplement opposé. Ce réel est essentiellement en dehors de la raison, et la raison pratique n'existe que dans la différence contre lui...Cette science de la moralité qui parle de l'identité absolue de l'idéel et du réel n'agit pas selon ses paroles* [...] *Mais ce qui la distingue* [la raison éthique], *c'est que la réalité vraie et son absolu sont tout à fait affranchis de l'opposition à la nature ; elle est identité absolue de l'idéel et du réel. »*[69] La philosophie kantienne en est une qui ne tient pas ses promesses puisqu'elle ne parvient pas à construire sa propre unité.

Dans une perspective différente de celle de Hegel, Hans Jonas rejette l'idée kantienne de la moralité en ce qu'elle serait incompatible ou inféconde par rapport au projet de la fondation d'une éthique de la responsabilité. Cette attitude de Hans Jonas vis-à-vis de l'éthique kantienne nécessite un exposé des principes de cette dernière. Ce qui permettra de savoir si les reproches qu'il fait à la pensée de Kant sont

[69] **Hegel**, *Le droit naturel*, trad. par André Kaan, Paris, éd. Gallimard, 1972, p87.

réellement fondés et si lui-même parvient à échapper à ce qu'il considère comme écueils de la philosophie pratique de Kant. Il s'agira enfin de savoir si cette philosophie demeure radicalement inféconde par rapport au projet de la fondation d'une éthique de la responsabilité, entendue comme éthique de l'environnement.

II.1. La scission de l'être et du devoir

Même si à plusieurs endroits Kant insiste sur la nécessité d'unifier la raison spéculative et la raison pratique aux fins de porter à son achèvement le système de la philosophie transcendantale, il n'en souligne pas moins leur dissociation *a priori* radicale. Dans la *Critique de la faculté de juger*, il insiste sur cette séparation entre la raison théorique et la raison pratique, entre la philosophie de la nature et la philosophie pratique : «*Le domaine du concept de la nature...et celui du concept de la liberté(...), malgré toute l'influence réciproque qu'ils peuvent avoir l'un sur l'autre (chacun selon ses lois fondamentales), sont entièrement séparés par un grand gouffre, qui disjoint le suprasensible des phénomènes.*»[70] L'idée de la fracture entre la philosophie de la nature et la philosophie pratique se retrouve également exprimée dès les premières lignes de la *Critique de la raison pratique.* Kant indique ici qu'elles se distinguent au niveau de leurs objets même si elles s'inscrivent dans le cadre d'un même projet, celui d'une critique de la raison pure en général : « *L'usage théorique de la raison portait sur des objets de la faculté pure et simple de connaître, et une critique de la raison, en vue de cet usage, n'avait proprement rapport qu'à la faculté pure de connaître (...). Dans ce dernier cas, la raison s'occupe des principes déterminants de la volonté, qui est un pouvoir ou de produire des objets correspondant aux représentations, ou de se déterminer soi-même à réaliser ces objets...* » [71]D'une manière plus précise, il s'agit, dans la *Critique de la raison pratique,* de savoir si la raison peut seule déterminer la volonté à agir sans égard à toute donnée qui proviendrait de l'expérience. Ce qui est mis en jeu donc concerne la liberté du vouloir. La question centrale à laquelle répond la philosophie pratique est

[70] **Emmanuel Kant** : *Critique de la faculté de juger*, trad. par Alexandre J.-Delamarre, J.R. Ladmiral et autres, Paris, éd. Gallimard, 1985, p.124.

[71] **Kant**, *Critique de la raison pratique*, trad. par Françoit Picavet, Paris, éd. P.U.F., 1993, p.13.

formulée dans la proposition : *"que dois-je faire ?"*Tandis que la philosophie de la nature traite de la question : *"que puis-je savoir ?"* Sur cette question, la thèse de Kant consiste à dire que nous ne pouvons connaître que des *phénomènes.* Qu'elle en est la véritable signification et la véritable portée ?

La philosophie de la nature, rappelons-le, détermine les principes et les conditions de possibilité de la connaissance. Elle aborde donc le problème des fondements de la connaissance théorique ou spéculative. Une telle tâche, Kant s'en acquitte dans la *Critique de la Raison pure.* Dans la préface à sa première édition il indique le sens de cette critique. Le plus souvent la démarche critique, constitutive de l'esprit philosophique, consiste à s'attaquer aux systèmes et aux doctrines déjà établis et qui sont configurés dans les livres. Leurs contenus aussi bien que leur forme sont soumis à un examen critique, parfois implacable, au moyen de l'idée que l'on se fait de la philosophie. Ainsi, interprétant la philosophie de Descartes, Husserl insiste sur l'exigence pour quiconque veut se convertir à la philosophie de faire un vœu de pauvreté en matière de connaissances. L'attitude critique qui s'accomplit à travers le doute ou la réduction phénoménologique, consiste d'abord à entrer en soi-même pour « *tenter de renverser les sciences admises jusqu'ici et tenter de les reconstruire.*»[72]Mais Kant avertit que l'idée d'une critique de la raison ne renvoie pas à l'examen des différentes doctrines qui se sont construites au fil de l'histoire de la pensée. La critique se donne pour objet de déterminer les frontières du pouvoir de la raison en général. La raison se détermine comme la faculté grâce à laquelle l'homme qui, de tous les êtres de la nature a le privilège d'en disposer, peut élaborer une connaissance objective du monde et peut ainsi accéder à la vérité. Vivre selon la raison – principe traditionnel de l'enseignement philosophique –, consiste à être capable de « distinguer le vrai du faux », le juste de l'injuste, le mal du bien, et fonder par-là sa vie sur des normes théoriques et pratiques valides. La raison est fondamentalement ce que revendique la philosophie dès ses origines. Différenciant la philosophie de l'opinion, Hegel déclare : « *Une opinion est une représentation subjective, une idée quelconque, fantaisiste, que je conçois ainsi et qu'un autre peut concevoir autrement. Une opinion est mienne (...). Or la philosophie ne renferme pas des opinions ; il n'existe pas*

[72] **Edmund Husserl,** *Méditations cartésiennes. Introduction à la phénoménologie,* trad. par Gabrielle Peiffer et E. Levinas, Paris, éd. Vrin, 2001, p.18.

d'opinions philosophiques (...). La philosophie est la science objective de la vérité, la connaissance de sa nécessité, un connaître compréhensif et nullement opinion, ni délayage d'opinions. »[73]La philosophie est la science de la vérité. Son objet, elle l'atteint ou cherche à l'atteindre en s'appuyant sur la raison. Mais celle-ci est-elle toute puissante ? La Raison peut-elle accéder à toute connaissance sur le monde objectif ? N'y a-t-il pas des limites au-delà desquelles elle risque de s'égarer et de donner lieu à des discours qui se croisent sans jamais s'accorder sur ce qui est vrai et sur ce qui est faux ?

C'est à ces questions que la philosophie critique de Kant tente de répondre. Il établit les conditions dans lesquelles la philosophie, en renonçant pour sa propre crédibilité à l'idée d'un pouvoir sans limites de la raison en matière de connaissance théorique, évite pourtant de faire naufrage dans le pur scepticisme dont la pensée de David Hume constitue l'expression la plus ultime à l'époque moderne. En effet David Hume contre qui Kant développe sa pensée, avait construit une philosophie empiriste telle, qu'elle finît par aboutir à l'affirmation d'un scepticisme doctrinal radical, et dans laquelle se produit une *séparation de l'être et du devoir, de la science et de l'éthique.* D'une manière générale, le scepticisme nie la possibilité pour la raison d'atteindre la vérité objective et universelle.

Il convient d'observer que la philosophie de Hume intéresse ici à un double titre. D'abord au niveau théorique où il élabore une philosophie radicalement sceptique, scepticisme qui est la conséquence de son empirism[74]e. Il réduit en effet tous les actes de l'esprit humain à des perceptions. Ces dernières sont soit des impressions, soit des idées. Les idées constituent des perceptions faibles dans la mesure où elles constituent des copies des impressions. La question décisive à laquelle se confronte Hume concerne *l'origine de nos idées*. Il s'agit de savoir si nous avons en nous des idées qui sont radicalement indépendantes des impressions, donc de l'expérience, dans la mesure où les impressions sont des perceptions produites, soit par la sensation, soit par les émotions. David Hume soutient la thèse selon laquelle la correspondance, à ses yeux évidente, entre les impressions simples et les idées simples constitue une vérité universelle ;

---

[73] **Hegel**, *Leçons sur l'histoire de la philosophie*, tome1, trad. J. Gibelin, Paris, éd. Gallimard 1954.

[74] **David Hume**, *Traité de la nature humaine*, Livre I, *L'entendement,* trad. de Philippe Baranger et Philippe Saltel, Paris, éd. Flammarion, 1995.

autrement dit, cette correspondance s'applique aux perceptions complexes. L'universalité de cette vérité se justifie par le fait que les perceptions complexes sont produites à partir de perceptions simples[75]. La conséquence immédiate de telles considérations, c'est la dérivation de toute connaissance de l'expérience. Se trouve ruinée toute théorie des idées innées ou toute doctrine qui affirmerait l'existence de lois ou de principes propres à l'esprit par lesquels celui-ci produirait la science. Hume met ainsi fin à la métaphysique. Par exemple il établira que certains principes fondamentaux de la métaphysique et de la science, tel celui de la causalité, ne sont des lois nécessaires ni de l'entendement, ni de la nature des choses. La production d'un phénomène par un autre qui en est alors la cause ne relève nullement d'un pouvoir ou de l'efficacité de la cause. Si nous parlons donc d'une nécessité dans la relation de la cause à l'effet, cette idée n'est en fait que le résultat de l'habitude de percevoir, dans l'expérience, la succession répétée de ces deux phénomènes. Kant reconnaît à Hume le mérite d'avoir posé le problème du pouvoir de la raison, c'est-à-dire de la manière dont l'esprit peut parvenir à la connaissance. Malheureusement Hume finit par la déclarer impossible en la rivant à l'expérience.

Cet empirisme de David Hume - c'est le second point de sa pensée qui nous intéresse -, s'étend à sa philosophie morale. Cette dernière, il la construit en opposition aux doctrines anciennes et modernes de l'éthique. La philosophie s'est le plus souvent réclamée comme fondement la raison, qu'elle oppose alors aux passions, aux désirs, en un mot à la vie affective de l'homme. Elle apparaît d'ailleurs comme la voie vers la libération de l'âme de l'emprise du corps, siège des passions qui forment les premiers obstacles à la liberté de l'homme. La seule forme de vie valable est la vie selon la raison, aussi bien pour l'individu que pour la société. Du point de vue de Platon, l'individu ne peut parvenir à la justice que si domine en lui la raison dont la vertu est la sagesse, se soumet toutes les autres instances de la personnalité. De même, la moralisation de l'espace public politique passe par l'instauration du pouvoir des philosophes éclairés. Dans cette logique, l'action droite est l'action raisonnable, celle qui est dictée par la raison. Cette conviction que la raison doit prédominer reste transversale dans l'histoire de la philosophie. On peut encore la repérer chez Spinoza qui reconnaît que les passions sont constitutives

---

[75] **David Hume**, *Traité de la nature humaine*, op.cit., p.44.

de la nature humaine ; mais il ne s'empêche pas de soutenir dans l'*Ethique* que seule la connaissance rationnelle de la nature des passions, l'amour intellectuel de Dieu, peut conduire l'homme à la liberté par rapport à lui-même. David Hume rompt avec cette tradition et se propose dès le volume II du *Traité de la nature humaine* de « *prouver d'abord que la raison ne peut jamais être à elle seule un motif pour une action de la volonté. Puis, en second lieu qu'elle ne peut jamais s'opposer à la passion pour diriger la volonté.* »[76] La philosophie se divise en philosophie spéculative (théorique) et en philosophie pratique. Or la moralité se situe dans le domaine de la pensée pratique et elle se rapporte, dit Hume, à nos actions et à nos passions. La question se pose alors de savoir si la raison exerce une influence sur nos actions et si nos passions peuvent devenir l'objet d'une évaluation rationnelle. La thèse de Hume consiste à soutenir que, dans le domaine de l'action, la raison est un principe inactif, et que par conséquent, on ne saurait fonder l'actif sur l'inactif. La raison ne détermine pas le bien et le mal, mais le vrai et le faux[77]. Elle parvient à accomplir cette opération, soit par démonstration, c'est-à-dire en établissant ou en percevant des relations entre les idées (par exemple la relation de causalité) ; soit par probabilité, en établissant des relations entre les faits d'existence ou les objets réels. La raison a donc affaire à ce qui s'accorde et à ce qui ne s'accorde pas: le vrai désigne l'accord des idées entre elles ou entre les faits d'existence ; le faux, le contraire. En revanche, les actions, les passions, domaine de la moralité, « *ne sont pas susceptibles d'un tel accord ou désaccord* » car « *elles sont des faits, des réalités ou des faits originels, complets en eux-mêmes, n'impliquant aucune référence à d'autres passions, volitions et actions. Il est donc impossible qu'elles puissent être déclarées vraies ou fausses et qu'elles soient contraires ou conformes à la raison* »[78].

La même idée se trouve déjà énoncée dans le second volume qui traite des passions.[79] La raison ne peut jamais s'opposer aux passions,

---

[76] **David Hume**, *Traité de la nature humaine. II. Les passions*, trad. par Jean-Pierre Cléro, Paris, Flammarion, 1991, p.269.

[77] **David Hume :** « *la raison est la découverte du vrai et du faux.* » In *Traité de la nature humaine, Livre III, La morale,* trad. par Philippe Saltel, Paris, éd. Flammarion, p.52.

[78] *Ibidem*, p.52.

[79] « *Une passion est une existence originelle, ou, si l'on veut, une modification originelle de l'existence ; elle ne contient aucune qualité représentative qui en fasse*

parce que la contradiction signifie le désaccord des idées. Chaque passion est singulière, elle ne saurait être la copie d'aucune autre. Si tel est le cas, il est de toute évidence que la moralité relève du *sentir* et non du *penser*. À la question : *« est-ce au moyen de nos idées ou de nos impressions que nous distinguons le vice de la vertu et que nous déclarons une action blâmable ou digne d'éloge ? »*[80], la réponse de Hume ne manque pas de clarté : c'est bien sur les impressions qu'il faut fonder la moralité. Ce qui signifie que « *les règles de moralité ne sont...pas des conclusions de notre raison* »[81]; elles proviennent d'un *sens moral*. La vertu et le vice sont fonction du plaisir ou de la peine ressentie à l'occasion d'une action. Il s'ensuit que les actions peuvent être dites bonnes ou mauvaises, mais jamais raisonnables ou déraisonnables. Hume précise cependant qu'il y a des cas où la raison semble intervenir dans l'évaluation de nos actions. Le premier se produit quand nos sentiments du bien et du mal, du chagrin ou de la colère sont déterminés par des suppositions de réalités qui n'existent pas ; le second cas intervient lorsque les moyens (causes) sont inappropriés à la fin (l'effet : la satisfaction de la passion). On dira alors que l'action est "déraisonnable". Mais pour David Hume, même dans ce cas, il ne s'agit que d'une façon de parler ; car, en toute rigueur, ce n'est pas la passion en elle-même qui est déraisonnable, mais le jugement. Et dans cette situation, soutient-il, «*je suis plus à plaindre qu'à blâmer* » et personne ne peut considérer cela « *comme un défaut de mon caractère moral.* »[82] En résumé on peut retenir que chez David Hume il n'y a aucun fondement rationnel ni de la connaissance ni de la moralité.

Ces thèses de Hume permettent non seulement de saisir la portée de la philosophie théorique et pratique de Kant, mais aussi d'anticiper les objections que lui adresseront les théoriciens de l'éthique de l'environnement, dont Hans Jonas. David Hume en effet est reconnu comme celui qui a affirmé avec clarté que l'éthique ne saurait se fonder sur la science, donc que le devoir-être ne saurait être dérivé de

---

une copie d'une autre existence ou d'une autre modification. Quand j'ai faim, je suis réellement sous l'emprise de cette passion et, dans cette passion, je ne me réfère pas davantage à un autre objet que lorsque j'ai soif, suis malade (...). » cf. **David Hume**, *Traité de la nature humaine, Livre II, Dissertation sur les passions*, trad. par Jean-Pierre Cléro, Paris, éd. Flammarion, p.271.

[80] **David Hume**, *Traité de la nature humaine, Livre III, La morale,* Op. cit., p.50.

[81] *Ibidem*, p.51.

[82] **David Hume**, *Traité de la nature humaine, Livre III, La morale*, op. cit., p.54.

l'être. On peut s'en rendre compte à partir des considérations précédentes ou encore à travers ce qu'il affirme à la fin de la section I de la première partie du troisième volume du *Traité de la nature humaine* : « *Dans chacun des systèmes de moralité que j'ai jusqu'ici rencontrées, j'ai toujours remarqué que l'auteur procède pendant un certain temps selon la manière ordinaire de raisonner, établit l'existence d'un Dieu ou fait des observations sur les affaires humaines, quand tout à coup j'ai la surprise de constater qu'au lieu des copules habituelles,* ***est*** *et* ***n'est pas****, je ne rencontre pas de proposition qui ne soit liée par un* ***doit*** *ou un* ***ne doit pas****. C'est un changement imperceptible, mais il est néanmoins de la plus grande importance.* »[83] Hume avait déjà évoqué dès l'introduction au volume I du *Traité* consacré à l'entendement la différence entre la philosophie naturelle et la philosophie morale. Dans le premier cas l'individu qui cherche la connaissance peut procéder par expérimentation, c'est-à-dire en reproduisant à volonté les phénomènes afin d'en saisir les constantes. Mais la philosophie morale ne jouit pas d'un tel privilège. En effet, pour juger de la valeur morale d'un acte, je ne peux pas le reproduire moi-même. La seule voie qui s'offre ici selon Hume c'est « *l'observation prudente de la vie humaine, et les prendre telles que la conduite des hommes en société, dans leurs affaires et leurs plaisirs, les font paraître dans le cours ordinaire du monde.* »[84] De ce point de

---

[83] *Ibidem,* p.65.

[84] **David Hume**, *Traité de la nature humaine,* Livre I, *L'entendement,* op. cit., p. 37. Il faut cependant observer que, si l'on peut reprocher à Hume la scission de l'être et du devoir, rendant ainsi impossible une fondation ontologique de l'éthique, sa philosophie n'est pas sans contenir des propos qui peuvent intéresser les éthiciens de l'environnement. En effet dans le volume 1 du *Traité de la nature humaine*, Hume soutient sans ambiguïté qu' « *aucune vérité ne ...paraît plus évidente que de dire que les bêtes sont doués de pensées et de raison tout comme chez les hommes.* » (p.254) De même que toutes nos idées proviennent de l'expérience, et que nos actions externes reposent sur des motivations internes (nos idées et perceptions), de même les comportements des animaux sont conforment à des motifs internes dont l'origine est l'expérience qu'ils font du monde extérieur. Il y a donc, dans ce sens, une égalité entre les hommes et les animaux. Dans ces conditions, il semble que Descartes, qui nie toute pensée à l'animal, le rivant à la chose étendue, soit plus à condamner que Hume. Plus tard, Hans Jonas lui-même, dans *Le phénomène de lé vie*, reconnaît qu'il existe un lien chez l'animal entre la motricité, la perception et l'émotion. (cf. l'essai IV « Se mouvoir et ressentir : sur l'âme animal », p.111-118). Le comportement de l'animal implique la perception de l'objet, le sentiment (le désir ou la peur) qui accompagne cette perception, et la motricité qui pousse vers l'objet ou le fait fuir, la

vue, Kant, en séparant la raison théorique de la raison pratique, n'entérine-t-il pas cet enseignement de Hume, bien qu'il tente de trouver un fondement rationnel à l'éthique ? Pour répondre à cette question, il paraît important de développer les principes de la philosophie de Kant, à commencer par ceux de la philosophie spéculative. Cela permettra de comprendre pourquoi l'éthique de la responsabilité présuppose une relecture critique des systèmes de Hume et de Kant.

II.2. La philosophie de la nature chez Kant

Kant, dans *La critique de la raison pure*, fait dès l'introduction une concession à Hume. Il accepte en effet l'idée que la connaissance ou la science part de l'expérience. Tout acte de connaître met en relation un sujet connaissant et un objet connu qui constitue la matière de la connaissance. Or le sujet ne peut connaître l'objet qu'à la condition que celui-ci lui soit donné. Le sujet ne crée pas l'objet. C'est à travers l'expérience sensible que l'objet se donne à lui sous la forme d'*intuition*, selon la terminologie de Kant. C'est ainsi que la première tâche dont doit s'acquitter la philosophie consiste à examiner les conditions de possibilité de l'intuition. C'est à cette tâche que s'attache Kant dans la première partie de *La critique de la raison pure* intitulée "esthétique transcendantale".

Si toutes nos connaissances « commencent avec l'expérience », celle-ci n'est pas suffisante pour les valider : « *En effet,* explique Kant, *il se pourrait bien que notre connaissance expérimentale elle-même fût un composé de ce que nous recevons par des impressions, et de ce que notre propre faculté de connaître tire d'elle-même (n'étant excitée que par ces impressions sensibles)…*»[85] Par cette affirmation se fait déjà sentir la démarcation de Kant par rapport à Hume. Dans l'acte de la connaissance, il faut distinguer ce qui provient de l'expérience et ce qui n'en dépend pas. Les jugements qui sont directement tirés de l'expérience sont des *jugements empiriques*, tandis que ceux qui n'en dérivent pas sont des *jugements a priori*. Mais il existe deux sortes d'*a priori*. Il y a, en effet, des jugements, des connaissances qui, même si

---

motricité étant elle-même liée à la perception de la distance qui le sépare de l'objet. Ainsi en est-il de toute vie animale (y compris celle de l'homme).

[85] **E. Kant**, *Critique de la raison pure*, trad. par Jules Barni, Paris, éd. Flammarion, 1987, p.57.

elles ne sont pas immédiatement constituées à partir de l'expérience, elles ne la présupposent pas moins. Mais d'autres jugements et même des concepts qui ne dépendent nullement d'aucune expérience ne sont possibles. Ces connaissances sont dites *pures.* Parmi ces jugements ou ces principes purs *a priori* figurent ceux de la *nécessité* et de l'*universalité.* Contre la thèse de Hume qui considère que ces principes dérivent de l'expérience et ne dérivent que d'elle, Kant soutient que ceux-ci sont des lois pures de la raison : non seulement il y a « *dans la connaissance humaine des jugements nécessaires et rigoureusement universels* », mais encore ces jugements constituent la condition de possibilité de l'expérience. En d'autres termes, si toute connaissance commence avec l'expérience, celle-ci n'est possible que si l'on présuppose l'existence de principes *a priori.* Dans cette logique, ce n'est pas l'expérience qui fournit par exemple les idées de nécessité et d'universalité. Car, dit Kant, « *L'expérience nous enseigne bien qu'une chose est ceci ou cela, mais non pas qu'elle ne puisse être autrement...l'expérience ne donne jamais à ses jugements une universalité rigoureuse et véritable, mais seulement supposée et comparative...* »[86] Il apparaît donc absurde de considérer, comme le fait Hume, que les principes de la nécessité et de l'universalité qu'exige toute connaissance véritable découlent « *de la fréquente association du fait actuel avec le fait précédent et de l'habitude qui en résulte pour nous (et qui n'a qu'une nécessité subjective, par conséquent) de lier entre elles des représentations* »[87]

L'activité de la connaissance met en jeu plusieurs facultés telles que la sensibilité et l'entendement. Dans la logique de Kant, l'une comme l'autre opèrent sur la base de conditions *a priori.* Ainsi l'espace constitue-t-il une intuition *a priori*, c'est-à-dire une forme pure, donc nécessaire de la sensibilité. On peut faire abstraction de toutes les propriétés d'un corps, mais on ne peut faire abstraction de l'espace qu'il occupait qui, de toute façon, ne saurait être une propriété des choses. Car l'espace, conformément à ce qu'établit *l'esthétique transcendantale*, figure avec le temps comme conditions pures de l'existence des objets dans l'expérience. L'espace n'est pas une chose que nous pouvons percevoir par le sens interne à travers l'acte de la réflexion ; de même le temps n'a aucune existence objective, si on entend par objectif ce qui possède une existence

---

[86] *Ibidem*, p.58.
[87] *Ibidem*, p.59.

extérieure, matérielle, et qui, par conséquent, peut être perçu par les sens externes. Kant procède d'abord à une *exposition métaphysique* des concepts d'espace et de temps, dans laquelle il montre qu'ils ne sont pas des réalités empiriques, mais des concepts *a priori* ; de manière plus exacte, la représentation de l'espace et du temps est nécessaire *a priori* en tant que fondement de toutes les autres intuitions. Non seulement on ne peut concevoir l'inexistence de l'espace et du temps, mais encore on ne peut se représenter l'existence d'objets extérieurs hors de l'espace, ni celle de tout phénomène hors du temps. Car le temps, à la différence de l'espace, constitue la forme pure de toutes les intuitions (extérieures ou intérieures). De plus l'espace et le temps ne sont pas des concepts *discursifs*, mais des intuitions pures, et ils se représentent comme des grandeurs infinies.

Ensuite à l'exposition métaphysique de l'espace s'ajoute son *exposition transcendantale*. Il s'agit ici de « *montrer comment un certain concept est un principe capable d'expliquer la possibilité d'autres connaissances synthétiques a priori.* »[88]Il convient de remarquer ici que pour Kant, « *Le véritable problème de la raison pure est renfermé dans cette question :* ***comment des jugements synthétiques*** *a priori sont-ils possibles ?* »[89] Dans le fond la question en elle-même renferme, sinon une contradiction, au moins, un paradoxe. Par définition, un *jugement synthétique* est une proposition dans laquelle le prédicat ne se déduit pas de la nature du sujet par la décomposition de ce dernier, mais est tiré de l'expérience, donc hors de lui. Dans le premier cas nous serions en présence d'un *jugement analytique*. Or un jugement *a priori* qui se distingue du jugement *a posteriori* en est un qui, par principe, ne dérive pas de l'expérience. La question se ramène donc à savoir comment des jugements qui n'ont de sens que parce qu'ils sont fondés sur l'expérience sont possibles antérieurement à toute expérience ? En d'autres termes, comment des jugements *a posteriori* sont-ils possibles *a priori* ? Procéder à une exposition transcendantale du concept de l'espace et du temps, c'est franchir une étape vers la solution du problème central de la raison pure. L'espace et le temps correspondent à des intuitions pures et nous ne pouvons en avoir qu'une représentation *a priori*. Mais peut-on sur cette base déduire la possibilité d'autres connaissances *a priori* ?

---

[88] *Ibidem*, p.85.

[89] *Ibidem*, P.69.

Pour Kant, une telle déduction est possible. Les mathématiques, et plus précisément la géométrie, qui procèdent *a priori*, sont la preuve qu'à partir du concept de l'espace qu'elle présuppose *a priori,* elles peuvent s'édifier comme science. Il en de même des catégories du *changemen*t et de la *succession,* qui sont des principes par lesquels l'esprit peut organiser des phénomènes en vue de produire des connaissances. Ils constituent des principes *a priori* de la connaissance et ne sont possibles que grâce à la présupposition du temps hors duquel ces concepts sont impensables. Dans ce sens Kant affirme que le « *concept du temps explique donc la possibilité de toutes les connaissances a priori...* »[90] Ce qui est décisif dans la démarche de Kant, c'est que dès l'esthétique transcendantale il insiste sur le fait que dans le cadre de l'espace et du temps nous n'avons pas accès à des choses telles qu'elles sont en elles-mêmes mais telles qu'elles nous apparaissent. Nous n'avons affaire qu'à des *phénomènes* et non à des *choses en soi.* Les intuitions pures que représentent l'espace et le temps « *ne sauraient s'appliquer qu'aux choses des sens et n'ont de valeurs que relativement aux choses d'expérience possible* »[91]. À partir de là se fait donc déjà sentir la circonscription du champ dans lequel la Raison peut avoir un usage théorique, la détermination des limites dans lesquelles peut se fonder la philosophie de la nature. Même les *catégories* de l'entendement, dont la "logique transcendantale" propose la déduction, qui sont les principes ou les concepts *a priori* de la Raison par lesquels sont ordonnées les intuitions empiriques en vue de la connaissance, même ces principes n'ont de sens qu'à travers leur application à l'expérience. Comme le dit Kant lui-même, ces catégories n'ont pas d'*usage transcendantal*, mais seulement un *usage théorique.*

L'objectif du présent texte, faudrait-il le préciser, n'est pas de développer la philosophie de la nature de Kant dans toute son extension. Cet exposé ne prend de sens que rapporté au projet initial: révéler les principes de l'éthique de la responsabilité en l'opposant aux doctrines antérieures dont fait partie la philosophie pratique de Kant, contre lesquelles précisément elle se construit. Mais celle-ci ne peut être comprise qu'en envisageant l'ensemble de la philosophie de Kant dont la partie spéculative constitue un moment important. Dans ce sens, nous pouvons dire que Kant, en déterminant dans la *Critique*

---

[90] *Ibidem*, p.91.
[91] *Ibidem*, p.105.

de la raison pure les limites dans lesquelles la connaissance théorique est possible, il ouvre le champ dans lequel peut s'exercer la pensée pratique, le champ où peuvent être abordés les problèmes de la raison pratique, parmi lesquels figure le problème éthique. La raison, en se révélant ses propres bornes, se découvre un nouveau domaine où elle reprend ses droits. La raison spéculative, dans sa démarche, aborde des questions dont elle ne peut cependant pas fournir une réponse décisive. Il s'agit des problèmes qui concernent Dieu, l'immortalité de l'âme et la liberté. Lorsqu'elle aborde ces questions, elle sort hors de ses limites, et son usage devient *dialectique* ; elle n'aboutit alors qu'à des *paralogismes* et à des *antinomies*. Si elle admet en toute légitimité ces idées, elle ne peut le faire que de manière problématique et non assertorique. La raison spéculative échoue en effet à fournir les preuves de la possibilité d'un principe fondamental qu'est la liberté. Des trois idées, Kant considère en effet celle-ci comme étant la plus essentielle, celle à partir de laquelle peuvent être élucidées toutes les autres. Mais en procédant ainsi, Kant introduit une scission entre la raison théorique et la raison pratique, si bien que cette dernière ne saurait trouver son fondement dans la première. C'est déjà à ce niveau que nous pouvons situer l'un des écueils de sa philosophie du point de vue de l'éthique de la responsabilité. Mais l'on pourrait tout de suite objecter qu'il existe chez Kant un effort pour surmonter cette scission, et que certains de ses propos peuvent servir de fondements à l'éthique environnementale. Qu'en est-il exactement ? Afin de répondre à cette question, nous allons nous intéresser aux idées de Kant développées dans la *Critique de la faculté de juger* et dans le second volume de la *Métaphysique des mœurs* où il aborde la question des devoirs de l'homme envers lui-même ainsi que celle de ses devoirs en tant qu'animal.

II.3. la tentative de réconciliation de la raison théorique et la raison pratique chez Kant

Nous avons déjà souligné le fait que la théorie de la responsabilité de Hans Jonas se construit en faisant allusion, de manière critique, à la philosophie de Kant comme l'incarnation d'une éthique extrême de conviction. Kant part d'une scission entre la raison théorique et la raison pratique, entre l'être et le devoir, séparation qu'il présente d'abord comme insurmontable. Cependant, le même Kant tente une réconciliation des deux parties de la philosophie dans la *Critique de la faculté de juger*. Cette tâche, il l'accomplit à partir de l'idée d'une *téléologie de la nature*, donc du concept de la finalité naturelle. Aussi, c'est vers un tel concept que se tournera d'abord notre investigation dans la mesure où, comme nous le montrerons plus tard, c'est par le *medium* de ce même concept qu'Hans Jonas va s'efforcer de réconcilier l'être et le devoir, d'élargir comme il le dit lui-même, "le site ontologique de l'être". Dans ce sens, on peut se demander d'ores et déjà si Hans Jonas ne développe pas des idées qui sont déjà exprimées par Kant. Autrement dit, il s'agit de savoir si l'unification que tente Kant autorise un élargissement du champ de l'éthique. L'éthique de la responsabilité, en tant que réponse à la problématique de l'écologie, peut-elle se fonder sur le concept kantien de la finalité ?

La faculté de juger opère de deux manières, en partant du fait que juger, c'est subsumer le particulier sous l'universel. Soit on part de l'universel pour saisir le particulier ; ce qui signifie que l'universel, les règles ou les lois (ici celles de l'entendement) sont connus. Dans ce sens la faculté de juger est *déterminante*. Dans la démarche inverse, le donné est le particulier duquel il faut abstraire l'universel. Ici le jugement n'est pas déterminant mais *réfléchissant*, parce qu'il ne présuppose pas l'universel. La question se pose alors de savoir quel est le principe sur lequel peut s'opérer une telle abstraction. Ce principe n'est ni une catégorie de l'entendement, ni une donnée de l'expérience. Car celle-ci se caractérise immédiatement par la diversité sous laquelle il faut saisir l'unité. Pour Kant, seul le principe de la finalité permet de remonter de la diversité propre à la nature au concept de l'universel. La finalité signifie qu'il y a des fins naturelles auxquelles on peut rapporter, par exemple, la diversité qui s'exprime dans les êtres vivants à travers la pluralité des organes qui leur sont constitutives. Mais la finalité elle-même n'est pas une propriété des objets ni des êtres organisés. Elle est une idée régulatrice de la raison, tout comme la liberté pour la raison pratique. Elle peut se comprendre de deux manières : soit comme une finalité externe qui renvoie au fait que, dans la nature, certains êtres servent de moyens aux autres qui, alors, sont leurs fins ; soit comme une finalité interne qui est pensable seulement à propos des êtres organisés. La particularité de ces êtres, en effet, consiste en ce qu'ils sont tels qu'en eux tout «*est fin et réciproquement moyen. Rien en* [eux] *n'est gratuit, sans fin ou imputable au mécanisme naturel aveugle.* »[92]Le concept de la finalité permet non de rejeter le mécanisme dont l'admission est nécessaire pour l'usage théorique de la nature, mais d'en montrer les limites. Kant admet donc qu'il existe des fins dans la nature, particulièrement chez les êtres organisés, c'est-à-dire les êtres vivants. La téléologie devient nécessaire pour comprendre l'être vivant, de telle sorte que renoncer à ce principe reviendrait à rendre impossible toute expérience, c'est-à-dire l'observation des « espèces naturelles ». La faculté de juger réfléchissante a besoin donc de présupposer cette maxime.

Mais l'introduction de la finalité ne conduit pas chez Kant à un élargissement du domaine de la moralité ne serait-ce qu'à l'animal comme le réclame l'éthique environnementale. Au contraire, l'éthique kantienne demeure anthropocentrée. En effet, si la nature « agit » d'après des fins, on peut supposer que celles-ci obéissent à une hiérarchie, de telle sorte que l'on peut descendre ou remonter la série des fins jusqu'à l'idée d'une fin ultime, d'un but final. Le but final, Kant le désigne comme étant « *une fin qui n'a besoin d'aucune autre comme condition de sa possibilité.* »[93] Autrement dit, il s'agit d'une fin dernière qui ne peut donc servir de moyen à aucune autre fin. Il s'agit d'une fin inconditionnée. Dans ce sens, Kant estime que l'idée d'une telle fin n'est pensable que du côté de l'homme, parce que ce dernier est le seul qui, dans la nature, possède un entendement par lequel il peut représenter un but comme final dans le monde. Il n'est donc plus question de l'homme comme simple animal, mais comme un *noumène*, c'est-à-dire une fin en soi. En tant que tel il possède un pouvoir suprasensible qu'est la liberté. On peut se demander pourquoi telle ou telle chose existe et répondre qu'elle existe en vue de telle ou telle autre chose. En revanche, une question de ce genre ne peut être posée à propos de l'homme et de tout être raisonnable. « *Sa présence,* dit Kant, *a la plus haute fin en soi-même, à laquelle, autant qu'il le peut,* ***il peut soumettre la totalité de la nature.*** »[94] L'homme peut – et il est le seul à le pouvoir – en vertu de sa liberté, se soustraire des fins naturelles. La nature entière est téléologiquement subordonnée à l'homme qui, parce qu'il est le seul sujet de la moralité, constitue le but final. Le discours sur la finalité conduit à affirmer l'homme

[92]**E. Kant**, *Critique de la faculté de juger*, trad. par Alexandre J.- Delamarre, J.R. Ladmiral et autres, Paris, éd. Gallimard, 1985, p.340.

[93] *Ibidem,* p.409.

[94] *Ibidem*, p.411.

comme seul sujet moral et à reconnaître son existence comme fin suprême de la nature. Kant admet cependant dans la *Métaphysique des mœurs* que l'homme en tant qu'animal possède des devoirs, mais il s'agit de devoirs de l'homme envers lui-même. Parmi ces devoirs, le premier concerne « *l'autoconservation dans sa nature animale* ». Ce devoir ne constitue pas la vertu la plus élevée, mais elle est celle qui précède toutes les autres. En vertu de ce devoir, la mort physique totale (le suicide), ou partielle (s'amputer un membre), deviennent moralement condamnables. Le suicide est un crime en ce qu'il représente une violation en soi et par soi de la dignité de la personne humaine. Celui qui commet un tel acte se sert de lui-même comme un moyen. Ainsi conclut-il, « *anéantir en sa personne le sujet de la moralité équivaut à extirper du monde, autant qu'il dépend de soi, la moralité dans son existence même, laquelle pourtant est une fin en soi ; par conséquent, disposer de soi comme d'un simple moyen en vue d'une fin quelconque, c'est abaisser l'humanité en sa propre personne (homo noumenon), à laquelle pourtant l'être humain (homo phaenomenon) était confié pour sa conservation.* »[95] Tout se passe comme si la condition de possibilité de la moralité consiste dans l'existence physique du sujet moral, et pourtant cette existence physique ne constitue pas l'objet le plus élevé de la moralité. Toujours en relation avec les devoirs de l'homme envers lui-même en tant qu'animal, il est moralement inadmissible, d'après Kant, de se livrer à un usage immodéré du plaisir sexuel ou d'exagérer en termes de nourriture. On comprend pourquoi les soins physiques figurent parmi les tâches éducatives fondamentales chez Kant. Mais si l'éthique envisage aussi l'homme comme un animal et si ce statut donne lieu à des obligations, celles-ci ne s'étendent pas aux autres animaux. Elles ne se justifient que par leur subordination au principe fondamental de la moralité : l'autonomie de la volonté et le principe de la dignité humaine.

Autant on ne peut rejeter la doctrine de Kant comme sans intérêt en matière d'éthique environnementale, autant cette doctrine ne peut satisfaire entièrement au projet de fondation de cette éthique. Le pas que franchit Hans Jonas par rapport à Kant consiste à faire de la finalité un concept métaphysico-ontologique élargi qui sert désormais de fondement à l'éthique de la responsabilité. Kant est bien conscient

---

[95] **E. Kant**, *Métaphysique des mœurs* II. *Doctrine du droit. Doctrine de la vertu,* trad. par Alain Renaut, Paris Flammarion, p.275.

de l'interdépendance des êtres au sein de la nature ne serait-ce qu'en vertu de la finalité externe ; mais il n'en fait pas le fondement de valeurs morales comme le postule le « holisme axiologique ». Néanmoins, la pensée kantienne peut être productivement récupérée pour asseoir les principes de l'éthique de la responsabilité. En effet, nous pouvons constater comme le fait Axel Kahn, que la plupart des comités d'éthiques ou des théoriciens de la bioéthique se fondent sur la définition kantienne de l'éthique. À ce sujet, nous pouvons encore nous référer au texte de Jacques Simporé intitulé *Manipulation génétique de la vie et éthique de la recherche*[96]. En plus de la dimension technicoscientifique des biotechnologies, l'auteur prend en compte les interrogations de nature éthiques que suscite le développement des progrès réalisés dans ce domaine de la recherche. Dans cet exercice, l'auteur s'appuie sur les enseignements de la philosophie morale de Kant dans la perspective d'une clarification de la notion d'éthique. Il retient de la doctrine de Kant deux principes sur lesquels d'ailleurs avait insisté Axel Kahn. Au fondement de cette pensée morale se trouve deux principes essentiels : le premier postule la dignité humaine qui fait que l'homme ne peut ou ne doit pas être traité simplement comme un moyen mais toujours comme une fin. Le second principe renvoie à ce que Kant considère comme loi fondamentale de la raison pratique : l'exigence de l'universalisabilité de la maxime de mon action. Est considérée comme moralement illégitime toute action dont le principe est inapplicable à toute la communauté humaine. On perçoit l'homocentrisme de ce principe. Ce qui soulève aux yeux de Kahn une question décisive : si c'est la personne humaine qui est au centre des considérations éthiques, « *on peut...se demander en quoi des pratiques concernant l'animal, l'environnement, les végétaux, peuvent être jugées du point de vue éthique.*»[97] La réponse la plus cohérente consiste à soutenir que ces pratiques (la dégradation de l'environnement, la soumission des animaux à des souffrances inutiles, les manipulations génétiques…) peuvent faire l'objet d'une évaluation *indirecte.* Il s'agit de postuler qu'elles ne conviennent pas ou ne doivent pas être les actes d'un être qui possède de la dignité. En d'autres termes l'homme risque de manquer de respect à sa propre

[96] **Jacques Simporé**, *Manipulation génétique de la vie et éthique de la recherche,* Rome, Tor Vergata, 2006, p.64.

[97] **Axel Kahn** , *Société et révolution biologique. Pour une éthique de la responsabilité,* Paris, INRA éditions, 1996, p.18.

dignité à chaque fois qu'il s'adonne à ces pratiques. Dans cette perspective la doctrine morale de Kant ne paraît pas radicalement inféconde en matière d'éthique environnementale, contrairement à la conclusion à laquelle nous sommes parvenus plus haut. En effet, les idées de Kahn se trouvent déjà exprimées par Kant dans la détermination des devoirs de l'homme envers lui-même.

Kant lui-même fut confronté à la question de savoir s'il est possible d'étendre les considérations morales à des êtres autres que l'homme. Autrement dit, existe-t-il des devoirs autres que des devoirs de l'homme envers l'homme –que ce soit envers soi-même ou envers d'autres hommes ? Sa thèse consiste à soutenir que, à en juger d'après la simple raison, l'homme n'a de devoir qu'envers l'homme, car c'est seulement dans ce cadre que la réciprocité, essentielle à la compréhension de la notion du devoir, est pensable. Dans ce sens, l'éthique reste chez lui anthropocentrée. Seulement, il souligne que cette réduction de la morale à l'homme n'exclut pas la prise en considération d'autres êtres. Ainsi est-il contraire au devoir de l'homme envers lui-même d'avoir tendance à détruire le Beau qui apparaît dans la nature. « *La raison*, explique-t-il, *en est qu'* [elle] *affaiblit ou anéantit en l'homme ce qui, certes, n'est pas déjà par soi seul moral, mais du moins prépare pourtant cette disposition de la sensibilité qui favorise fortement la moralité, à savoir le sentiment qui consiste à aimer quelque chose même sans nul dessein de l'utiliser (par exemple, les belles cristallisations, l'indescriptible beauté du règne végétal).* »[98] Ici apparaît l'intérêt éthique du principe de la finalité, tel qu'il apparaît à la fois dans le jugement esthétique et dans le jugement téléologique. Dans l'un ou dans l'autre cas, il permet de penser le concept du beau, soit dans les productions de l'art, soit dans celles de la nature. Le beau, selon la conception de Kant, est ce qui plaît universellement sans concept, et le jugement esthétique, par principe, n'est motivé par aucun intérêt. Dans une certaine mesure, l'éducation esthétique prépare à l'éducation morale puisqu'elle apprend à aimer et à respecter une chose en elle-même indépendamment de tout intérêt.

Par ailleurs, Kant considère comme contraire au devoir de l'homme envers lui-même le fait d'infliger des souffrances inutiles aux animaux : « *Un traitement violent et en même temps cruel des animaux est de loin plus intimement opposé au devoir de l'homme*

---

[98] **E. Kant**, *Métaphysique des mœurs* II. *Doctrine du droit. Doctrine de la vertu*, op.cit., p.302.

envers lui-même, parce qu'ainsi la sympathie à l'égard de leurs souffrances se trouve émoussée en l'homme et cela affaiblit et peu à peu anéantit une disposition naturelle très profitable à la moralité dans la relation avec les autres hommes... »[99] La cruauté envers les animaux prédispose à la cruauté envers les hommes. D'où l'on perçoit pourquoi il est possible d'établir un lien entre le respect des animaux et celui des hommes, lien sur lequel insistera plus tard la Déclaration universelle des droits des animaux. Kant reconnaît qu'il est permis à l'homme de tuer l'animal ou de l'utiliser dans les travaux ; mais ces actes deviennent condamnables dès lors qu'ils s'accompagnent de tortures ou de tourments. Même les expériences scientifiques dans lesquelles les animaux subissent des souffrances sont condamnées par Kant. Le besoin de la spéculation ou de la science ne saurait justifier toute violence à l'égard des animaux. À la question de savoir s'il existe des devoirs de l'homme envers d'autres êtres ou envers la nature, Kant conclut que respecter la nature appartient *indirectement* aux devoirs de l'homme, « *à savoir au devoir conçu en considération* » par exemple des animaux ; mais *directement*, il n'y a de devoirs que de l'homme envers lui-même. C'est donc au regard de la dignité humaine que l'homme doit revoir certains de ses comportements à l'égard de la nature sans que pour autant celle-ci ne soit érigée au rang de sujet moral. Nous pouvons alors conclure que, même si la philosophie de Kant ne peut pas servir de fondement à une éthique écologique radicale dans laquelle on attribue à la nature des valeurs intrinsèques, il n'en demeure pas moins qu'en elle ne font pas défaut des arguments en faveur d'une éthique de la protection de la nature.

Conclusion

Kant développe des idées qui sont instructives par rapport au projet de construction de l'éthique environnementale. Dans une proportion gardée, l'éthique de la responsabilité de Hans Jonas reste tributaire de la pensée kantienne. En effet, Hans Jonas considère que, bien que les fins soient domiciliées dans la nature, l'homme demeure la fin suprême ; son existence constitue l'objet de l'impératif catégorique : « *agis de façon que les effets de ton action soient compatibles avec la permanence d'une vie authentiquement humaine*

[99] *Ibidem*, p.302.

sur terre.»[100] Il conserve donc l'anthropocentrisme en éthique. Les générations futures dont il faut se préoccuper désignent les générations humaines ; seulement leur vie comme la nôtre dépendent de conditions naturelles ou environnementales. Mais s'il est vrai que l'une des présuppositions essentielles de l'éthique environnementale consiste dans le dépassement de la scission entre l'être et le devoir, la philosophie critique de Kant ne fournit pas les arguments nécessaires pour une telle tâche. Bien entendu, il tente de montrer, contre les convictions de Hume, que la raison possède un usage pratique, qu'elle peut légiférer en matière de morale. Elle ne se réduit donc pas à la fonction de la découverte du vrai et du faux ; elle fournit les principes qui permettent de juger du bien et du mal, du juste et de l'injuste. Kant défend donc la possibilité d'une éthique cognitiviste. Mais il reste dans la logique de Hume, dans la mesure où il insiste sur le fossé qui sépare la raison théorique de la raison pratique. L'autolimitation de la raison en matière de connaissance théorique ne met pas fin à toute autre possibilité de son usage. Seulement cet autre usage, Kant insiste là-dessus, n'étend en rien l'usage théorique de la raison. Ce qui ne signifie, ni plus ni moins, que les deux domaines d'application de la raison subissent une scission *a priori insurmontable*. Or, pour Hans Jonas, au regard de la problématique actuelle de l'environnement, une telle rupture n'a aucune raison d'être. Il faut une unification de la raison théorique et de la raison pratique ; autrement dit, il faut *réconcilier l'être et le devoir*. L'action a désormais besoin d'être précédée d'une théorie qui en assure les fondements. Dans quel sens Hans Jonas envisage-t-il cette unification ? Faut-il entendre par-là que pour lui, l'éthique doit se fonder sur des connaissances scientifiques certaines ? Pour comprendre cette position de Hans Jonas, il nous appartient d'analyser la manière dont se formule chez lui le problème éthique.

---

[100] **Hans Jonas**, *Le principe responsabilité. Une éthique pour la civilisation technologique*, op.cit, p.31.

TROISIÈME CHAPITRE

CRISE ÉCOLOGIQUE ET VIDE ÉTHIQUE

Pour Hans Jonas, la motivation de la refondation de l'éthique se trouve dans la *crise écologique* qui, sur le plan éthique, est responsable d'un *vide* qu'il s'agit de combler par l'effort de la réflexion non seulement sur les fondements théoriques, mais également sur les conditions pratiques d'une nouvelle éthique. Dans ce sens, la pensée de Hans Jonas se situe bien dans le contexte de la problématique de l'éthique de l'environnement. À ses yeux, la crise correspond à une crise de la civilisation technologique à laquelle il destine d'ailleurs son éthique de la responsabilité, ainsi que l'indique le sous-titre de son ouvrage principal. La technique constitue une vocation de l'homme et on la retrouve presque dans tous les âges de l'humanité. Selon le mythe platonicien du Protagoras, elle est ce que l'homme a reçu des mains des dieux pour se créer les conditions nécessaires de son existence. C'est par elle que l'homme agit notamment sur la nature pour se procurer les éléments nécessaires pour la satisfaction de ses besoins fondamentaux. Mais un tournant décisif fut accompli aux temps modernes avec l'émergence du positivisme scientifique et son concept résiduel, réductionniste de la nature. Parmi les fondateurs de la science ainsi conçue figure de manière privilégiée Francis Bacon. La critique de Hans Jonas n'épargne d'ailleurs pas l'idéal baconien dont, à ses yeux, le marxisme constitue le point d'achèvement. Nous reviendrons sur les objections de Hans Jonas contre le marxisme lorsqu'il sera question d'aborder la dimension politique de l'éthique environnementale. Pour l'instant, il convient d'insister sur les fondements de la science moderne, sur l'idéal qui l'anime et son rôle dans l'avènement de la crise écologique.

D'une manière générale, la modernité scientifique se définit par son opposition à la science antique développée par Aristote. Avec la ruine du géocentrisme, la réduction de la causalité à la causalité efficiente, l'abandon de la méthode purement spéculative et de la destination contemplative du savoir, les fondateurs de la modernité scientifique (Copernic, Galilée, Bacon, Newton…) tournent décisivement le dos au paradigme aristotélicien de l'explication de la nature. Celle-ci désormais se conçoit comme un ensemble de faits bruts, désacralisés, qui se manifestent suivant des lois propres dont la connaissance permet sa subordination. Cette subordination se présente comme la condition du progrès de l'homme vers la liberté. Cette transformation dans la vision de la nature s'accompagne, selon Hans Jonas, d'une modification de l'essence de l'agir humain. L'action humaine s'est transformée en son essence, précisément en ce que désormais, soutenue par la croissance de la puissance technologique de l'homme, elle s'est inversée en menace au lieu de continuer à s'intégrer dans une logique du respect. La transformation de l'essence de l'agir humain, l'inversion de la technique en menace exigent une nouvelle éthique dans la mesure où les catégories traditionnelles de l'éthique ne suffisent plus pour penser un système de valeurs ou de règles susceptibles de diriger l'action. La première implication de la nouvelle éthique en ce qui concerne les fondements qui doivent la justifier consiste dans l'exigence d'un savoir théorique. L'éthique a désormais besoin du savoir et, de même, le savoir a besoin d'être accompagné par l'éthique, n'en déplaise à un Hume ou aux positivistes modernes. Le savoir théorique que doit présupposer l'éthique de la responsabilité se situe à plusieurs niveaux : à un niveau scientifique et à un niveau métaphysique. Or dans tous les deux cas, il existe un contraste entre le besoin du savoir et l'insuffisance des savoirs disponibles pour satisfaire au projet de construction du domaine de l'éthique. L'objet des paragraphes qui suivent consiste à élucider ce contraste à partir duquel se comprend l'idée de *vide éthique*.

III.I. Ethique de la responsabilité : contraste entre le besoin et les limites de la science.

Affirmer que l'éthique a besoin de la science revient à mettre fin au principe de neutralité axiologique dont elle se réclamait jusqu'alors. La science positive ne peut plus consister en une simple science des faits ; elle doit fournir des raisons suffisamment justifiées pour fonder de nouvelles normes susceptibles de permettre d'éviter la catastrophe. Elle ne peut plus se contenter de se mettre au service de l'appropriation des choses. Ceci constitue une conviction fondamentale chez Hans Jonas. Dans sa logique, fonder l'éthique sur le savoir signifie que nous avons besoin de développer davantage les sciences de la nature susceptibles de nous renseigner sur les modifications que la nature subit et sur les conséquences possibles de ces modifications : « *Toutes les sciences de la nature et de l'homme, de l'économie, de la politique, de la société doivent conjuguer leurs efforts pour établir un bilan de la planète, avec des propositions en vue d'un budget équilibré entre l'homme et la nature.*»[101] Cette recommandation semble avoir reçu un écho favorable dans la pratique, dans la mesure où des structures sur le plan international sont créées, qui ont pour but de mettre à la disposition des décideurs les informations scientifiques nécessaires. Il en ainsi du G.I.E.C. auquel nous avons fait allusion dans l'introduction. À cela, il faut ajouter les travaux d'individus, tels ceux de Nicolas Hulot et d'Al Gore. Le fait que celui-ci et le G.I.E.C. aient reçu le prix Nobel de la paix 2007 constitue un signe que, non seulement la menace est réelle, mais encore que la science est nécessaire. Celle-ci doit accroître ses capacités de prévision, car c'est sur la base de ces données prévisionnelles que peuvent se justifier les nouvelles exigences éthiques, de même que les mesures techniques qui s'imposent. Le savoir requis consiste alors en une "*futurologie comparative* ". L'idée de futurologie comparative signifie que la science doit désormais nous permettre d'anticiper les conséquences futures de notre agir présent et de nous en servir pour soumettre à la critique ses objectifs immédiats. «*Ainsi*, conclut Hans Jonas sur ce point, *toute* ***futurologie*** *sérieuse, telle que l'exige l'objectif de la responsabilité, devient-elle une branche de la recherche qu'il convient de cultiver en soi et sans relâche, en suscitant la coopération de nombreux experts dans les domaines les plus divers.*»[102] La futurologie dont il est question ici se distingue fondamentalement de ce qu'Hans Jonas désigne par le concept de « futurologie de *l'image idéale*»[103], qui renvoie en fait à l'utopie. La science de l'avenir qui est exigée consiste en une «*futurologie de l'avertissement*»[104], dans la mesure où elle doit nous renseigner non sur le Bien suprême à réaliser, mais le Mal à éviter. C'est pour cela

---

[101] **Hans Jonas**, *Pour une éthique du futur,* op. cit., p.64.
[102] *Ibidem* p.87.
[103] *Ibidem*, p.71.
[104] *Ibidem,* p.71.

qu'elle doit provoquer en nous l'émotion de la *crainte* et non celle de l'*espérance.* Ces idées seront développées dans les chapitres suivants. Pour l'instant, il est important de noter que pour Hans Jonas, ce savoir prévisionnel, la science demeure lacunaire ; car « *les sciences de la nature ne disent pas tout sur la nature.*»[105] Que faut-il entendre par-là ?

Cette idée se prête à plusieurs interprétations. D'une part, elle pourrait signifier que la science ne maîtrise pas entièrement son objet, qu'elle ne parvient pas à réaliser l'ambition initiale qu'elle s'était assignée à partir des temps modernes, celle de fournir des vérités absolues et définitives concernant la nature. Cette remarque d'ordre purement épistémologique se rencontre chez plusieurs philosophes des sciences tels que Bachelard, Karl Popper, Hubert Reeves etc. Elle implique un appel, soit à davantage d'efforts dans le développement des sciences et dans le raffinement des méthodes d'approche de la réalité, soit à la reconnaissance du fait que la science positive, du fait de son caractère réductionniste, omet des aspects du réel naturel qui, pourtant, ne manquent pas d'importance. La nouvelle éthique - celle de la responsabilité -, a besoin de la science pour se construire ; mais en même temps, la science actuelle et l'idée de la nature qu'elle présuppose sont extrêmement lacunaires en la matière : en effet, soutient Hans Jonas, le nouveau type de l'agir qui est exigé pour éviter la catastrophe nécessite la reconnaissance d'un droit autonome de la nature. Cela signifie que désormais dans l'agir nous devons « *chercher non seulement le bien humain, mais également le bien des choses extra-humaines, c'est-à-dire la reconnaissance de « fin en soi » au-delà de la sphère de l'homme et intégrer cette sollicitude dans le concept du bien humain.*»[106] Mais, reconnaît Hans Jonas, aucune éthique antérieure « *ne nous a préparés à ce rôle de chargés d'affaires*»[107], à l'exception de la religion. Mais nous verrons qu'il refuse de fonder l'éthique de la responsabilité sur des arguments religieux. Jouer le rôle de «chargés d'affaires», nous occuper et nous préoccuper de la nature, voilà ce à quoi ne nous prédispose pas « *la conception scientifique dominante de la* ***nature****. Cette dernière,*

---

[105] **Hans Jonas**, *Le Principe responsabilité. Une éthique pour la civilisation technologique,* op.cit., p.27.

[106] **Hans Jonas**, *Le Principe responsabilité. Une éthique pour la civilisation technologique,* op.cit., pp.26-27.

[107] *Ibidem,* p.27.

poursuit l'auteur, *nous refuse même décidément tout droit théorique de penser encore à la nature comme à quelque chose qui mérite le respect puisqu'elle réduit celle-ci à l'indifférence de la nécessité et du hasard et qu'elle l'a dépouillée de toute la dignité des fins.*»[108] Quand bien même la science réussirait à atteindre son but, quand bien même elle serait en mesure de fournir une explication irréfutable de la réalité naturelle, il se pourrait que d'autres questions relatives à la nature lui échappent. Or ce sont des questions que la science elle-même génère à travers son propre développement. Il s'agit par exemple des problèmes concernant son sens pour l'homme, la valeur éthique de la nature elle-même… Dans ce sens la science reste extrêmement lacunaire parce que sans doute réductionniste[109].

D'autre part, dire que les sciences de la nature ne nous disent pas tout sur la nature revient à suggérer qu'en plus d'elles il faut explorer d'autres domaines de la connaissance susceptibles de nous renseigner davantage sur la nature. Une des pistes qui s'offrent est par exemple la philosophie, et plus précisément la métaphysique sur laquelle d'ailleurs, aux yeux de Hans Jonas, doit se fonder en dernière instance toute éthique. Même si pour lui la métaphysique est tombée en disgrâce, elle demeure inévitable dans le projet de l'édification de l'*éthique du futur*. Il faut, pour résorber les écueils du savoir dominant, construire une doctrine compatible de l'être. Cette construction prend, dans le fond, le sens d'une reconstruction puisque, surmontant le présupposé métaphysique traditionnel de la scission de l'être et du devoir, elle doit être telle qu'en elle se réconcilient le pôle de la science de l'être et celui de l'agir. Élaborer une doctrine de l'être constitue donc le deuxième niveau dans lequel Hans Jonas pense le dépassement de l'opposition entre être et devoir.

---

[108] *Ibidem.*

[109] Le caractère réductionniste des sciences de la nature se vérifie en particulier dans le domaine de la science biologique. Aussi bien dans *Le phénomène de la vie (1966)* que dans *Évolution et Liberté(1992)*, l'auteur reproche à la science biologique de réduire le vivant à sa dimension purement physique, extérieure, négligeant par-là le fait que l'organique possède une intériorité, une subjectivité dont la prise en compte est essentielle dans l'interprétation du phénomène de la vie. C'est pour cela que la science doit être complétée par une biologie philosophique qui, seule, pourrait permettre d'asseoir l'éthique de la responsabilité sur la science.

III.2. Éthique de la responsabilité : les insuffisances de la métaphysique classique, et particulièrement de la phénoménologie contemporaine.

La métaphysique doit nous éclairer sur le sens de l'être d'une manière telle, que nous puissions inférer des obligations d'ordre éthique. Comment une telle doctrine peut-elle être fondée ? Tout comme dans le cas de la science, Hans Jonas commence par élever des objections contre les philosophies classiques dans la mesure où les discours qu'elles produisent sur l'essence de l'être ne permettent pas de passer de l'être au devoir. Il s'en prend par exemple, dans l'écrit *Pour une éthique du futur*, à la pensée de Husserl et à celle de Martin Heidegger. Rappelons que ceux-ci constituent les figures fondatrices de la phénoménologie contemporaine, et Hans Jonas lui-même avoue qu'il doit beaucoup à ce courant par lequel il est passé[110]. D'une manière générale, Hans Jonas reproche à la philosophie allemande classique de s'être tenue à distance des problèmes concrets et brûlants du monde contemporain. La négligence de ces questions de la vie physique réelle s'explique par la réduction de la pensée à l'analyse de la conscience ou de la subjectivité, passant ainsi à côté d'une véritable théorie intégrale de l'être.

Si Martin Heidegger était sur la bonne voie même s'il n'a pas franchi le seuil qui devrait le conduire de l'ontologie à l'éthique, Husserl, lui, a construit un système radicalement infécond par rapport au projet de fondation de l'éthique du futur ou de l'éthique de l'environnement. La présupposition fondamentale de cette éthique est la réinsertion de l'homme dans la nature, réinsertion qui est telle, qu'elle doit conduire à élargir le domaine de l'éthique. Il faut repenser l'homme à partir de ce qu'Edgar Morin appelle l'*enracinement terrien* de l'homme. Il s'agit, dans le fond, de déconstruire toutes les philosophies qui posent le dualisme radical comme principe et qui conçoivent la supériorité de l'esprit sur le corps, de la pensée sur la matière[111]. Ces philosophies finissent par poser la pensée comme étant l'essence de l'homme, et en vertu de cela, puisque de la pensée on

---

[110]*« En ce qui me concerne personnellement, j'avoue avec reconnaissance que la phénoménologie a été pour le philosophe en devenir une merveilleuse école d'apprentissage de son métier.»* In *Pour une éthique du futur,* op.cit. p.28.

[111] Il faut remarquer toutefois que l'auteur considère, du point de vue anthropologique, la pensée théorique comme le trait spécifique de l'homme, comme étant la fine pointe de l'évolution.

conclut à la liberté, elles commettent l'homme à la supériorité sur la nature ou sur le monde objectif. Hans Jonas s'insurge contre ce grand partage esprit/corps, homme/nature qui s'illustre avec la philosophie cartésienne, fondée sur l'isolement du *cogito* et qui, à notre sens, trouve son expression ultime chez Husserl.

III.2.1. L'infécondité de la phénoménologie husserlienne

Edmund Husserl présente Descartes comme le second fondateur de la philosophie à la période moderne, après sa fondation dans l'antiquité avec Socrate. Ce dernier avait déjà fait de la connaissance de soi la tâche essentielle de la philosophie et avait rivé cette dernière aux questions concernant l'existence, ses buts, ses normes etc. Après un long parcours, ce fut avec Descartes que la philosophie tente de renouer avec ses ambitions originaires en s'efforçant de se constituer comme une science rationnelle rigoureuse. La réalisation de ce projet passe par le doute qui est significatif d'un retour réflexif sur soi, d'une mise-hors-valeur du monde à l'issue de laquelle se dévoile la subjectivité comme première vérité indubitable, comme "*intuition absolue*". Celle-ci constitue désormais la base sur laquelle tout l'édifice du savoir devait être reconstruit. Tout ceci fait que Husserl ne s'empêche pas de faire l'éloge de Descartes. Dans ses *Méditations cartésiennes* qui reprennent de manière critique les *Méditations métaphysiques* de René Descartes, Husserl considère la doctrine de ce dernier comme étant « *la maison vénérable entre toutes où s'épanouit toute la science française*»[112]. L'éloge est d'autant plus appuyé que l'expression « maison vénérable » fait immédiatement allusion à l'amphithéâtre *Descartes* où Husserl fut invité à présenter des conférences sur la phénoménologie transcendantale. Il doit à Descartes, « *le plus grand penseur de la France* »[113], l'orientation qu'il a donnée à sa philosophie, au point que la phénoménologie transcendantale peut même être considérée comme un néo-cartésianisme. Mais Descartes n'avait pas lui-même pris conscience de l'ampleur de la portée de sa philosophie, de sa découverte de la subjectivité comme point archimédique de la connaissance. Pour plusieurs raisons, dont son manque de radicalité, il finit par passer à côté de la porte qui devait le conduire

---

[112]**Edmund Husserl**, *Méditations cartésiennes. Introduction à la phénoménologie*, trad. par G. Peiffer et E. Levinas, Paris, éd. Vrin, 2001, p.17.

[113] *Ibidem.*

à la phénoménologie transcendantale. Mais la démarche de Husserl le conduit à radicaliser la séparation du *cogito*, de la subjectivité d'avec le monde. C'est dans cette rupture qu'elle se découvre des tâches : celle de son *autoexplicitation,* celle de l'élucidation de ses modes de rapport avec le monde qui n'existe plus que comme phénomène. Le monde objectif devient un *phénomène d'existence* signifie que, désormais, dans l'attitude philosophique de la réduction transcendantale, le *cogito* ou le *Moi transcendantal* devient le pôle à partir duquel le monde reçoit un sens.

La désolidarisation de la subjectivité par rapport au monde n'anéantit pourtant pas, dans le fond, le monde. Husserl indique que la réalité naturelle objective continue d'exister, et elle se présente comme ce à partir de quoi l'*époché* est possible. Ce qui se trouve renversé, c'est ma croyance existentielle relative au monde. Il décrit dans un célèbre passage la portée essentielle de la réduction phénoménologique : elle « *est la méthode universelle et radicale par laquelle je me saisis comme moi pur, avec la vie de conscience pure qui m'est propre, vie dans laquelle et par laquelle le monde objectif tout entier existe pour moi, tel justement qu'il existe pour moi.*»[114] Le sujet transcendantal constitue, de ce point de vue, le pôle à partir duquel peut s'élucider le sens du monde d'une manière générale. Il devient « l'univers du sens possible ». Chez Husserl, la conscience qui est le fondement de la pensée philosophique, dans la mesure où justement elle se détermine comme subjectivité transcendantale, elle explicite le monde en s'élucidant elle-même, dans l'attitude de l'*époché* phénoménologique, donc dans une attitude de rupture radicale d'avec le monde réel, d'avec le monde sensible. La réduction phénoménologique conduit à un dédoublement du sujet en « *moi psychologique* » et en « *moi transcendantal*». Mais le moi transcendantal, insiste Husserl, « *n'est pas une partie du monde ; si je dis : Je suis, Ego cogito, cela ne veut plus dire : Je, en tant que cet homme, suis. « Moi », ce n'est plus l'homme qui se saisit dans l'intuition naturelle de soi en tant qu'homme naturel...* »[115] Là apparaît l'infécondité de la phénoménologie husserlienne en matière d'éthique environnementale. En effet, Il ne paraît pas possible de concevoir l'idée de l'existence de valeurs en soi propres au monde ou à la nature,

[114] *Ibidem*, p.46.
[115] *Ibidem*, p.53.

puisque toute valeur accordée au monde provient du sujet transcendantal.

Même en dehors du cadre de la problématique de l'éthique environnementale, il semble *a priori* impossible de formuler toute question éthique dans l'horizon de la phénoménologie transcendantale. En effet, l'éthique n'est pensable que si l'homme est envisagé comme communauté. Bien entendu, nous n'ignorons pas que la pensée peut s'adresser à l'individu, en l'invitant au perfectionnement moral, en l'exhortant à faire l'effort pour devenir vertueux, pour conquérir sa liberté à l'égard de lui-même...Mais à partir de là, l'éthique peut prendre deux directions : soit elle se rive sur l'individu et l'oppose à toute réalité transcendante extérieure (Dieu, la Nature, la société) ; soit elle insiste sur le fait que l'individu ne peut progresser dans la vertu qu'en tenant compte des exigences de la communauté ou de la vie collective. Dans ce sens, au départ individuelle, l'éthique devient collective. Or la philosophie de Husserl commence par une *égologie pure*, c'est-à-dire par l'acceptation du *solipsisme.* Mais apprécier ainsi la phénoménologie transcendantale reviendrait à oublier que le solipsisme lui-même se présente chez Husserl comme un "*échelon inférieur*" de la philosophie, c'est-à-dire un moment de la réflexion qui doit être dépassé en vue de l'achèvement de la pensée. C'est parce que Descartes se contente de la doctrine solipsiste qu'il ne donne pas à la philosophie son orientation véritable. Dépassant l'attitude de ce dernier, Husserl affronte ou tente de résoudre le problème du passage de la subjectivité à l'intersubjectivité.

La thématisation de l'intersubjectivité permet de résoudre le problème de l'*altérité* d'une manière générale, et plus précisément celui de la constitution de l'objectivité du monde. Le sujet qui se découvre dans la réduction phénoménologique ne se saisit pas comme une vie de conscience vide dans laquelle les modes de la conscience restent sans objet. Au contraire, la conscience se révèle comme conscience *intentionnelle* ; le *cogito* entre en corrélation avec un *cogitatum.* Dans le pôle des *cogitata* ou des objets intentionnels se découvre l'autre qui m'apparaît comme un autre moi. Mais cet *alter ego*, c'est *moi* qui le constitue. Dans ce sens, c'est à partir de l'expérience de mon être propre que se constitue le monde objectif dont fait partie autrui. En revanche, souligne Husserl, «*je n'ai pas besoin de l'expérience du monde objectif ni de celle d'autrui pour avoir celle de ma propre "sphère d'appartenance".*»[116] L'expérience de cette dernière s'effectue à travers la rupture d'avec justement le monde objectif. La *sphère d'appartenance* désigne chez Husserl l'univers propre au sujet transcendantal. Elle est la couche du monde qui subsiste après la réduction. Cette couche se constitue comme monde qui m'appartient, comme « *la nature qui m'appartient* »[117]. Le concept de nature ici diffère dans sa signification de son sens habituel. « *La nature qui m'appartient* », ou « *ma sphère d'appartenance* », ou encore la « *nature pure et simple »,* se distingue de la nature objective, extérieure qui est le résidu de la réduction phénoménologique et l'objet des sciences positives. La nature conçue de cette dernière façon s'obtient par abstraction de tout ce qui relève de l'univers du psychisme et du monde des objets fabriqués par l'homme. Il s'agit de la nature physique extérieure. À l'inverse, « *la nature qui m'appartient* » se révèle par abstraction de la nature pure et simple, c'est-à-dire du monde physique.

Dans la logique de Husserl, cette nature pure et simple qui, pourtant est ce qui est en jeu dans l'éthique environnementale, n'a de sens existentiel, ne peut être intelligible qu'en présupposant le Moi transcendantal, c'est-à-dire, la sphère d'appartenance de l'*ego*. Il se produit en fait une inversion de mon rapport avec le monde : à travers le *dédoublement* qui se produit par le *medium* de *l'époché,* je cesse d'appartenir au monde comme objet. Au contraire c'est le monde qui désormais m'appartient: « *Si* ***le monde extérieur,*** dit Husserl**,** ***l'organisme et l'ensemble psychophysique sont ainsi épurés de tout "ce qui n'est pas appartenance"****, je ne suis plus un "moi" au sens naturel, dans la mesure où justement j'ai éliminé toute relation avec un "nous" (uns oder wir), ainsi que tout ce qui fait de moi un être du "monde".*»[118]Ces propos justifient l'attitude critique de Hans Jonas à l'égard de la phénoménologie husserlienne.

En effet l'éthique de la responsabilité, rappelons-le, se fonde sur la reconnaissance de l'appartenance de l'homme au monde objectif, à la nature objective et plaide pour l'admission de valeurs propres à la nature indépendamment de l'évaluation humaine, encore moins du sujet transcendantal. Ce qui est en jeu, c'est l'homme naturel et le monde naturel. Or chez Husserl, le pôle décisif est justement le sujet

---

[116] *Ibidem*, pp.157-158.

[117] *Ibidem*, p.158.

[118] *Ibidem,* p.160.

transcendantal à partir de qui le sens et la valeur du monde se constituent. Il en arrive même à une hiérarchie entre l'homme et l'animal, et même entre les animaux, ainsi qu'en témoigne le passage suivant : « *Au point de vue de la constitution, l'homme représente, par rapport aux animaux, le cas normal ; de même que moi-même, je suis dans l'ordre de la constitution la norme première pour tous les êtres humains. Les animaux sont essentiellement constitués pour moi comme « variantes » anormales de mon humanité...* »[119] La norme première dans la nature n'est donc rien d'autre que l'*ego transcendantal.* C'est à cause de cet isolement de la subjectivité que, lorsque Husserl aborde la question de l'histoire, il semble infléchir sa pensée. Il confère alors à la philosophie une mission historique, celle de faire advenir le sens par-delà la réduction positiviste de la science et par-delà les crises politiques qui affectent l'Europe avec en arrière-plan la montée du nazisme. Mais tout ceci ne se comprend que dans l'horizon de la phénoménologie transcendantale avec ce qu'elle comporte comme présuppositions. Sa philosophie, du point de vue de Hans Jonas, se condamne à ne pas prendre en charge la question éthique, ou du moins elle demeure fort éloignée du projet de fondation d'une éthique du futur, en ce que, non seulement elle isole le sujet, mais encore elle ne parvient pas à refonder l'unité du sujet et du monde. La phénoménologie de type husserlien, fait observer Hans Jonas, n'a rien à nous enseigner face à des énoncés tels « j'ai faim », de même qu'elle n'est pas en mesure de fournir des réponses à des questions telles que : « ***Pourquoi** l'homme doit-il manger ? Et* ***combien*** ?»[120]. Aux yeux de Hans Jonas, face à de telles questions légitimes du point de vue éthique, la biologie, la physique et la chimie sont susceptibles de nous instruire plus que la phénoménologie de type husserlien. Néanmoins, la réflexion de Husserl aborde un thème qui pourrait la rendre intéressante du point de vue de la fondation de l'éthique de la responsabilité. Il s'agit de sa critique des sciences modernes dont il dénonce les limites existentielles.

En effet, dans *La crise des sciences européennes et la phénoménologie transcendantale*[121], Husserl insiste sur le fait que les sciences modernes, de fondation galiléo-newtonienne, en se

[119] *Ibidem,* p.204.
[120] **Hans Jonas**, *Pour une éthique du futur,* op. cit., p.29.
[121] **Edmund Husserl**, *La crise des sciences européennes et la phénoménologie transcendantale*, trad. par Gérard Granel, Paris, éd. Gallimard, 1976, p.14.

constituant comme simples sciences des faits, elles décapitent la philosophie et se taisent sur les questions les plus urgentes pour l'homme : celles qui se rapportent au sens ou à l'absence de sens de l'existence. C'est face à ces questions que se conçoit la responsabilité du philosophe. Mais cet écueil des savoirs modernes ne peut être comblé qu'à travers l'attitude phénoménologique. La phénoménologie de Husserl apparaît donc, d'une manière générale, au regard des considérations précédentes, comme sans intérêt par rapport au projet d'édification de l'éthique environnementale, au contraire de la philosophie de Martin Heidegger. De Husserl à Heidegger, l'évolution dans la conception de la phénoménologie est telle, qu'il semble en apparence plus facile de poser le problème de l'éthique environnementale dans le contexte de la pensée du dernier que de celui du premier. Afin d'élucider ces propos, nous nous intéresserons à deux questions auxquelles se confronte Heidegger : la question de l'essence de la technique et celle du sens de l'être.

III.2.2 « Heidegger : précurseur de l'écologie moderne? »

On doit à Pierre N'Dong Meye le titre de ce paragraphe. En effet, c'est par une telle formulation qu'il désigne la réflexion qu'il développe dans le premier numéro de la revue *Exchoresis,* paru en Juillet 2002. Dans cet article, l'auteur ne manque pas de souligner que la question *a priori* pourrait heurter dans la mesure où le terme *écologie* n'apparaît pas dans la littérature de Heidegger, et dans la mesure où ce dernier eût rejeté la symétrie que l'on tente d'introduire entre ses idées et celles de l'écologie. Néanmoins N'Dong Meye soutient qu'« *il y a une actualité de Heidegger qui a, à travers « la question de l'être », surgi intempestivement au milieu de nos urgences politiques et des problèmes les plus concrets de la vie.*»[122] Autrement dit, la doctrine de Heidegger ne se réduit pas à une spéculation abstraite sur l'essence de l'être, abstraction à laquelle nous ont habitués les discours métaphysiques classiques. Bien au contraire, à partir de la question de l'être, Heidegger construirait une réflexion qui prendrait en compte des préoccupations qui, incontestablement, ne se tiendraient pas éloignées des préoccupations essentielles de notre temps, dont la problématique de l'écologie.

---

[122] **Pierre N'Dong Meye** : « Heidegger, précurseur de l'écologie moderne ? », in *Exhoresis*, n°1, Juillet 2002.

Pour N'Dong Meye, la doctrine de Heidegger est intéressante du point de vue de l'éthique environnementale dans la mesure où il y apparaît des concepts très significatifs. Il s'agit des concepts de l' « *habiter* », de l' « *être-auprès-du-monde* », etc. La réflexion dans les lignes qui suivent se situe dans la même perspective, sauf que s'y intégrera l'approche critique que Hans Jonas fait de la philosophie de l'auteur de *Sein und Zeit*. Même s'il conçoit la réalité d'un progrès de Husserl à Heidegger, il mentionne un pas que ce dernier n'a pas franchi. Sa pensée est demeurée au seuil d'une véritable fondation de l'éthique écologique.

Le premier moment important de la pensée de Heidegger dans le contexte de l'éthique de la responsabilité se situe dans sa critique des sciences et des techniques modernes. Chez lui, la critique des sciences et des techniques, moment fondamental de la réflexion sur l'éthique environnementale, devient plus précise. Questionnant sur l'essence de la technique, Heidegger indique qu'elle ne se réduit pas à sa dimension instrumentale qui, pourtant, la caractérise à première vue. Vue sous l'angle de l'instrumentalité, la technique désigne l'acte, le procédé de production d'objets matériels. Elle renvoie également à l'ensemble de ces objets. Mais cette interprétation ne dit rien de précis ou, en tout cas, ne dit pas tout en ce qui concerne l'essence de la technique. Celle-ci ne se comprend que comme *dévoilement*. La désigner ainsi revient à énoncer à son sujet une caractéristique autre que sa simple instrumentalité. La technique appartient à l'horizon du dévoilement signifie qu'elle n'est pas une simple activité de création d'objets. Le dévoilement fait participer la technique à l'*alétheia*, à la révélation de la vérité. Si la technique se détermine dans la région du dévoilement, la question qui se pose alors se rapporte à l'universalité d'une telle désignation. En effet, la technique en tant qu'habileté à produire et en tant que production effective d'outils est présente dans tous les âges de l'évolution de l'humanité. Dans ce sens, peut-on dire que le dévoilement sert à caractériser, par exemple, aussi bien la technique artisanale (traditionnelle) que la technique moderne ? Cette question n'insinue-t-elle pas que l'essence de la technique se disperse à travers ses différents âges ? La légitimité de ces questions repose sur le fait que, pour en arriver à la saisie du dévoilement comme caractère de la technique, Heidegger dut partir, dans sa démarche, d'une analyse de la conception grecque de la technique. Dans ce sens, ce qui vaut pour la pensée grecque antique est-il applicable à la technique moderne ? Heidegger précise avant même de répondre à la question posée que la motivation de sa réflexion sur l'essence de la technique réside dans l'inquiétude qu'elle suscite dans sa détermination moderne. Mais alors qu'est-ce que la technique moderne a d'inquiétant au point qu'une investigation sur son essence s'avère nécessaire ? C'est à travers l'analyse du dévoilement, caractère de la technique aussi bien artisanale que moderne, que peut être fournie la réponse à cette question.

Le dévoilement est le processus par lequel, à travers l'acte de la production, ce qui est caché ou voilé se dévoile, vient au jour. La technique est donc un acte de *non occultation* en tant que "produire". L'essence de la technique a affaire avec le dévoilement, car elle appartient à l'ordre du produire et « *tout "produire" se fonde dans le dévoilement.* »[123] Mais ce qui est spécifique à la technique moderne, c'est qu'en elle le dévoilement se détermine comme *pro-vocation*, comme *interpellation* et comme *commission.* Elle provoque la nature signifie qu'elle en extrait l'énergie, l'accumule, la transforme et la *commet*, c'est-à-dire la destine à une fin précise. Cette fin constitue le *fonds* de l'objet technique. En vertu du fonds, l'objet technique devient plus qu'un simple objet matériel. Il est l'unité de la matière et de la forme, le produit de la cause formelle et de la cause matérielle. Mais ce ne sont pas celles-ci qui, seules, président à sa production. Ce qui se dévoile dans la production, ce n'est pas exclusivement la forme, mais aussi la fin, ce à quoi l'objet technique est commis. Ainsi l'avion, « *sur la piste où il se tient, il ne se dévoile comme fonds que pour autant qu'il est commis à assurer la possibilité d'un transport.*»[124]

Par ailleurs le dévoilement n'a lieu comme provocation que parce que la nature se saisit comme « *principal réservoir du fonds d'énergies* »[125]. En d'autres termes, la technique moderne, dont l'essence est l'*Arraisonnement*[126], accomplit son œuvre grâce à la science de la nature. En tant que telle, elle constitue le comportement « *commettant de l'homme* ». C'est parce qu'elle participe de l'Arraisonnement que la science, notamment la physique, se construit

---

123 **Martin Heidegger**, « La question de la technique », in *Essais et conférences*, trad. par André Préau, Paris, éd. Gallimard, 1958, p.17.

124 *Ibidem,* p.23.

125 *Ibidem.*

126 Pour la signification de ce terme, voir les paragraphes suivants.

comme science expérimentale. L'expérimentation exige l'usage d'instruments, d'outils, au moyen desquels elle se réalise. Mais, avertit Heidegger, le recours aux instruments techniques n'explique pas le caractère expérimental de la science. Cette dernière n'est pas expérimentale parce qu'elle se sert d'instruments techniques ; l'expérimentation en tant qu'acte d'interrogation du réel, en tant qu'elle met en demeure le réel de libérer ses énergies, ne s'effectue que parce que le réel naturel est déjà conçu « *comme un complexe calculable et prévisible de forces* »[127]. La méthode de la science se fonde donc sur la représentation résiduelle de la nature comme un ensemble de ressources à extraire et à utiliser. Dans ce sens, on comprend que « *la théorie de la nature élaborée par la physique moderne a préparé les chemins, non pas à la technique en premier lieu, mais à l'essence de la technique*»[128], qui se détermine alors comme Arraisonnement ou provocation. Par conséquent, pour se rendre transparente l'essence de la technique, il faut procéder à une analyse de la science physique moderne en tant que celle-ci est «le précurseur de l'Arraisonnement ».

À plusieurs reprises Heidegger insiste sur le fait que l'Arraisonnement est le mode suivant lequel le réel se dévoile comme fonds. Il faut entendre par-là que tout dévoilement ne se détermine pas comme Arraisonnement. Il en existe plusieurs modes. Dans le contexte pré-moderne, la technique, qui se définit toujours en son essence comme acte de dévoilement, comme *faire-venir-au-jour* de ce qui est caché, ne dévoile pas encore le réel comme fonds. Il faut par conséquent distinguer dans le dévoilement deux dimensions : la dimension de production dans le sens de la *poèsis, et* la dimension de *l'Arraisonnement.* Sous le jour de la modernité, le mode de dévoilement de l'être, en l'occurrence de la nature, consiste à provoquer celle-ci et à la sommer de libérer ses énergies. Mais le dévoilement, quelqu'en soit le mode, constitue le *destin* de l'homme : « *l'homme dans tout son être est toujours régi par le destin du dévoilement.*»[129] C'est l'homme qui, par son faire, fait passer le réel occulté à la non-occultation. L'objet commissible ne vient à l'existence que grâce à un sujet qu'est l'homme. Il constitue dans la logique de la causalité aristotélicienne,

[127]**Martin Heidegger**, « La question de la technique », in *Essais et conférences*, op.cit., p.29.
[128] *Ibidem.*
[129] *Ibidem,* p.33.

la cause efficiente. Mais l'homme ne peut commettre l'objet que parce que lui-même se trouve déjà commis à un tel acte. Commettre fait partie des modes d'être de l'homme. Dans ce sens, l'Arraisonnement ne concerne pas seulement la nature, mais aussi l'homme lui-même. L'Arraisonnement apparaît comme le destin de l'homme, si bien que Heidegger considère qu'il n'est pas un acte, un fait proprement humain. Il correspond à un appel adressé à l'homme afin qu'il dévoile le réel comme fonds. Mais si le dévoilement, l'Arraisonnement se révèlent comme destin de l'homme, les conséquences qui en découlent sont de plusieurs ordres.

D'abord, la liberté de l'homme peut s'en trouver compromise si on se représente le destin comme une fatalité, une contrainte ou une nécessité à laquelle nous sommes condamnés. À ce sujet Heidegger soutient qu'il n'en est rien. La liberté ne se conçoit pas en dehors du destin. L'Arraisonnement *a priori* constitue en lui-même un acte libérateur. N'est libre que ce qui est dévoilé, retiré de l'obscurité. Par conséquent, il serait incohérent de dissocier la liberté de la vérité, car le dévoilement révèle justement la vérité du réel : « *L'acte du dévoilement, c'est-à-dire la vérité, est ce à quoi la liberté est unie par la parenté la plus proche et la plus intime…la liberté est le domaine du destin qui chaque fois met en chemin un dévoilement.* »[130] Ensuite, lorsque l'homme, répondant à l'appel du destin, accomplit l'acte du dévoilement, il se retrouve placé devant deux possibilités qui s'excluent mutuellement : 1°) ou bien il choisit de faire progresser le dévoilé ou l'objet technique dans le commettre et ne prend plus de décision qu'à partir de là ; le commettre devient son but principal. En d'autres termes, l'homme court le risque de réduire la technique à son caractère d'Arraisonnement : son activité se réduit au perfectionnement de l'outil technique, à l'amélioration toujours pointue de son efficacité ; 2°) mais, ce faisant, l'homme évacue cette autre possibilité, celle de poursuivre davantage son questionnement du réel afin d'en révéler la véritable essence. En se fermant à cette possibilité, l'homme se met en danger. Ce danger suprême, dit Heidegger, « *se montre à nous de deux côtés différents. Aussitôt que le non-caché n'est même plus un objet pour l'homme, mais qu'il le concerne exclusivement comme fonds, et que l'homme, à l'intérieur du sans-objet, n'est plus que le commettant du fonds, — alors l'homme suit son chemin à l'extrême bord du précipice, il va vers le point où il ne doit plus être*

---

[130] *Ibidem*, P.34.

pris que comme fonds.»[131] En d'autres termes, lorsque l'homme en arrive à ne plus percevoir dans la technique que sa dimension d'Arraisonnement de la nature, et à ne produire que dans ce sens, il risque, non seulement de se voiler sa propre essence, mais encore de ne plus "fonctionner" lui-même que comme objet technique. Il cesse en quelque sorte d'être le sujet du dévoilement ; il en devient l'objet au même titre que la nature.

Ensuite l'Arraisonnement se montre comme le danger suprême rendant l'homme victime d'une illusion. En effet, en créant les objets, il a l'illusion qu'il se réalise lui-même, qu'il humanise la nature, et que par conséquent, partout « *l'homme ne rencontre plus que lui-même.»*[132] En créant un monde d'objets, l'homme croit s'y retrouver. Mais, remarque Heidegger, lorsque l'homme s'enferme dans cette conviction, son être véritable se retire. Dans le contexte actuel d'envahissement du monde par la technique, « *l'homme précisément ne se rencontre plus lui-même en vérité nulle part, c'est-à-dire qu'il ne rencontre plus nulle part son être (Wesen).»*[133] La technique moderne, à la différence de la technique artisanale, provoque non seulement la nature, mais aussi le sujet de la provocation. Cela est d'autant plus vrai que l'homme lui-même devient un objet de la technique. Mais quel fonds la technique dévoile-t-elle quand elle s'adresse à l'homme ? Le fonds propre à l'homme peut-il être dévoilé au moyen de la technique ? Quand, pour dévoiler ce qui, en l'homme, est caché, on recourt à la technique, ne risque-t-on pas de recouvrir davantage le voilé, et pire encore de le transformer ? Cette transformation n'est-elle pas à craindre ? La technique moderne se révèle incapable de dévoiler le sens du monde, d'éclairer l'homme. On comprend alors pourquoi elle est inquiétante, puisqu'elle devient le symbole d'une menace. À partir de là, on peut considérer Heidegger comme un précurseur de l'écologie moderne, celle-ci n'étant pas ici considérée en tant que science, mais en tant que mouvement de pensée qui se donne pour tâche de définir, sur la base des informations fournies par la science écologique, des principes éthiques susceptibles de contribuer à maintenir ou à rétablir l'équilibre de la planète. Or, comme nous l'avons vu plus haut, cette tâche de la construction de l'éthique passe par une critique des sciences et des techniques

---

[131] *Ibidem,* p.36.

[132] *Ibidem, p.36.*

[133] *Ibidem.*

modernes. Mais l'on pourrait objecter qu'il n'en est pas l'unique précurseur, et qu'une critique de la technique ne s'exprime pas seulement chez lui. Mais Heidegger nous intéresse particulièrement ici puisque c'est à lui que Hans Jonas fait expressément allusion dans l'opuscule *Pour une éthique du futur.* Que la technique moderne menace l'essence de l'homme, que son mode de dévoilement constitue une transformation de l'essence de l'agir humain, et que cette mutation se trouve à l'origine du *vide éthique,* c'est ce sur quoi Hans Jonas insiste dans *Le principe responsabilité.* Dans la mesure où de telles idées s'expriment déjà chez Heidegger, l'on comprend que celui-ci puisse paraître comme celui qui a préfiguré l'écologie moderne.

Mais pour Hans Jonas, l'événement le plus important chez Heidegger, au regard de la problématique écologique, ce n'est pas tant la critique des sciences que la parution de *Être et Temps.* Que ce soit dans le *Principe responsabilité* ou dans le texte *Pour une éthique du futur,* Hans Jonas insiste sur l'idée que l'éthique de la responsabilité qui doit valoir comme réponse au défi écologique, pour se fonder présuppose une métaphysique, comme il en va d'ailleurs de toute pensée éthique. Dans ce sens, en quoi la réflexion qui se déploie dans *Sein und Zeit* prépare-t-elle à la construction d'une métaphysique appropriée au projet de fondation de l'éthique environnementale ?

III.2.3. L'ontologie phénoménologique : le pas non franchi

Pour Hans Jonas, la parution de *Être et Temps* a provoqué un « tremblement de terre » dans la pensée contemporaine. Avec Heidegger s'écroula, dit-il, «*tout le modèle, quasiment optique, d'une conscience principalement* ***cognitive*** *et fit apparaître à sa place le Je qui veut, qui s'efforce, nécessiteux et mortel.*»[134] En d'autres termes, Heidegger introduit une rupture dans le style de pensée de l'idéalisme allemand en abandonnant la présupposition d'une conscience pure comme pôle primordial à partir duquel peut se dévoiler le sens du monde. Afin de saisir la portée essentielle de ces observations de Hans Jonas, nous nous proposons de présenter synthétiquement le contenu de la réflexion qui se développe dans *Être et Temps*. Il s'agira en fait d'investiguer sur le sens et la portée de certains concepts fondamentaux de l'ontologie heideggérienne qui apparaissent

[134] **Hans Jonas**, *Pour une éthique du futur*, op. cit., p.33.

également dans la doctrine de Hans Jonas. Dans cet ouvrage, Heidegger réduit la philosophie phénoménologique à l'ontologie dont la tâche consiste dans l'explicitation du sens de l'être en tant qu'être : «*Ontologie et phénoménologie,* dit-il, *ne sont pas deux disciplines différentes appartenant parmi tant d'autres à la philosophie. Les deux termes caractérisent la philosophie elle-même quant à son objet et sa façon d'en traiter.*»[135] À travers cette affirmation se laisse entrevoir une démarcation de Heidegger par rapport à Husserl, rupture qui, sur le plan philosophique, est assez significative. En effet, si l'ontologie et la phénoménologie ne « *sont pas deux disciplines différentes de la philosophie* », il ne s'ensuit pas qu'il faille les confondre au point de considérer la phénoménologie comme une doctrine. Husserl avait défini la phénoménologie : «*un ensemble de disciplines et de méthodes philosophiques* ». Ce qui signifie que dans la phénoménologie, il faut distinguer un contenu doctrinal et une méthode. Mais Heidegger ne retient de la phénoménologie que son intérêt méthodologique. Pour lui, tant que la phénoménologie « *s'entend elle-même* », elle ne peut en aucun cas se construire comme une doctrine. En tant que « *conception méthodologique...elle ne caractérise pas les objets de l'investigation philosophique en ce qu'ils sont, en leur contenu, mais la manière dont s'y prend celle-ci.*»[136]Elle n'indique que la « *manière* » dont le sens de l'être peut être dévoilé. Quant à l'ontologie, elle ne désigne pas aux yeux de Heidegger une branche de la philosophie parmi tant d'autres. On ne peut pas considérer la philosophie comme un ensemble de disciplines parmi lesquelles figure l'ontologie. Bien au contraire, elle désigne la philosophie même. Elle se constitue comme une investigation, une élucidation du sens de l'être en général. Et Heidegger insiste sur le fait que cette tâche, celle de l'explicitation du sens de l'être, est la plus fondamentale pour tout discours ontologique[137]. Elle détermine donc l'objet ou le contenu de la philosophie. Mais de quelle manière la tâche de l'explicitation du sens de l'être peut-elle s'accomplir ? En suivant, répond Heidegger, la démarche de la phénoménologie. Mais pourquoi celle-ci constitue la seule voie

---

[135] **Heidegger** : *Être et Temps*, trad. par François Vezin, Paris, Gallimard 1986, p.66.

[136] *Ibidem*, p.54.

[137] « *Toute ontologie, si richement agencé que puisse être le système de catégories dont elle dispose, demeure au fond aveugle et pervertit son intention la plus propre tant qu'elle n'a pas d'abord suffisamment tiré au clair le sens de être et n'a pas conçu cette clarification comme sa tâche fondamentale.* » *Ibidem*, p.35.

recommandable d'investigation du sens de l'être ? La réponse de Heidegger à ce niveau se fonde sur l'analytique du concept lui-même.

Etymologiquement, « phénoménologie » signifie "science des phénomènes". Mais, précise Heidegger, cette *« science des « phénomènes » veut dire : une* ***telle*** *manière de saisir ses objets que tout ce que la dite science a à élucider à leurs propos doive se traiter par monstration directe et par justification directe.»*[138] Le concept de *phénomène* ne désigne pas les objets tels qu'ils nous apparaissent et que nous saisissons par l'intuition sensible ; il renvoie, comme l'indique l'injonction de la phénoménologie, « *à la chose même* », c'est-à-dire à l'être des objets particuliers, à l'être des étants. L'être des étants, leur sens, parce qu'il est voilé, se trouve en retrait ; il peut être masqué ou *enfoui*. Dans ce sens, la phénoménologie indique la voie qui conduit au *dévoilement* du sens de l'être ; elle permet la *non-occultation* de ce qui est en retrait. À partir de cette analyse du concept même de phénoménologie, on voit encore apparaître pourquoi elle est rivée à un intérêt méthodologique. Si l'on porte à la conscience cette différence de signification du concept de phénoménologie chez Husserl et chez Heidegger, si l'on garde présent à l'esprit que chez ce dernier la phénoménologie n'est que la manière dont peut se dévoiler l'être des phénomènes, c'est-à-dire l'être des étants, on peut alors comprendre que dans le fond, « *la phénoménologie est la science de l'être de l'étant – l'ontologie* »[139], et que *« l'ontologie n'est possible que comme phénoménologie.»*[140] Cette approche phénoménologique de l'être est ce qui fait défaut dans les discours ontologiques antérieurs, de la même manière qu'y est absente toute prise en considération du temps comme horizon dans lequel se décrypte le sens de l'*Être*. Nous verrons plus loin que c'est aussi sur la dimension temporelle que se joue la démarcation de l'éthique jonassienne de la responsabilité par rapport aux discours éthiques antérieurs.L'avantage de l'approche phénoménologique de la question de l'être, c'est qu'elle indique le point de départ à partir duquel peut être entreprise l'élucidation du sens de l'être. Ainsi permet-elle de résoudre le problème récurrent du commencement en philosophie. Ce point de départ se découvre à partir de l'analyse de la structure formelle de la question de l'être.

---

[138] *Ibidem*, p.62.
[139] *Ibidem*, p.65.
[140] *Ibidem*, p.62.

L'ontologie porte sur l'être en tant qu'être, sur l'être en général et non sur des étants particuliers, comme il en va dans les sciences particulières. Ces sciences – la remarque remonte à Aristote dans la *Métaphysique* – découpent chacune une partie, une région de l'être et en font leur objet propre. Par-là, elles se construisent comme des ontologies particulières, « *régionales* ». Mais questionner sur l'être en général revient à saisir l'être des étants. Dans ce sens, il s'agit de questionner les étants à propos de leur être. L'être de l'étant constitue le « *questionné* » et l'étant « *l'interrogé* ». Dans la mesure où la question vise l'élucidation du sens de l'être, le « *point en question* » qu'implique tout questionnement n'est rien d'autre que ce sens. Reste enfin, comme élément de la structure formelle de la question, le « *questionneur* » qui, lui aussi, figure parmi les étants particuliers et peut faire l'objet d'une investigation pour des sciences particulières comme la biologie, la psychologie, l'anthropologie etc. Cet étant qui questionne n'est rien d'autre que le sujet, rien d'autre que l'homme ; Heidegger le désigne par le concept de « *Dasein* ». Dans ces conditions, tout questionnement sur le sens de l'être engage, et de manière fondamentale, l'être de celui qui questionne, engage le *Dasein*. En questionnant sur l'être, l'étant particulier qu'est l'homme se rend transparent à lui-même. Le *Dasein* jouit d'un avantage particulier par rapport aux autres étants. Non seulement il possède une dimension *ontique* en vertu de laquelle il est un étant parmi tant d'autres, mais encore il a un statut *pré-ontologique* dans la mesure où il se trouve déjà dans une compréhension de l'être lorsqu'il questionne sur lui. Dans cette logique, le *Dasein* constitue l'étant qu'il faut interroger en premier lorsque l'on cherche à dévoiler le sens de l'être. Le *Dasein* jouit d'une primauté ontologique, si bien qu'un discours sur l'être en tant qu'être ne saurait se construire que sur la base d'une *ontologie fondamentale*, primordiale, dont la tâche consiste à expliciter le sens de l'être du *Dasein*. La phénoménologie du préfigure ou introduit à l'ontologie générale. Dans cette perspective, la pensée de Heidegger s'inscrit bien dans l'esprit de la phénoménologie contemporaine qui se construit sur la base d'une analytique du sujet.

À partir de ces considérations préliminaires apparaît déjà l'intérêt que peut présenter la philosophie de Heidegger par rapport à la question de l'éthique jonassienne de la responsabilité. En effet, saisi comme *Dasein*, le sujet n'est plus immédiatement ce moi transcendantal qui se tient en « *spectateur désintéressé du monde* », s'explicitant soi-même de manière infinie, comme c'est le cas dans le contexte de la philosophie husserlienne. Le *Dasein* se présente comme un *être-au-monde*, enraciné dans le monde. C'est pour cela que c'est à partir de son enracinement dans la vie quotidienne, à partir de ses modes d'être quotidiens, que peut se dévoiler le sens de son être. Le *Dasein*, rappelle à plusieurs reprises Heidegger, n'est personne d'autre que l'homme que je suis. Il désigne la réalité humaine concrète, il est intéressé au monde comme l'indique d'ailleurs le mot « *Dasein* » : « être-là » ; « être-au-monde » (*in-der-Welt-sein*). Quelles sont les implications d'un tel enracinement ?

Il convient de remarquer ici que notre dessein n'est pas d'exposer la doctrine heideggérienne de l'être dans son entièreté. Il s'agit au contraire de dégager et d'analyser les thèmes que Heidegger fut amené à aborder dans l'analytique du *Dasein*, en tant que celle-ci constitue une propédeutique au dévoilement du sens de l'être. Ces thèmes permettent de comprendre sans doute pourquoi aux yeux de Hans Jonas, l'ontologie élaborée par Heidegger dans *Être et Temps* constitue, sur le plan de son projet philosophique de la fondation de l'éthique de la responsabilité, un événement majeur. Il s'agit essentiellement du thème de la *responsabilité*, de celui de la *peur*, de l'*angoisse* et enfin de celui de la *mort*. Ces concepts se retrouvent également développés par Hans Jonas qui, cependant, en donne un contenu et une portée différents. Le sens de ces concepts s'élucide chez Heidegger à partir de ce qu'il considère comme étant le mode d'être fondamental du *Dasein* : *l'être-au-monde* (« *in-der-Welt-sein* »). Le *Dasein,* en tant qu'être-là, est un être-au-monde. Mais l'être-au-monde ne s'entend pas comme être dans le monde ; on peut en effet comprendre par-là que le monde existe là, devant le *Dasein* qui peut à volonté s'en extraire. Bien au contraire, l'être-au-monde signifie que le *Dasein* fait un avec le monde ; son être quotidien est tel, qu'il ne peut se montrer que comme être au monde. Or, l'enracinement dans le monde révèle au *Dasein* un autre mode fondamental de son être : le fait qu'il n'est pas seul au monde, qu'il fait d'emblée l'expérience de l'altérité. Il se détermine comme un *être-avec* (« *Mitsein* ») et comme *coexistence* (« *Mitdasein* »). La réalité la plus immédiate du *Dasein* n'est donc pas la solitude. Il découvre l'existence avec d'autres *Dasein*. Or, la relation fondamentale entre sujets consiste dans le *souci mutuel*. Dans ce souci mutuel, chaque *Dasein* ressent la distance qui le sépare des autres et travaille, par conséquent, à réduire cette distance. Ce qui préoccupe donc en premier lieu, c'est bien cette distance. Chaque *Dasein* cherche à être comme les autres. Ce faisant il dissout son être propre, son être soi-même dans l'impersonnel, dans l'anonymat de la vie quotidienne. Le sujet de la vie quotidienne n'est donc pas le *Je personnel*, mais le « on » (« *das man* ») ou bien le « *nous-on* »[141].

Le concept de « *distantialité* » est employé par Heidegger pour désigner le souci du *Dasein* à propos de la différence qu'il ressent envers les autres ; alors, soit il cherche à aplanir cette différence, soit il se préoccupe de rattraper les autres. En confisquant au *Dasein* son être-propre, en s'appropriant ses possibilités, la publicité lui ferme l'accès à toute responsabilité personnelle et même à la liberté. La responsabilité devient diffuse, anonyme, chacun se contentant d'agir comme les autres. Pour Heidegger, la responsabilité authentique ne devient possible que lorsque le *Dasein* parvient à se « décharger » de l'emprise des autres, que lorsqu'il cesse donc de se laisser décharger par les autres du souci qui lui est constitutif. La *responsabilité* apparaît d'abord comme responsabilité personnelle qui implique d'ailleurs, comme chez Husserl, la conversion à la philosophie. Elle commence à partir du moment où, prenant conscience de la *finitude* de l'existence et du caractère personnel de la mort, le *Dasein* s'engage dans une existence authentique, surmontant ainsi la *déréliction* primitive.

Ce qui vient d'être développé laisse entrevoir que le concept jonassien de la responsabilité ne saurait trouver ses fondements dans le sens qu'il acquiert chez Heidegger. Car, il ne s'agit plus chez Hans Jonas de la responsabilité existentielle personnelle à assumer son être soi-même ; mais il est bien plutôt question d'une responsabilité collective à l'égard de l'être physique de l'humanité. La quotidienneté masque au *Dasein* son propre être, le prive de sa responsabilité. Mais on peut dire que, dans la logique de l'éthique jonassienne de la responsabilité, c'est bien cette quotidienneté qui est en jeu ; il s'agit de définir les conditions de la perpétuation de la quotidienneté et de contribuer à son maintien. L'existence physique prime sur les conditions d'une existence authentique qui est conditionnée par la

---

[141] À ce sujet on peut se référer aux propos de Heidegger lui-même dans *Être et temps*, op. cit., p.169 :«*Cette distantialité inhérente à l'être-avec implique que le Dasein se tient, en tant qu'être-en-compagnie quotidien,* ***sous l'emprise*** *des autres. Il n'est pas lui-même ; l'être, les autres le lui ont confisqué. Le bon plaisir des autres dispose des possibilités d'être quotidiennes du Dasein* ».

première! Le second concept qui retient l'attention chez Heidegger est celui de la *peur*. Celle-ci figure parmi les modes d'être du *Dasein* et se comprend à partir de la « *disposibilité* ». La disposibilté désigne une structure fondamentale du *Dasein* liée à son être-au-monde ; en tant que tel, le *Dasein* possède des états d'humeur dont la peur. Structurellement, la notion de la peur implique des moments tels que : « *ce qui fait peur* » ; « *l'avoir-peur* » et le « *pour-quoi de la peur* ». Pour Heidegger, ce devant quoi le *Dasein* a peur n'est rien d'autre qu'un étant à l'intérieur du monde et qui apparaît alors comme une menace. La peur porte sur quelque chose de déterminé. La menace est d'autant plus ressentie qu'elle se fait proche, qu'elle se tient non éloignée. Mais plus fondamentale et plus originelle que la peur est l'*angoisse*.

Chez Heidegger, il y a une différence fondamentale entre la peur et l'angoisse, contrairement à la confusion du sens des deux concepts commise par le sens commun. L'angoisse s'interprète toujours à partir de l'enracinement du *Dasein* au monde, et en cela elle ne se distingue pas de la peur qui présuppose également un tel enracinement. Mais, au contraire de la peur, l'angoisse ne se rapporte pas à quelque chose de déterminé dans le monde ; le *Dasein* ne s'angoisse pas devant un étant particulier. Bien au contraire, dit Heidegger, « *le devant-quoi de l'angoisse est complètement indéterminé(...). Que le menaçant ne soit nulle part est caractéristique du devant-quoi de l'angoisse.* »[142] Le menaçant qui suscite l'angoisse n'est pas un « *utilisable dans le monde* » ; l'angoisse fait sombrer tout étant déterminé ; cela signifie que rien dans le monde, y compris les autres sujets, ne peut plus rien proposer au *Dasein* en matière de sens. Le devant-quoi de l'angoisse possède le caractère de l'indéterminé, parce qu'il n'est rien d'autre que le monde lui-même, rien d'autre que l'être dans le monde. Dans ce sens, l'angoisse prend le sens d'une ouverture au monde. Car il y a une identité entre le devant-quoi de l'angoisse et le pour-quoi de l'angoisse. Si le devant-quoi de l'angoisse renvoie à l'être au monde, ce pour quoi le *Dasein* s'angoisse coïncide avec son propre pouvoir-être au monde, la possibilité de son existence. L'angoisse livre le *Dasein* à lui-même, l'esseule, lui fait découvrir la liberté « *de se choisir et de se saisir soi-même.* »[143] En fin de compte, en révélant le monde, l'expérience de l'angoisse dévoile au *Dasein* son être comme

[142] *Ibidem*, pp.235-236.
[143] *Ibidem*, p.237.

possibilité d'être, lui révèle la contingence de l'existence. Pour cette raison et dans cette logique, l'angoisse comme mode d'être fondamental va de pair avec le souci qui caractérise le *Dasein*. Si l'être-au-monde est un être qui se préoccupe et qui s'angoisse, ce dont il se préoccupe n'est rien d'autre que lui-même, c'est-à-dire son propre être. L'angoisse ouvre le *Dasein* à ses propres possibilités d'être, mais ce que le *Dasein* a à être se retire à chaque fois ; c'est ainsi qu'il se tient toujours en avance sur soi, « chasse » devant lui ce qu'il est, c'est-à-dire ce qu'il a à être : «*Le Dasein est pour lui-même dans son être chaque fois déjà en avance. Le Dasein est toujours déjà « au-delà de soi », non pas qu'il se comporte ainsi envers un étant qu'il n'est pas, mais il l'est comme être tendu vers un pouvoir-être qu'il est lui-même.* »[144]

Arrêtons-nous à ce point de l'analyse de la pensée heideggérienne pour nous demander ce que l'éthique de la responsabilité peut en tirer comme enseignements. Nous pouvons tout de suite observer que chez Hans Jonas, au contraire de l'approche de Heidegger, la peur ne désigne pas la crainte devant un étant qui se fait menaçant à l'intérieur du monde. Elle ne s'identifie pas non plus à l'angoisse telle qu'analysée par Heidegger. Hans Jonas ne la conçoit pas immédiatement comme étant un état d'humeur ou comme une situation pathologique liée à la représentation d'un danger personnellement pressenti. En effet, toute peur demeure en relation avec la représentation d'un *malum*. D'une certaine façon, Heidegger saisit la peur et l'angoisse sous cet aspect pathologique, dans la mesure où, comme indiqué ci-dessus, elles demeurent rivées à la disposibilité comme mode d'être du *Dasein*. Mais dans la mesure où la peur ne révèle pas encore le *Dasein* à lui-même, c'est-à-dire ne lui dévoile pas son être propre, elle se présente comme une affection inauthentique, parce que ce qui est alors craint n'est qu'une menace qui met en danger notre possibilité d'être quotidien. Dans la peur, nous demeurons dans l'immersion dans le « *on* », accaparés par les préoccupations de la vie quotidienne. Dans ce sens elle reçoit une valeur ontologiquement négative au contraire de l'angoisse qui est plus originelle. Ainsi comprise la peur ne présente pas non plus chez Hans Jonas un intérêt décisif. Bernard Sève, dans son article « Hans Jonas et l'éthique de la responsabilité », considère que chez Hans Jonas la peur possède une quadruple signification: « *elle est une*

---

[144] *Ibidem*, p.241.

faculté de connaissance, elle est l'objet d'un devoir moral, elle est un sentiment moral, elle est enfin un pis-aller politique (une utile contrainte) là où la responsabilité est trop faible.»[145] Que faut-il entendre par-là ?

III.3. Hans Jonas et l'heuristique de la peur

La question de l'heuristique de la peur, évoquée dès la préface du *Principe responsabilité,* est examinée dans le second chapitre intitulé « Questions de fondements et de méthode». Cette indication, loin d'être banale, permet de saisir la véritable portée de l'heuristique de la peur dans la philosophie de Hans Jonas. L'analytique de la peur se présente comme une réponse au problème du vide éthique, et dans cette mesure, elle contribue à résoudre le problème des fondements de l'éthique de la responsabilité. En effet, comme l'a souligné Bernard sève, elle est « une faculté de connaissance ». Cette interprétation se déduit de la signification du terme "heuristique". Il renvoie en effet à ce qui sert à la découverte. L'heuristique, dans ce sens, désigne la discipline qui se donne pour objet de déterminer les règles qui doivent, dans le domaine scientifique et épistémologique, conduire à la découverte de la vérité. L'heuristique de la peur peut alors être considérée comme une démarche dans laquelle la peur constitue un moyen qui sert à la découverte. *Heuristique de la peur* peut alors s'entendre comme *heuristique par la peur*. Se posent alors la question de la nécessité de cette démarche, celle de son efficacité et celle de ce qu'elle permet d'atteindre comme résultat.

L'heuristique de la peur tient sa nécessité des limites de notre savoir prévisionnel qui, pourtant, est requis pour connaître les effets réels lointains de nos actions présentes afin de prendre les décisions les plus convenables. Elle se justifie donc par notre situation d'ignorance : ignorance des conséquences à long terme de notre agir, mais aussi ignorance de la nature exacte de ce que nous devons protéger, et enfin ignorance de la dimension réelle de notre responsabilité. Dans ces conditions, la peur permet d'*anticiper la menace*, d'imaginer ce que nos actions présentes pourraient entraîner comme conséquences dans le futur. Anticiper la menace revient à

---

[145] Bernard Sève, « Hans Jonas et l'éthique de la responsabilité », in *Esprit*, Octobre 1990. Nous citons la version numérique, disponible sur le site http://lyc-sevres.ac-versailles.fr/p_jonas_pub.eth.php

accorder la priorité du mauvais sur le bon, du mal sur le bien. Pour Hans Jonas, c'est l'expérience du mal qui nous fait découvrir le bien. L'heuristique de la peur s'impose comme un devoir moral : elle est un devoir parce qu'elle constitue la seule alternative qui reste face à l'insuffisance des sciences ; elle répond à une nécessité méthodologique. Elle est morale parce que le défaut de certitude scientifique ne peut pas constituer un motif pour renoncer à la fondation de l'éthique de la responsabilité, ce qui signifierait que nous pourrions continuer de mettre en jeu la survie et l'essence de l'homme. Penser les effets futurs de nos actions présentes, c'est-à-dire les imaginer, constitue donc le premier impératif.

Mais penser l'avenir, l'imaginer, l'anticiper ne suffit pas pour fonder notre responsabilité. À la dimension rationnelle de la peur doit s'ajouter sa dimension affective, sentimentale. En anticipant l'avenir, précisément les effets néfastes de nos actes dans le futur, nous *devons* éprouver le sentiment correspondant, nous *devons* éprouver la peur. Mais le sentiment ainsi éprouvé ne s'identifie pas à une émotion naturelle, instinctive, liée à la présence réelle d'un danger. Le mal, dans le contexte de l'éthique de la responsabilité, qui suscite la crainte, est simplement imaginé, il n'est pas réel, il relève du possible. Dans ce sens, la peur ne peut pas aller de soi : « *La représentation du destin des hommes à venir,* dit Hans Jonas, *à plus forte raison celle du destin de la planète qui ne concerne ni moi, ni quiconque encore lié à moi par les liens de l'amour ou du partage immédiat de la vie, n'a pas de soi cette influence sur notre âme.*»[146]C'est à ce niveau que l'interprétation jonassienne de la peur s'éloigne de l'analyse que Thomas Hobbes en avait proposé. Il est évident que chez ce dernier, la peur joue un rôle essentiel dans la théorie politique. En effet dans *Le citoyen*, Thomas Hobbes soutient que, la société ne faisant pas partie des choses qui sont dans la nature contrairement aux convictions d'un Aristote, sa genèse se trouve dans la crainte mutuelle et naturelle des hommes les uns à l'égard des autres. De même qu'elle est à l'origine de la société, de même c'est à cause d'elle que celle-ci se maintient : « *Si la crainte,* affirme Hobbes, *était ôtée de parmi les hommes, ils se porteraient de leur nature plus avidement à la domination, qu'à la société. C'est donc une chose tout avérée, que l'origine des plus grandes et des plus durables sociétés, ne vint point d'une réciproque*

[146]**Hans Jonas,** *Le principe responsabilité. Une éthique pour la civilisation technologique,* op.cit, p.25.

bienveillance que les hommes se portent, mais d'une crainte mutuelle qu'ils ont les uns envers les autres. »[147] La peur n'est pas nécessairement significative de la présence effective d'une menace ; le danger peut être simplement présumé, il peut relever du possible, et c'est pour cela qu'il ne produit pas seulement la fuite ou la panique comme effet. D'autres actes, d'autres attitudes peuvent être mises au compte de la crainte mutuelle qui existe entre les hommes. Hobbes cite, à titre d'illustration, des exemples tels que la méfiance, les soupçons, la précaution ou la disposition que prennent individus et sociétés pour se défendre en cas de besoin. Ainsi, c'est la peur qui justifie l'existence des armées au sein des républiques. C'est encore la peur qui explique les prédispositions que nous observons pour produire des discours cohérents ; ce que nous craignons en effet, dans ce cas, c'est le risque d'être contredit et d'être confondu par l'interlocuteur. Être confondu constitue une violence morale que nous redoutons. C'est pour cela que le dialogue comme moyen de règlement non violent des conflits présuppose, cependant, une acceptation de la violence qui réside dans le langage, même raisonnable. Accepter de discuter signifie se prédisposer à avoir tort, ce qui veut dire à être contredit et à reconnaître la supériorité de l'adversaire. Dans ce sens, la peur ne désigne pas comme nous l'avons dit la crainte d'un danger réel ; Hobbes la désigne comme n'étant « *qu'une nue appréhension ou prévoyance d'un mal à venir.* »[148] Or, le plus grand mal que nous redoutons, et devant lequel tous les hommes sont égaux dans la mesure où chacun peut la faire subir à l'autre, est la mort. Par conséquent, toutes les précautions que nous prenons ne visent en définitive que notre autoconservation. En fin de compte, la peur se présente comme le fondement de l'éthique et même de la politique. En effet, c'est la volonté de contenir la violence généralisée caractéristique de l'état de nature, violence dont la possibilité justifie la peur, qui conduit à la création de la société civile ou de l'Etat. C'est encore la peur qui maintient la stabilité de l'État. L'émergence de ce genre de vie coïncide avec l'élaboration de règles et de lois qui, en déterminant ce qui est licite et ce qui ne l'est pas, rendent désormais possible la liberté collective qui n'est pas possible sans la sécurité. Nous pouvons donc conclure, ce qui est devenu

[147]**Thomas Hobbes**, *Le citoyen ou les fondements de la politique*, trad. par Samuel Sorbière, Paris, éd. Flammarion, 1982, p.93.
[148] *Ibidem,* p.94.

d'ailleurs un principe connu, que c'est la *vulnérabilité* des hommes qui justifie la vie civile avec ce qu'elle comporte comme exigences morales.

En résumé, nous pouvons dire que chez Hobbes tout comme chez Heidegger la peur se présente à la limite comme une donnée naturelle, « automatique », instinctive, liée à la représentation d'un danger ou d'une menace réelle. Mais il semble que là se glisse une contradiction, puisque nous venons de dire que chez Hobbes, la peur peut porter sur un danger seulement possible. Mais ce possible est en fait quelque chose qui relève déjà de l'expérience humaine. Être attaqué et tué, être violé et dépossédé de ses droits, tout ceci constitue des faits qui sont possibles pour moi dans la mesure où je ne les ai pas encore vécus, mais qui sont réels dans la mesure où ils se sont déjà produits et continuent de se produire[149]. Liée à un danger réel la peur demeure une donnée de la condition humaine ; elle ne saurait donc être artificielle. C'est pour cette raison que Hobbes s'inscrit en faux contre l'efficacité de la peur religieuse surtout sur le plan politique, puisque celle-ci « *ne porte pas sur un danger réel affectant la vie d'un individu mais sur un objet qui échappe à l'expérience : le salut* »[150]

Chez Hans Jonas la situation paraît beaucoup plus complexe. En effet, la peur qui doit servir de fondement à l'éthique de la responsabilité, ne figure pas comme une donnée instinctive dans la mesure où son objet relève du purement possible, c'est-à-dire du non encore vécu. Il s'agit, dans ce cas, d'une peur artificielle, d'une peur que nous devons nous donner, que nous devons provoquer. Dans cette perspective, nous pouvons nous autoriser une autre interprétation du sens de l'expression «heuristique de la peur ». Plus haut nous avons dit qu'elle pourrait signifier *heuristique par la peur.* Selon ce sens, la peur n'est pas, *a priori,* l'objet de l'heuristique, elle n'est pas ce qu'il faut découvrir, mais ce qui sert à la découverte. Mais dans la mesure où ce que nous découvrons par la peur doit nous affecter, et où la peur ainsi éprouvée ne relève pas du donné naturel, nous pouvons affirmer que la peur appartient à l'horizon de ce qui est à découvrir. Cette peur

---

[149] Hans Jonas relevant ce point de la pensée de Hobbes affirme : la peur est la crainte de la mort violente qui « *est bien connue, toujours proche et elle provoque la peur extrême comme réaction la plus spontanée, la plus contraignante de la pulsion d'autoconservation innée de notre nature.* » In **Hans Jonas**, *Le principe responsabilité. Une éthique pour la civilisation technologique*, op. cit., p.51.

[150]**Marie-Geneviève Pinsart**, *Jonas et la liberté. Dimensions théologiques, ontologiques, éthiques et politiques,* Paris, éd. Vrin, 2002, p.175.

n'est pas purement « affective » ; il s'agit plutôt « *d'une peur de type spirituel qui en tant qu'affaire d'attitude est notre propre œuvre.* »[151] Nous donner cette peur, la découvrir, sont, à notre sens, interchangeables.

Enfin, nous pouvons retenir que, tandis que la peur chez Hobbes repose sur l'égoïsme individuel, puisqu'elle porte sur l'auto-conservation, chez Hans Jonas, elle s'affranchit de cet égoïsme et elle doit relever d'un exercice collectif. Dans ce sens, elle «*n'est pas réservée à une partie de la population, les scientifiques et les décideurs, et elle ne concerne pas que des activités exceptionnelles : elle s'impose à chacun dans les actions les plus ordinaires de la vie quotidienne.* »[152]Mais c'est parce que sa pratique doit être collective qu'elle ne peut pas, comme nous l'avons évoqué auparavant, s'accommoder avec la politique du pieux mensonge ou avec une forme dictatoriale du pouvoir politique. La politique du pieux mensonge implique que l'exercice de l'heuristique de la peur est le fait de l'élite gouvernante qui, soit parce qu'elle sous-estime la capacité des citoyens à la pratiquer, soit parce qu'elle est confrontée à une résistance de la part des citoyens, se contraint de leur voiler la vérité. Or, nous estimons que seul l'accès à la vérité sur les problèmes environnementaux et sur les risques liés à notre agir quotidien peut rendre politiquement efficace l'heuristique de la peur. Dans ce sens, l'heuristique de la peur doit s'inscrire dans le cadre d'un exercice démocratique du pouvoir. S'il y a une rationalité de la peur qui doit être politiquement féconde, elle doit consister en une rationalité discursive, elle doit s'inscrire dans la logique de la communication. Par conséquent, en lieu et place du mensonge, doivent prévaloir l'éducation et l'information du citoyen. Mais toutes ces considérations constituent une anticipation des idées qui seront développées dans la dernière partie consacrée à la discussion du problème de l'application politique de l'éthique de la responsabilité.

Parce qu'elle est artificielle, la peur donne lieu à autre une obligation, la seconde obligation morale, après le devoir primitif qui consiste à « *se procurer une idée des effets lointains* ». À propos de cette seconde obligation, Hans Jonas affirme : « *L'adoption de cette*

---

[151]**Hans Jonas**, *Le principe responsabilité. Une éthique pour la civilization technologique*, op. cit., p.51.

[152]**Marie-Geneviève Pinsart**, *Jonas et la liberté. Dimensions théologiques, ontologiques, éthiques et politiques,* op.cit., p.174.

attitude, ce qui veut dire l'apprêtement personnel à la disponibilité de se ***laisser*** *affecter par le salut ou par le malheur des générations à venir, quoique d'abord seulement imaginée, est donc la seconde obligation « liminaire » de l'éthique recherchée, après la première, consistant d'abord à provoquer un tel penser.* »[153] Mais si la peur appartient à l'horizon de ce qui est à découvrir, il faut se garder de conclure par-là qu'elle constitue, à proprement parler, l'objet de l'éthique. Il n'y a pas d'identification possible et immédiate de l'éthique de la responsabilité à une *éthique de la peur*. Ce n'est pas la peur qui constitue l'objet fondamental et exclusif de la réflexion éthique ici. L'éthique de la responsabilité est une éthique de la préservation, non de la peur, mais de l'existence physique et de la dignité de l'homme. Si la peur qui doit fonder l'éthique de la responsabilité se rapporte, non à l'immédiat et au présent, mais à ce qui peut se produire dans l'avenir, il devient compréhensible que l'éthique environnementale puisse se concevoir comme une *éthique du futur*. En fondant l'éthique non sur la représentation d'un bien suprême (qu'il soit individuel ou collectif), mais sur l'idée d'un mal extrême (non personnel mais collectif, non immédiat mais à venir), Hans Jonas s'éloigne non seulement des éthiques classiques du bonheur tel l'eudémonisme aristotélicien, mais encore il se démarque de toute éthique rationnelle pure, simplement formelle, à l'image de la philosophie morale de Kant. Ces idées seront développées dans la suite de notre propos. Pour l'instant nous nous tenons à la conclusion que, au regard des considérations précédentes, l'éthique de la responsabilité en tant qu'éthique environnementale ne peut espérer obtenir ses assises des philosophies antérieures et plus particulièrement de la pensée de Heidegger. L'ontologie qu'il fonde « dérive » dans une philosophie de l'existence à partir de laquelle peut se déceler une certaine éthique.

En effet, la distinction entre une existence authentique et une existence inauthentique comporte une portée éthique. Avec une telle distinction semblent s'ouvrir deux voies, deux possibilités de vie pour l'homme : soit qu'il s'enfonce dans la banalité de la vie quotidienne qui lui voile le sens véritable de son être ; soit il réagit contre la situation primitive de déréliction et parvient, par l'effort de la réflexion, c'est-à-dire par la décision à la philosophie, à se dégager

[153] **Hans Jonas**, *Le principe responsabilité. Une éthique pour la civilisation technologique*, op.cit., p.51.

l'horizon d'une existence pleinement assumée dans laquelle il récupère productivement son passé, assume l'angoisse et la mort. Mais cette option exprime une forme de vie possible, la vie proprement philosophique qui n'est pas accessible à tout le monde, dans la mesure où elle implique la conversion à la philosophie. Il y a comme une pensée de la responsabilité, comme une éthique de la responsabilité, mais il s'agit de la responsabilité de l'individu à l'égard de sa propre existence, responsabilité liée à l'engagement personnel à philosopher. Dans ce sens, une telle éthique se tient éloignée d'une éthique de la responsabilité entendue comme éthique environnementale. Autrement dit, le concept de responsabilité en vigueur dans l'éthique de l'environnement ne peut être puisé à la source de la philosophie de Heidegger, pas plus qu'à la source de la phénoménologie husserlienne.

Husserl ne se tient pas en effet fermé à toute idée de la responsabilité. Il y insiste dans ses écrits consacrés à l'interprétation de la crise des sciences et de l'humanité européennes, écrits considérés d'ailleurs comme un infléchissement de sa pensée. On se souvient de sa fameuse déclaration selon laquelle les philosophes sont des fonctionnaires de l'humanité ! Les philosophes sont responsables du sens, c'est à eux que revient la tâche de sauver l'humanité du naufrage dans lequel l'ont conduite les sciences positives. C'est pour cela qu'il ne peut y avoir de salut que dans la philosophie, que dans la conversion de l'humanité à la vraie philosophie. Du coup, la philosophie devient une tâche infinie, un projet infini dont la réalisation doit être l'œuvre de plusieurs générations. De cette manière, la responsabilité devient une responsabilité collective, toutes choses qui semblent ici se conformer aux exigences de l'éthique jonassienne. Car, cette dernière se présente comme une éthique de la collectivité, ce qui justifie sa dimension politique. Mais cette éthique de la collectivité n'implique pas l'éducation ou la conversion à la philosophie ; elle exige, bien au contraire, l'éducation à la prise de conscience des problèmes écologiques. La responsabilité envisagée ici n'est plus celle du philosophe, mais celle de tout le monde. Car ce qui est en jeu en priorité, c'est l'existence physique de l'homme naturel.

Conclusion

Dans le projet de la fondation de l'éthique de la responsabilité, la science qui est sollicitée reste insuffisante au point que Hans Jonas va recourir à un principe alternatif : celui de *l'heuristique de la peur*. La thèse consiste à dire qu'à défaut d'une claire connaissance des conséquences des effets lointains de nos actions présentes, nous devons appliquer le principe de la crainte qui oblige alors à la précaution. Nous ne pouvons pas attendre d'être certains avant d'agir. Dans la logique de Hans Jonas, le savoir dont l'éthique a besoin n'est pas seulement de nature scientifique ; il est aussi d'ordre métaphysique. La question posée était alors de savoir si les discours métaphysiques antérieurs avaient quelque chose à dire à ce sujet. C'est dans cette perspective que nous nous sommes intéressé à la phénoménologie contemporaine, à travers les figures de Husserl et de Heidegger. Mais l'analyse de leurs doctrines débouche sur un résultat négatif. Ni l'une ni l'autre ne peuvent servir de fondement à l'éthique de la responsabilité. L'éthique environnementale ne peut emprunter ses arguments à Husserl qui fonde sa pensée sur la doctrine de l'*ego pur*. En revanche, les principes constitutifs de la pensée de Heidegger auraient dû lui permettre d'élaborer une pensée éthique conséquente. Malheureusement, souligne Hans Jonas, le discours qu'il construit ne permet pas de conclure de l'être au devoir. D'abord le concept d'existence chez lui ne s'applique qu'à l'humain ; ensuite, objecte Hans Jonas, Heidegger ne précise pas ce pour quoi ou ce contre quoi l'individu doit se résoudre à rompre avec la quotidienneté afin de s'ouvrir à une existence authentique. Ou du moins, ce pour quoi le Dasein s'engage à s'ouvrir à une existence authentique n'est pas un objet qui, possédant une valeur en lui-même, nous obligerait à son égard.

La mort est ce qui est en jeu dans l'éthique du futur. Si l'éthique doit permettre la permanence de la vie sur terre, c'est bien parce que cette vie est menacée, qu'une mort globale guette l'humanité. Mais chez Heidegger, la mort est approchée comme mort de l'individu. Elle ne peut être un problème philosophique qu'à la condition que l'homme en prenne conscience, non comme ce qui affecte l'autre, puisqu'on n'en fait jamais une expérience personnelle, mais comme ce qui, à tout moment me menace dans mon existence. Au sujet de la mort, Hans Jonas conclut que chez Heidegger il ne s'agit que d'une « mortalité bien abstraite » qu'il faut prendre en compte « *pour inciter au sérieux de l'existence. En ignorant son fondement concret, cette interprétation de l'intériorité se barrait un accès important, dispensateur de contenu, à l'éthique en soi, qui, à défaut d'un tel accès, est restée prisonnière d'un vain décisionnisme.*»[154]L'éthique de la responsabilité considère que ce n'est pas la mort de l'individu qui pose problème, et c'est pour cette raison que l'individu peut se suicider ; ce qui constitue le véritable problème, c'est la disparition de l'humanité entière qui, par contre, n'a pas droit au suicide.

L'infécondité de la pensée de Husserl et l'incomplétude de la philosophie heideggérienne *confirment en fin de compte la thèse du vide éthique : non seulement aucune éthique, mais encore aucune métaphysique antérieures ne peuvent servir de fondement à la nouvelle éthique.* Ce que celle-ci réclame aujourd'hui, dans le contexte de la crise écologique, c'est la refondation de la métaphysique ou de l'ontologie, refondation sans laquelle l'éthique de la responsabilité ne pourrait se construire. Le postulat de Hans Jonas, en ce qui concerne cette nouvelle métaphysique, consiste à dire qu'elle doit nous fournir une conception de l'être telle, que nous puissions conclure à la nécessité de son existence. Elle doit être telle, qu'elle conduit au *oui* à l'être, qui implique que nous nous imposions des obligations, et non pas au *non*, au refus de l'être, qui pourrait alors donner lieu à des actes dont le résultat ne peut être que la catastrophe. Mais sur quoi doit reposer une telle conception ? Où trouver les fondements d'un tel discours ontologique, à partir du moment où les doctrines classiques sont déclarées obsolètes ? S'agit-il de créer de nouveaux concepts ou d'étendre davantage ceux qui existent déjà ? Car, s'il existe un *vide éthique*, c'est parce que les discours philosophiques classiques, les concepts et même les méthodes qui les caractérisent ne peuvent pas répondre, en tant que cadres théoriques, aux nouvelles exigences en matière d'éthique. Mais existe-t-il alors des catégories ou des concepts qui peuvent nous éclairer dans ce sens ?

---

[154] **Hans Jonas**, *Pour une éthique du futur,* op.cit., p.40.

Deuxième partie

Analytique des concepts fondamentaux de l'éthique de la responsabilité

PREMIER CHAPITRE

FINALITÉ ET VULNÉRABILITÉ : CONCEPTS MÉTAPHYSIQUES, FONDEMENTS DE L'ÉTHIQUE DE LA RESPONSABILITÉ

Lorsqu'il était question d'exposer les principes des différentes tendances en matière d'éthique de l'environnement, il a été souligné que, d'après la thèse fondatrice de la position holistique radicale, il est moralement nécessaire de reconnaître dans la nature des valeurs intrinsèques, indépendamment de tout acte d'évaluation humaine consciente. Le problème qui se pose consiste à prouver l'existence de telles valeurs qui doivent en même temps constituer des sources d'obligations éthiques ; elles doivent être telles, qu'elles interpellent notre responsabilité à l'égard de la nature. Pour satisfaire à cette tâche, Hans Jonas s'attache d'abord à une analyse du concept de la finalité, puisque le plus souvent le concept de valeur et celui de fin sont étroitement liés. Pour savoir en quoi la nature possède des valeurs propres, on pourrait chercher à savoir si le concept de fin s'applique à elle et si cette fin ne lui est pas extérieure mais lui est immanente. Dans cette logique, on trouve chez Hans Jonas des affirmations à travers lesquelles certains critiques perçoivent dans sa philosophie une orientation écocentrique radicale. *Dans Le Principe responsabilité,* on peut lire en effet ce qui suit : « *la fin comme telle est domiciliée dans la nature* »[155] ou encore de manière encore plus explicite : « *Remarquons que nous nous intéressons au concept de nature au nom de la théorie de la fin et non que nous nous intéressons au concept de la fin au nom de la théorie de la nature. Nous voulons – en dernière instance au nom de l'éthique – élargir le site ontologique de la fin comme telle en allant de ce qui se manifeste à la fine pointe du*

[155] **Hans Jonas**, *Le principe responsabilité. Une éthique pour la civilisation technologique*, op. cit., p.107.

sujet vers ce qui est latent dans l'épaisseur de l'être… »[156] Ces propos de Hans Jonas figurent dans le chapitre intitulé « Les fins et leur position dans l'être », chapitre qui précède celui qui est décisivement consacré à la théorie de la responsabilité. Le discours ou la théorie sur la fin se construit comme une préparation à la théorie de la valeur, théorie qui doit permettre de satisfaire au présupposé fondamental de toute éthique environnementale : le passage de l'être au devoir et l'élargissement du champ de l'éthique à la sphère non humaine, c'est-à-dire à la nature. Dans cette perspective, c'est bien la théorie de la fin qui justifie les considérations sur le concept de nature et non l'inverse. Il apparaît que l'idée de la fin ne se limite pas à la sphère de la subjectivité consciente ; elle déborde, du point de vue de Hans Jonas, ce cadre, et se manifeste dans l'univers des réalités naturelles inconscientes ou involontaires. Pour comprendre une telle position et savoir si elle correspond à une option holistique radicale, nous nous proposons de suivre l'analyse par Hans Jonas du concept de la fin. Nous verrons aussi que ce n'est pas seulement la finalité, étendue à la nature, qui décide de la valeur d'un être et qui justifie l'exigence éthique d'un élargissement du « *site ontologique* » ; mais au concept de finalité s'ajoute celui de la vulnérabilité ou de la fragilité d'un être qui constitue la source d'un devoir à son égard.

I.1. Sur le concept de fin

C'est dans le chapitre III du *Principe responsabilité* que se développe la théorie jonassienne de la finalité, chapitre qui est préparatoire à la théorie de la responsabilité au chapitre suivant. Ce concept apparaît aussi dans ses écrits sur le phénomène de la vie et sur les questions de la bioéthique. Il indiquera d'ailleurs, à la fin du chapitre, qu'avec la théorie de la fin, l'éthique recherchée a gagné une de ses batailles décisives. Dès le début du chapitre, il en appelle à la nécessaire élucidation du sens des concepts « fin » et « valeur » que le sens commun confond hâtivement. De son point de vue, « *une fin est ce en vue de quoi une chose existe et pour la production ou la conservation de laquelle a lieu un processus ou est entreprise une action.* »[157] Ainsi la fin n'est-elle pas seulement ce qui est posé dans un

---

[156] *Ibidem.* p.104.

[157] **Hans Jonas**, *Le principe responsabilité. Une éthique pour la civilisation technologique*, op. cit., p.79.

objet naturel ou artificiel et qui précise ce à quoi il est destiné ; elle fait partie des causes ou des motivations d'une action, d'un acte de production. Dans ce sens, affirmer d'une chose que ceci constitue sa fin ne revient pas nécessairement à formuler un jugement de valeur. Le jugement qui affirme la fin peut n'être qu'une simple description qui n'en dit rien encore sur la « bonté » ou la « malignité ». L'avion de chasse à pour fin de « chasser », de traquer et de tuer l'ennemi ; un marteau sert à marteler etc. Mais ce ne sont pas là des jugements dans lesquels il va de la valeur de l'avion de chasse ou du marteau. On peut disserter en effet sur la valeur de l'acte de tuer, sur l'importance de la violence militaire dans le règlement des conflits. À propos du marteau, Hans Jonas affirme qu' « *il se peut que je trouve un état de nature sans marteau meilleur qu'un état de civilisation dans lequel on enfonce des clous dans les parois…* »[158] Mais de la description de la fin, je peux passer au jugement de valeur. Ce jugement peut d'abord porter sur l'efficacité technique de l'outil ou de l'objet considéré. Il s'agit alors de mesurer la manière dont il atteint sa fin. Il devient possible, dans ce cas, de classer les objets d'une même série en fonction de leur qualité. Cependant, avertit Hans Jonas, le jugement portant sur l'efficacité technique ne repose pas « *sur des décisions de valeur ou des fixations de fins de ma part : ils sont dérivés de l'être des choses.*»[159] La valeur, l'efficacité technique, peut n'avoir rien de moralement acceptable. Ce qui implique que ce premier niveau d'appréciation peut être dépassé à travers la mise en question des fins elles-mêmes. À partir de là, l'analyse de Hans Jonas s'oriente vers deux questions fondamentales : la première concerne l'essence des fins, et la seconde porte sur la valeur en elle-même. L'investigation sur l'essence des fins se ramène à la détermination de ce qu'est une fin en soi. On peut se référer à Aristote pour s'en faire une idée immédiate. Dans le domaine pratique, la fin en soi peut se définir comme étant la fin suprême au-delà de laquelle aucune autre fin ne peut être poursuivie. Toutes les autres fins y deviennent relatives. Dans ce sens, puisque toute activité vise une fin, la fin en soi ne saurait désigner ce que vise n'importe qu'elle activité, mais celle qui est la plus haute. Or, dans l'activité la plus haute se réalise la fonction la plus haute de l'homme, c'est-à-dire sa nature : la pensée et la vie politique. Dans le domaine intellectuel, les sciences théorétiques sont

[158] *Ibidem,* p.79.
[159] *Ibidem,* p80.

supérieures à toute autre forme de connaissance, en ce qu'elles n'ont pas leur fin en dehors d'elles-mêmes.

Dans la philosophie morale de Kant, l'idée de fin en soi ne s'applique exclusivement qu'à l'homme, le seul sujet moral, en ce qu'il est capable d'autonomie, c'est-à-dire de se donner ses propres lois. C'est en vertu de cela qu'il est la seule créature qui doive être éduquée. D'une certaine manière, nous pouvons dire que chez Hans Jonas, l'idée de fin en soi se pose de manière problématique : il s'agit de la déterminer ou de la concevoir de telle sorte que, pour l'intérêt de la doctrine de la responsabilité, soit possible le passage de l'être au devoir, mais aussi qu'elle puisse s'étendre à la sphère non-humaine, c'est-à-dire à la nature en général. Dans ce sens, la question à laquelle il faut d'abord répondre peut se formuler ainsi : existe-t-il des fins qui ne soient pas déterminées par la subjectivité humaine consciente ? Peut-on parler d'une subjectivité en dehors de la sphère humaine, en l'occurrence chez l'animal ? N'y a-t-il pas de la finalité dans la nature préconsciente ?

Au terme de l'investigation, le premier résultat auquel Hans Jonas parvient consiste dans l'affirmation que, aussi bien dans la nature que dans les productions humaines (créations techniques, artistiques, mais aussi institutions humaines, telle que la cour de justice), il existe de la finalité, mais il s'agit d'une finalité posée par la subjectivité humaine. Pour s'en convaincre, il suffit de remarquer qu'au niveau de l'outil technique par exemple, il y a une séparation entre la fin de l'outil et celle de sa fonction. Un marteau, dont la fin immédiate est de marteler, peut rester inutilisé ; en martelant, il remplit sa fin d'outil sans laquelle il n'a pas de sens. Il peut être utilisé pour autre chose. Mais ce qui est décisif, c'est qu'à chaque fois, la finalité en lui présuppose une intention ou plus précisément la volonté humaine. Elle ne correspond pas à une autoposition du marteau lui-même. Elle est le fruit d'une causalité externe. Ce qui est vrai du marteau l'est aussi pour l'organe en tant qu'exemple d'outil naturel, non fabriqué par l'homme. La possession des organes, surtout des organes externes, n'implique pas nécessairement leur utilisation. Il en est ainsi des jambes : les posséder et marcher sont deux choses différentes. Elles sont faites pour la marche, ce qui désigne leur but. Mais la marche ne se produit pas systématiquement pour autant que l'on en possède les moyens : « *Le moyen,* dit Hans Jonas, *est donné par la nature et il est vivant, une partie de l'utilisateur vivant lui-même, mais il ne se met pas lui-même en action et sa possession ne veut pas encore dire sa mise en action. Ce ne sont pas les jambes qui marchent, mais le marcheur marche avec elles...* »[160] L'accomplissement de la fin dépend donc d'une décision volontaire du sujet. Par ailleurs, la fin qui motive la marche ne se confond pas avec la fin propre aux jambes comme outils. On ne marche pas pour marcher, mais afin de se rendre par exemple à l'école, afin d'y suivre les cours, afin de pouvoir affronter l'examen avec une certaine assurance, afin de pouvoir poursuivre ses études au supérieur, et ainsi de suite. Du point de vue du sujet, les fins peuvent donc s'enchaîner de manière infinie ou se rassembler en un but final ; dans la série des fins, les unes se transforment en moyens pour atteindre les autres. Un tel enchaînement peut se remarquer même chez les animaux, avec cependant la différence qu'à ce niveau, elle semble correspondre à des déterminations purement mécaniques et non à des intentions volontairement conçues par l'animal. Celui-ci ne répondrait qu'à l'injonction de l'instinct. Dans ce sens, on pourrait soutenir que l'idée de finalité n'est pas applicable à l'animal dans la mesure où il serait incapable d'anticiper la fin lointaine qui détermine la poursuite des fins intermédiaires. Mais Hans Jonas montre que, même dans ce cas, il existe un élément psychique, non rationnel certes, mais suffisant pour attester la réalité de la finalité dans l'agir animal. Cet élément psychique n'est rien d'autre que le sentiment. Par exemple, c'est le sentir de la faim qui détermine chez l'animal la fin globale qui provoque la série des actes susceptibles de favoriser sa réalisation. Cette fin globale n'est rien d'autre que l'assouvissement de la faim. On peut donc accepter l'idée d'une subjectivité animale si peu élaborée soit-elle, qui motive l'agir des êtres de cette catégorie.

La conclusion qui s'impose ici consiste dans l'affirmation de l'origine subjective de la position des fins dans l'être, à travers ses possibles modalités : l'objet technique, l'organisme vivant, les institutions humaines. L'organisme se détermine comme un ensemble d'organes, c'est-à-dire comme un complexe d'outils dont le fonctionnement maintient en vie l'être organisé. Or, à l'idée d'outil se joint nécessairement celle de la finalité. L'être vivant, parce qu'il est organisé est finalisé. Il y a de la finalité dans la nature, dans les moyens naturels, au même titre que dans les moyens artificiels. Seulement, la subjectivité consciente demeure déterminante dans la

[160] *Ibidem*, p87.

position des fins. Cette subjectivité déborde le cadre de la subjectivité humaine pensante, rationnelle. Ainsi, peut conclure Hans Jonas, ce qui n'est pas moindre par rapport au projet de fondation de l'éthique de la responsabilité : *«Nous pouvons donc dire avec quelque assurance que le domaine des mouvements corporels volontaires chez l'homme et chez l'animal...est un lieu de détermination réelle par des fins et des buts qui sont accomplis objectivement par les mêmes sujets qui les entretiennent subjectivement : qu'il existe un « agir » dans la nature. Cela implique que l'efficience des fins n'est pas liée à la rationalité, à la réflexion et au libre arbitre, donc à l'homme.* »[161]

Mais si une telle conclusion constitue une étape importante dans la pensée de Hans Jonas, elle ne répond pas encore de manière complète à la question ici posée : celle de savoir s'il existe des fins non subjectivement déterminées. Dans la suite de ses considérations sur la fin, il va s'efforcer de prouver que même dans les structures les plus basses de l'être, dans les réalités préconscientes, l'idée de la finalité n'a rien d'absurde. Le terme préconscient ne renvoie pas, dans ce contexte, à sa signification psychanalytique ; il a un sens historique. Il renvoie en effet à la période de l'évolution de la nature qui précède l'apparition de la subjectivité, surtout sous sa forme élaborée : la subjectivité humaine. Hans Jonas s'efforce de montrer que la subjectivité elle-même doit être vue comme répondant à une téléologie de la nature. Pour cela, il s'inscrit en faux contre l'hypothèse dualiste de la séparabilité de l'âme et du corps, mais aussi contre le monisme matérialiste[162] qui considère l'émergence de la subjectivité comme une rupture dans l'évolution de la nature.

---

[161] *Ibidem*, p.97.

[162] À propos du monisme et du dualisme dans l'interprétation du sens de l'être, le texte de Hans Jonas intitulé *Le phénomène de la vie*, qui se présente comme une esquisse de la fondation d'une biologie philosophique, est très instructif. L'objet de l'écrit, dans son ensemble, consiste à proposer une interprétation du phénomène du vivant qui se situe au-delà de l'existentialisme contemporain et de la science biologique. Tandis que le premier nie le corps et donne une priorité à la conscience (idéalisme), le second s'efforce, dans le souci de se conformer aux principes de la science positive expérimentale, de réduire le vivant à sa dimension purement physique, corporelle (matérialisme-mécaniste). En fait chez Hans Jonas, le vivant (l'organisme) constitue un paradigme, le paradigme le plus adéquat pour repenser à nouveaux frais l'ontologie, la science de l'être. Ainsi dira-t-il que *« le corps organique signifie ...la crise de toute ontologie connue et le critère de « toute ontologie future qui pourra se présenter comme science ». »* (p.29) Or l'ontologie connue jusqu'ici consiste, soit dans le monisme panvitaliste qui précède le monisme

Selon l'hypothèse mécaniste fondée sur le dualisme corps/esprit, il n'y a de fin que posée par une subjectivité consciente, pensante. L'être vivant, l'animal possède le même statut qu'une simple machine : l'ensemble des organes en constitue la structure dont le fonctionnement produit la vie ; mais on ne peut pas conclure qu'il s'agit d'une réelle téléologie, dans la mesure où le fonctionnement est purement instinctif. Dans le cas de la machine, la finalité est simplement liée à la fabrication ; elle n'a pas lieu dans le fonctionnement. Dans cette logique, le dualisme rend impossible l'idée de fins immanentes dans la nature. Et même, objecte Hans Jonas, cette hypothèse dualiste-mécaniste est ontologiquement absurde et violente : *« C'est précisément cela, à savoir un royaume autonome d'une transcendance efficiente et immatérielle, que doit postuler la théorie de l'ingression et même si c'est logiquement irréprochable, c'est pourtant la plus indémontrable et en outre ontologiquement la plus violente de toutes les hypothèses concevables – ce qui ne l'a pas empêchée d'être la plus puissante dans l'histoire de l'effort pour penser l'énigme de l'âme.»*[163] Elle est l'hypothèse la plus violente, puisque sur elle se fonde l'idée de la supériorité de la subjectivité pensante qui est alors commise à la domination de la nature. Mais l'hypothèse est aussi ontologiquement indémontrable. En effet, la séparabilité du corps et de l'âme, le postulat d'une réalité

---

panmécaniste qui émerge à partir de la Renaissance, soit dans le dualisme qui se fonde sur la séparabilité de la matière et de l'esprit, soit dans les deux nouveaux monismes issus du développement du dualisme : le monisme idéaliste et le monisme matérialiste. Pour Hans Jonas toutes ces approches de l'être constituent des discours partiels, alors que toute ontologie sérieuse doit être intégrale, englobante ; dans ce sens elle doit se donner comme objet le réel psychophysique que manifeste l'organisme, en qui il y a bien coïncidence entre l'intériorité et l'extériorité. Or la prise en compte de la dimension matérielle de l'être prépare à la fondation, non seulement d'une éthique concrète, mais encore d'une éthique ouverte, capable d'englober la vie dans son ensemble. C'est pour cela que, malgré sa critique du monisme matérialiste, Hans Jonas le présente comme l'hypothèse la plus acceptable par rapport au monisme idéaliste, qui rend impossible la pensée de la mortalité, donc de la vulnérabilité. Cette ontologie englobante permet également de comprendre pourquoi *« l'organique, même dans ses formes les plus inférieures, préfigure l'esprit, et l'esprit, même dans ce qu'il atteint de plus haut, demeure partie intégrante de l'organique.»* (p.13) L'organique manifeste donc bien la finalité. Cf. **Hans Jonas**, *Le phénomène de la vie. Vers une biologie philosophique*, trad. par Danielle Lories, Bruxelles, éd. Deboeck Université, 2001.

[163]**Hans Jonas**, *Le principe responsabilité. Une éthique pour la civilisation technologique*, op. cit., p.100.

indépendante de la matière qui, ensuite, vient l'habiter, conduit à penser l'antériorité de ce principe ou de cette réalité par rapport à la matière qu'elle informe. Mais sur le plan ontologique, l'existence d'une telle réalité n'a jamais été prouvée.

D'un autre côté, la théorie moniste qui s'oppose au dualisme n'est pas non plus à tout point de vue acceptable. Le monisme se fonde sur l'idée matérialiste – ce qui ne veut pas dire que tout monisme est matérialiste – qu'il peut y avoir de la matière sans esprit et non le contraire. De ce point de vue, esprit et matière sont contemporains, et l'esprit, la subjectivité n'émerge que plus tard, au cours de l'évolution de la nature. Aux yeux de Hans Jonas, l'erreur essentielle du monisme consiste dans l'affirmation selon laquelle, lorsque la subjectivité apparaît, nous sommes en présence d'une rupture, d'une discontinuité : elle n'est pas présupposée dans les stades antérieurs du développement. Or pour Hans Jonas l'émergence de la subjectivité ne peut logiquement être conçue que comme le terme d'une téléologie de la nature. Dans ce sens pourrait être acceptée l'idée d'une fin non mentale, c'est-à-dire non liée à la subjectivité consciente. Il admet que, lorsque l'on redescend en deçà de l'être en partant de l'homme, on passe certes de la représentabilité la plus exacerbée (la conscience humaine) à la disparition du représentable en tant que tel, par exemple chez les êtres où la sensibilité n'existe pas.

Or si l'idée de fin n'est recevable que chez l'être qui se trouve dans la capacité de la connaître par anticipation, l'anticipation étant l'un des actes fondamentaux de la conscience, on serait tenté de nier son existence dans les structures inférieures de l'être. Mais même dans ce cas une telle négation constituerait pour Hans Jonas une erreur. Pour lui, nous sommes toujours « en présence de la « subjectivité », *« mais en présence d'une subjectivité tellement élargie que le concept d'un sujet individuel y disparaît progressivement et quelque part la série se perd dans ce qui est sans sujet.»*[164] Mais dans ce qui est sans sujet l'idée de fin devient-elle absurde ? *« Pas nécessairement,* répond Hans Jonas. *« Au contraire : dans la direction opposée, ascendante, on ne pourrait pas du tout comprendre que la tendance subjective avec sa particularisation aurait émergé en dehors de toute tendance(...). En tout cas répétons-le, de même que le subjectif manifeste .... est quelque chose comme un phénomène de surface émergé de la nature, de même il prend également racine en celle-ci et*

[164] *Ibidem*, pp.106-107.

est en continuité essentielle avec elle : de sorte que l'une et l'autre participe à la " fin ".»[165]

Ce passage contient l'essentiel des idées qui justifient l'inclination de Hans Jonas vers le fondamentalisme en ce qui concerne la théorie de l'éthique environnementale. On y retrouve, en effet, l'extension de la subjectivité au-delà de la sphère non-humaine, ce qui marque une rupture par rapport à la philosophie classique. Cet élargissement révèle également, *a priori,* une position anti-spéciste qui rejette la supériorité de la subjectivité consciente humaine sur le reste de la nature : si l'homme est un être d'anti-nature, comme l'affirmera plus tard Luc Ferry, ce privilège lui-même tire son origine comme d'un plan de la nature. On peut donc conclure à ce niveau au rejet de l'anthropocentrisme classique par Hans Jonas. En résumé, on retiendra donc que pour Hans Jonas la finalité s'inscrit dans la nature entière, jusques dans ses structures les plus élémentaires, les plus inconscientes. C'est pour cette raison qu'abordant les questions de la bioéthique, il va considérer comme étant moralement négatif le fait de vouloir détourner les organismes de leur finalité immanente, naturelle.

Il a été dit au départ que la théorie de la fin servait de propédeutique à celle de la valeur en tant que cette dernière doit servir comme fondement de la responsabilité nouvellement pensée. Il s'agit d'établir que la capacité d'avoir une fin constitue une valeur. La thèse de Hans Jonas consiste à soutenir qu'« *en entretenant des fins ou en ayant des buts... la nature pose également des valeurs* »[166] ; par-là l'éthique franchit un pas : la nature devient un sujet[167] moral et un objet de responsabilité, parce qu'il suffit de montrer que la fin et la valeur font partie de « *l'équipement de l'être* » et du même coup, le gouffre entre l'être et le devoir se trouve résorbé. En effet, si l'être se détermine par la finalité il se pose en même temps comme ce qui est voulu ou doit l'être, puisque la fin se détermine comme un bien. La représentation de l'être entraîne son vouloir, c'est-à-dire sa préférence par rapport au néant. Et lorsqu'il est question de la fin en soi, il s'agit de prouver que la finalité peut se concevoir comme étant telle, et nous entrons en possession de l'idée de la valeur en soi. Sur cette base, il devient

---

[165] *Ibidem.*

[166] *Ibidem*, p. 115.

[167] « *Et à présent il faudrait dire à propos d'une « subjectivité » de la nature qu'elle n'est ni particulière ni arbitraire, et que par rapport à nos désirs et à nos opinions privées elle a tous les avantages du tout par rapport à la partie, du durable par rapport au transitoire, de l'immense par rapport à l'infime.*» *Ibidem*, p.111.

possible de fonder la première obligation, sans doute inconditionnelle, à partir de laquelle peuvent se déduire toutes les autres obligations et les nouvelles dimensions de la responsabilité. C'est la tâche à laquelle Hans Jonas se livre dans le chapitre IV. Cette tâche constitue un moment décisif de la doctrine.

I.2. Du concept de vulnérabilité

La notion de vulnérabilité figure parmi les concepts centraux sur lesquels Hans Jonas fonde sa théorie éthique de la responsabilité. Mais il convient de remarquer, d'entrée de jeu, qu'une telle considération ne s'inaugure pas avec lui. On pourrait soutenir que toute théorie justificatrice de la vie sociopolitique, et que toute théorie morale se fondent, en arrière-plan ou explicitement, sur ce concept. La vulnérabilité d'un être désigne sa fragilité : il se trouve, non seulement constamment exposé à des dangers, mais encore il ne dispose pas *a priori* de moyens pour se défendre contre ces menaces. Sur le plan social, certaines couches de la population sont parfois considérées comme plus vulnérables que d'autres par rapport, par exemple, à des maladies ou aux conséquences liées aux conflits. La conscience de cette vulnérabilité engage parfois à des actions ou à des prises de décision qui visent la protection de ces personnes, ce qui correspond déjà à une attitude « éthique ». Mais dans le fond, la vulnérabilité est constitutive de la nature de l'homme. De tous les êtres de la nature, il apparaît comme le plus faible, ne disposant d'aucun moyen physique naturel pour affronter les obstacles qui s'opposent à la conservation de son être. Il est contraint à des efforts de création d'outils, de telle sorte que l'ensemble de toutes ses activités, en les ramenant au besoin de sécurité, peuvent s'expliquer par la conscience de sa vulnérabilité.

La société, la cité fait partie de ses créations, à supposer, n'en déplaise à un Aristote, qu'elle n'est pas une réalité naturelle mais conventionnelle. Le même Aristote avait déjà établi que ce n'est pas seulement pour vivre ensemble mais pour *bien vivre* que les hommes acceptent l'existence collective ou que se justifie une telle existence. Ce qui signifie que la vie heureuse à laquelle aspire tout homme n'est pas possible dans une vie solitaire puisqu'elle implique l'autosuffisance, alors que personne par lui-même ne saurait se suffire. Vulnérable dans son aspiration au bonheur, il doit s'engager dans la vie en communauté.

C'est encore par le concept de vulnérabilité que peuvent être interprétées toutes les théories contractualistes de l'Etat, celle de Hobbes ou de Jean-Jacques Rousseau. Tous insistent sur le besoin de sécurité, de paix et de liberté comme fondements de la vie politique. Nul n'est besoin de revenir sur la théorie de Hobbes qui a déjà été évoquée à l'occasion de l'analyse du concept de la peur. Mais l'on peut ajouter ici l'idée que la conscience de la vulnérabilité qui se trouve au fondement de la société justifie l'édification des règles, des lois, des valeurs sur lesquelles s'organise la vie communautaire. Elle est donc à l'origine, non seulement du droit, mais aussi des devoirs de vertu. Ce n'est pas seulement à l'égard de dangers extérieurs que l'homme est vulnérable. Le danger peut se trouver à l'intérieur de lui-même. Pour Spinoza « *la béatitude n'est pas le prix de la vertu, mais la vertu elle-même* »[168]. Or la béatitude, le bonheur n'est pas détachable de la liberté. L'homme libre est l'homme heureux. Mais la béatitude ou la liberté subit constamment la menace qui provient, non de la nature extérieure, mais des mauvais désirs et des mauvaises passions. Ici la fragilité de l'homme s'explique à partir de lui-même. Le moyen dont il dispose pour y faire face n'est rien d'autre que la sagesse, c'est-à-dire la connaissance véritable de la nature des passions. Il doit également s'engager dans la vie communautaire car « *l'homme qui est dirigé par la Raison, est plus libre dans la Cité où il vit selon le décret commun, que dans la solitude où il n'obéit qu'à lui-même.*»[169]Ces exemples suffisent à montrer que toute existence sociale, que toute théorie politique et morale présuppose la vulnérabilité de l'homme, et il s'agit alors de l'en protéger. Ils prouvent aussi ce que nous avons énoncé plus haut : fonder l'éthique sur la vulnérabilité n'est pas proprement une invention jonassienne. La question se pose alors de savoir ce que Hans Jonas apporte de nouveau quand il se sert de ce concept pour fonder l'éthique de la responsabilité.

La réponse à cette question paraît d'emblée simple : conformément au principe de toute éthique environnementale, Hans Jonas ne réduit pas la vulnérabilité à l'homme, mais l'élargit à la nature entière. Dès le début du *Principe Responsabilité*, il évoque l'idée de la vulnérabilité de la nature : «*Qu'on considère par exemple, comme*

---

[168] **Spinoza**, Œuvres complètes III, *Ethique, Démontrée suivant l'ordre géométrique et divisée en cinq parties,* trad. par Charles Appuhn, Paris, éd.Flammarion, 1965, p.341.
[169] *Ibidem,* p.290.

première modification majeure survenue à l'image héritée, la ***vulnérabilité*** *critique de la nature par l'intervention technique de l'homme –une vulnérabilité qui n'avait jamais été pressentie avant qu'elle ne se soit manifestée à travers les dommages déjà causés.* »[170] La vulnérabilité de la nature n'est pas une simple idée, elle correspond à une réalité attestée par les conséquences de l'action humaine sur la nature. En d'autres termes, c'est la crise écologique qui se manifeste à travers la détérioration de l'environnement qui justifie l'idée d'une vulnérabilité de la nature. Pour Hans Jonas, cette découverte qui serait à l'origine de l'émergence de la science écologique constitue une révolution dans le domaine de la pensée éthique, révolution sur laquelle l'on doit désormais réfléchir. Car elle induit des questions, celles-là même que nous sommes en train d'examiner : si la vulnérabilité de la nature est une nouveauté, si la nature devient un objet de responsabilité, « *quel type d'obligation s'y manifeste ? Est-ce simplement la prudence qui recommande de ne pas tuer la poule aux œufs d'or ou de ne pas scier la branche sur laquelle on est assis ? Mais le « on » qui y est assis et qui tombe peut-être dans l'abîme : qui est-ce ? Et quel est* ***mon*** *intérêt à ce qu'il soit assis ou qu'il tombe ?* »[171]

C'est à travers l'analyse du concept de vulnérabilité que Hans Jonas tente de déterminer le type d'obligations qui constituent le contenu de la nouvelle éthique. La vulnérabilité s'interprète en fonction de la vision que nous avons de la nature et de nos relations qui découlent d'une telle vision. La vulnérabilité de la nature est la conséquence de nos actes. Mais affirmer cela ne justifie encore en rien l'obligation de faire de la nature un objet de responsabilité ou même un sujet moral. Il faut que cette vulnérabilité soit perçue comme un *mal*. On peut dès lors suggérer que la fragilité de la nature accroît celle de l'homme, non seulement comme individu, mais aussi et surtout comme espèce. Dans ce sens le « on » qui est assis et qui peut s'écrouler avec la chute de la branche qu'il coupe n'est rien d'autre que l'homme. Ce n'est plus seulement l'humanité présente qu'il faut protéger, mais même celle à venir (et surtout elle). Mais nous serions ici en présence d'un anthropocentrisme, au contraire de ce que nous venons d'affirmer plus haut à propos de l'anti-spécisme de Hans Jonas

---

[170]**Hans Jonas**, *Le principe responsabilité. Une éthique pour la civilisation technologique*, op. cit., p. 24.
[171] *Ibidem*, p.25.

relativement à l'idée de la fin, d'autant plus qu'il soutient lui-même que l'anthropocentrisme classique est conservé, parce que ce qui demeure visé dans la nouvelle éthique, c'est bien l'intérêt humain.

Par ailleurs, pour que la vulnérabilité se transforme en un principe éthique il faut qu'elle permette, selon la logique de Hans Jonas, de relier l'être au devoir, dans la mesure où l'éthique doit avoir un fondement ontologique. La vulnérabilité doit assumer ici le même rôle que celui de la fin : établir un pont entre l'être et le devoir, afin que la responsabilité comme principe éthique puisse recevoir un fondement ontologique. La thèse de Hans Jonas ici consiste à dire que la représentation d'un être comme vulnérable doit s'accompagner d'emblée du sentiment de responsabilité à son égard : « *l'exigence d'un Être de valeur devient concrète en s'adressant à moi en tant que sujet pratique, si cet Être est un Être vulnérable, comme le vivant l'est toujours par essence dans sa fragilité (...). Alors, il se produit que l'appel général de tout être doté de valeur précaire me vise très actuellement et devient pour moi un commandement.* »[172]Nous retrouvons ici comme une répercussion des principes de l'éthique tels que pensés par Levinas.

En effet, ce dernier considère que dans la rencontre avec l'autre, ce qui se révèle à moi, c'est sa vulnérabilité. Autrui m'apparaît dans sa nudité, si bien que le premier commandement qui m'interpelle est le « *tu ne tueras point* !» Mais la vulnérabilité telle que pensée par Hans Jonas prend une tout autre signification. Au contraire de Levinas, elle ne s'applique pas seulement à l'homme comme nous venons de le voir. De plus chez Levinas, la découverte de la vulnérabilité comme expérience originelle d'autrui entraîne l'érection de l'éthique en philosophie première de telle sorte que ma responsabilité précède ma liberté. Ce n'est donc pas à partir de ce que je suis, de mon identité, que je dois penser mes rapports à autrui. À l'opposé, Hans Jonas soutient que l'éthique doit se fonder sur l'ontologie, ce qui signifie que cette dernière demeure la philosophie première, celle à partir de laquelle peuvent se déterminer mes obligations éthiques. Dans cette perspective la vulnérabilité, pour interpeler sur le plan éthique, doit d'abord être approchée comme un concept ontologique.

La conscience de la vulnérabilité d'un être doit exiger de le protéger, et cela surtout dans le cas où nos actes peuvent accroître cette précarité. Mais au nom de quoi ? Au nom de l'Être soutient Hans

---

[172] **Hans Jonas**, *Pour une éthique du futur*, op. cit., p.80.

Jonas; en d'autres termes, parce que l'être est éthiquement préférable au néant : « *le oui à la vie,* dit-il, *doit l'emporter....* ». Mais pourquoi faut-il préférer l'être au néant ? Hans Jonas fait ici recours à la démarche kantienne pour répondre à cette question. Le choix de l'Être contre le Néant s'impose comme un impératif catégorique, inconditionnel, à partir duquel peuvent être déduits tous les autres principes de l'éthique de la responsabilité. « *L'humanité doit être* », voilà l'impératif, le fondement de tout l'édifice de l'éthique de la responsabilité. Celle-ci subit ici le destin de la plupart des doctrines philosophiques lorsqu'elles se confrontent au problème du commencement ou du fondement ultime : le point de départ prend le plus souvent une coloration dogmatique, suppose un « axiome » qu'il faut admettre, pour que tout le système tienne la route. Il ne reste plus qu'une telle affirmation dogmatique, dans la mesure où Hans Jonas refuse le recours à Dieu pour justifier le choix de l'être, c'est-à-dire pour justifier notre responsabilité: en tant qu'elle repose sur la liberté, donnée ontologique fondamentale de l'homme, *« elle existe avec ou sans Dieu, et à plus forte raison, naturellement, avec ou sans tribunal terrestre.»*[173]

Ces considérations font apparaître une fragilité, sur le plan théorique, de la doctrine de la responsabilité de Hans Jonas, et par suite de toute éthique environnementale. Cette fragilité se manifeste encore lorsque l'on sait que le choix de l'être implique, non seulement l'existence des générations actuelles, mais encore celle des générations futures. Car l'éthique de la responsabilité se construit comme une éthique du futur ; et il faut entendre par cette désignation non « p*as l'éthique dans l'avenir – une éthique future conçue aujourd'hui pour nos descendants futurs -, mais une éthique d'aujourd'hui qui se soucie de l'avenir et entend le protéger pour nos descendants des conséquences de notre action présente.* »[174] Mais pourquoi devrais-je consentir à des sacrifices et à des restrictions pour que soit possible la vie d'autres hommes que je ne connaîtrai pas, qui me jugeront sans doute, mais devant qui je n'aurai pas à répondre de mes actes ? Se préoccuper de l'avenir, n'est-ce pas perdre confiance en la liberté humaine, c'est-à-dire en la capacité de l'homme à s'adapter à son monde ? Ne peut-on pas dire, dans une perspective existentialiste de la responsabilité, que le monde des générations futures sera ce

---

[173] *Ibidem*, p.77.
[174] *Ibidem*, p.69.

qu'elles auront voulu qu'il soit, en vertu de leur liberté qui implique la possibilité de création ? Dans les derniers chapitres du *Principe Responsabilité* consacrés décisivement à la théorie de la responsabilité, Hans Jonas esquisse, d'une certaine façon, une réponse à ces interrogations en s'appuyant sur des paradigmes. Le chapitre qui suit sera consacré à ce moment ultime de la doctrine.

Conclusion

Nous sommes partis, dans l'analyse de la pensée de Hans Jonas, de l'idée que l'éthique de la responsabilité a besoin d'un nouveau discours métaphysique sur l'être. Des considérations développées dans le chapitre précédent, il ressort que Hans Jonas se sert de concepts classiques, dont il élargit cependant l'extension, pour justifier la possibilité de passer de l'être au devoir. Ces concepts sont ceux de la finalité et de la vulnérabilité. Ils s'inscrivent dans la structure, dans l'équipement de l'être de la nature et dans l'être de l'homme, de telle sorte qu'ils conduisent au choix de l'être contre le néant. Mais avec ces considérations ne s'achève pas la doctrine de l'éthique, elle a simplement franchi un pas. Pour saisir jusqu'où va Hans Jonas dans sa tentative de fonder l'éthique, nous nous proposons une seconde confrontation de ses idées avec celles de Kant.

Deuxième chapitre

De l'éthique formelle à l'éthique concrète : seconde approche de la confrontation entre l'éthique de la responsabilité et la philosophie de Kant

L'objet du chapitre précédent consistait à examiner comment Hans Jonas tente de satisfaire à l'une des présuppositions fondamentales de l'éthique de la responsabilité : «*fonder le « Bien » ou « la Valeur » dans l'être*»[175], autrement dit «*enjamber le prétendu gouffre entre l'être et le devoir.*»[176] Dans sa démarche, le discours sur la finalité contribuait à résoudre un tel problème sans pour autant l'épuiser. Il est ressorti des analyses précédentes que, selon ses thèses, en posant les fins dans l'être sous toutes ses déterminations, on affirme du même coup à son propos des valeurs. Ceci constitue déjà un acquis qui n'est pas de moindre importance, puisqu'il devient possible de fonder une éthique ouverte, c'est-à-dire étendue à la nature. Mais il demeure un problème auquel il faut de toute nécessité répondre : si la nature ou si l'être en général possède des valeurs parce qu'il pose des fins, il faut que ces valeurs soient reconnues comme telles, c'est-à-dire qu'elles s'accompagnent d'une obligation de les respecter. Or, affirme Hans Jonas, c'est seulement par rapport à une volonté consciente que les idées de valeur, d'obligation ou de devoir prennent un sens. Mais la volonté consciente est celle d'un être libre ; en vertu de sa liberté, elle peut choisir le bien contre le mal, et vice versa. Elle peut opter pour le respect ou non des valeurs qui découlent de l'être. La question consiste alors à savoir si avoir des obligations envers la nature dépend

---

175 **Hans Jonas**, *Le principe responsabilité. Une éthique pour la civilisation technologique*, op. cit., P.115.
176 *Ibidem*, p.115

du libre choix de l'homme, ou si de telles obligations s'imposent d'elles-mêmes à lui.[177]

En fin de compte, c'est toujours le problème de la relation de l'être et du devoir qui se pose d'une manière encore plus radicale. Dans les deux derniers chapitres du *Principe responsabilité*, Hans Jonas tente de résoudre définitivement ce problème, non seulement en précisant les implications fondamentales et décisives du concept de la responsabilité, et en s'appuyant sur des paradigmes, mais aussi en critiquant les grandes idéologies, telles que le libéralisme, le marxisme et l'idéologie positiviste du progrès. Là encore il s'attaque à la philosophie de Kant, en en dénonçant les incohérences liées à son formalisme. En intitulant le présent chapitre comme nous venons de le faire, nous voudrions clarifier la manière dont se détermine le sens du concept de la responsabilité ; ce qui nous acheminera vers la position du problème politique.

II.1. Le formalisme de l'éthique kantienne du respect

Pour comprendre en quoi, aux yeux de Hans Jonas, l'éthique kantienne se constitue comme une éthique essentiellement formelle, il convient de souligner ce que lui-même retient comme moments fondamentaux de toute pensée éthique. Toute éthique de son point de vue, qu'elle soit classique ou non, comporte une double dimension : une dimension rationnelle et une dimension psycho-affective ou émotionnelle. En d'autres termes, toute éthique admet à la fois un élément subjectif et un élément objectif. Dans cette mesure, «*comme toute théorie éthique, la théorie de la responsabilité doit elle aussi envisager les deux choses : le fondement* ***rationnel*** *de l'obligation, c'est-à-dire le principe légitimant derrière la revendication d'un « on doit » qui oblige, et le fondement* ***psychologique*** *de sa faculté d'ébranler le vouloir, c'est-à-dire de devenir pour un sujet la cause qui fait qu'il* ***laisse*** *déterminer son agir. Cela veut dire que l'éthique a*

[177] *« Notre démonstration précédente que la nature cultive des valeurs, puisqu'elle cultive des fins et que donc elle est tout sauf libre de valeurs, n'a pas encore apporté la réponse à la question de savoir si consentir à sa « décision de valeur » est laissé à notre bon plaisir ou si c'est notre obligation ; si donc, pour l'exprimer sous forme paradoxale, les valeurs qui, incontestablement sont posées par elle et pour elle sont également valables (...)¬auquel cas seul notre consentement serait une obligation.»* *Ibidem*, p113.

une face objective et une face subjective, dont l'une a affaire à la raison et l'autre au sentiment. »[178] Toutes les éthiques se rencontrent donc sur un point, dans la mesure où elles admettent ces deux moments comme leur étant constitutifs. Mais ce qui les sépare, c'est non seulement le contenu de l'élément rationnel et de l'élément émotionnel, mais encore le fait que le plus souvent, chaque théorie morale met l'accent plus sur l'un des aspects que sur l'autre. D'où les trois voies possibles en éthique : *l'éthique objective* insiste sur l'aspect rationnel : la conséquence ici est que l'action se prend elle-même pour fin ; il s'agit d'agir pour agir. On se soucie fondamentalement de la justification rationnelle des principes, des conditions de leur validité, abstraction faite de leur matière. Mais on peut aussi choisir de construire l'*éthique en privilégiant l'élément subjectif* : la valeur est déterminée dans ce cas par le désir, le besoin ou par un choix. Enfin, est également possible *l'éthique qui considère les deux aspects* comme étant complémentaires et comme parties intégrantes. Ici se réconcilient le subjectif et l'objectif.

La seconde voie caractérise essentiellement les éthiques antérieures à Kant. Pour Hans Jonas, tous les moralistes avaient bien conscience que le sentiment constituait une partie intégrante de l'éthique. Il cite en exemple la crainte de Dieu dans la morale juive, la charité dans la morale chrétienne, l'amour intellectuel de Dieu dans la théorie de Spinoza...Mais la lacune propre à toutes ces théories consiste non seulement dans le fait que le sentiment évoqué est tout sauf le sentiment de la responsabilité[179], mais encore dans le fait qu'elles ont pour objet un bien suprême, intemporel auquel l'individu doit faire l'effort de se conformer[180]. Le *summum bonum* qui constitue l'objet suprême de la moralité, parce qu'il se met sous le signe de l'impérissable, se laisse concevoir comme quelque chose de transcendant. Sur ces points, l'éthique de la responsabilité se démarque de ces théories en se donnant pour objet, positivement,

---

[178] **Hans Jonas**, *Le principe responsabilité. Une éthique pour la civilisation technologique*, op. cit., p.123.

[179] *Ibidem*, pp.125-126.

[180] « *Traditionnellement,* affirme en effet Hans Jonas, *ce* ***summum bonum*** *avait souvent la signification complémentaire ontologique...que cela devait être quelque chose d'intemporel, qui présente à notre moralité l'appât de l'éternité. Le but de l'effort éthique est alors de se rendre son propre état adéquat à cet objet suprême et en ce sens à se « l'approprier » ainsi qu'à favoriser son appropriation chez autrui...* ». *Ibidem*, p.126.

l'existence contingente de l'humanité, et négativement, le refus ou la crainte d'un *summum malum*. Son objet est proprement le périssable. L'éthique de la responsabilité se définit comme une éthique immanente qui ne cherche pas la justification de ses fondements dans des discours religieux quand bien même il existe dans la philosophie de Jonas une dimension théologique indéniable.

La première voie que peut se dessiner la pensée éthique, celle qui ne s'intéresse qu'aux conditions objectives et rationnelles de la moralité, est celle qui fut suivie par Kant. Ce dernier a le mérite de se détourner de la recherche des conditions de la vie bonne comme objet principal et primordial de la réflexion morale. Ce faisant, il rompt avec la tradition philosophique en matière d'éthique. Il se détourne, par exemple, de systèmes de pensées tels que celui d'Aristote, celui de Spinoza... Le premier, partant du constat que tout le monde désire d'être heureux, avait fait du bonheur non seulement la fin du politique, mais aussi ce que doit viser l'éthique. Le problème qui se pose consiste alors à savoir quelles sont les conditions dans lesquelles et par lesquelles la cité peut obtenir, pour ses citoyens, la vie heureuse. De la même manière, Spinoza considère au terme de sa réflexion, la béatitude comme la vertu suprême.

L'œuvre de Spinoza jouit d'un accueil favorable dans le milieu des théoriciens de l'éthique de l'environnement. Ce que l'on considère comme affirmation importante chez lui, c'est la thèse de l'appartenance de l'homme à la nature, et le fait de concevoir la liberté non comme indépendance à l'égard des lois de cette dernière, ce qui suppose sa domination, mais comme affranchissement de l'homme par rapport à lui-même. Cette libération ne peut être obtenue que par une connaissance claire de la nature de ses passions et par l'engagement dans la vie communautaire. De plus, Spinoza considère comme vertu sinon suprême, au moins d'importance essentielle parce qu'antérieure à toutes les autres, le fait de vivre et de persévérer dans son être. Vouloir l'être qui, pour Hans Jonas, constitue l'injonction éthique fondamentale, se présente comme une vertu. Mais la pensée éthique de Spinoza trouve sa limite dans la position de la vie heureuse comme objet de l'éthique ; de plus, son éthique s'adresse d'abord à l'individu, dans la mesure où c'est à chacun de faire l'effort pour se libérer de ses passions et pour comprendre l'ordre de la nature.

Kant marque donc une rupture par rapport à cette tradition philosophique en abandonnant le bonheur comme fin de l'éthique.

Mais par-là même, il élabore une éthique formelle aux antipodes de ce qu'exige actuellement le monde au regard de la crise écologique. Kant admet, certes, les moments constitutifs de l'éthique dont nous avons parlé plus haut[181]. D'une part la *loi morale* chez lui se présente comme l'élément rationnel, en ce qu'elle se distingue d'une simple *maxime*. D'autre part, la représentation de la loi s'accompagne d'une attitude, l'attitude morale que traduit le sentiment du *respect*. Autrement dit, la simple représentation de la loi n'a pas en elle-même une valeur éthique ; elle n'a de sens éthique que si elle fonde une obligation : celle du respect. Mais le respect vise soit le contenu de la loi (le bonheur, la liberté ou le plaisir par exemple), soit la pure forme de la loi elle-même, indépendamment de sa matière. Ce n'est pas, dans ce dernier cas, le contenu de l'action (les conséquences qui peuvent en découler) qui importe, mais le principe sur lequel elle se fonde. Or c'est cette option qui caractérise l'éthique kantienne. C'est pour cela que pour Hans Jonas, Kant n'admet pas dans le fond l'élément émotionnel comme une partie décisivement intégrante de l'éthique[182]. Ce faisant, l'éthique s'élabore chez lui comme une éthique formelle.

L'orientation formaliste de la réflexion s'exprime déjà dans la *Critique de la raison pure* où Kant s'attache à fonder la philosophie spéculative. En effet, dans l'effectuation de cette tâche, il indique qu'il s'agit de déterminer les principes *a priori*, les formes de la sensibilité et de l'entendement qui entrent en jeu dans le processus de la connaissance de la nature. Dans la *Critique de la raison pratique* non seulement il précise la différence entre la raison spéculative et la raison pratique quant à leurs objets[183], mais encore il insiste à plusieurs reprises sur le fait que, ce qui importe et qui donne une valeur aux principes de la raison pure pratique, ce n'est pas la matière de la loi mais sa forme. Si l'on cherche le fondement de la *valeur*

---

[181] « *En effet c'est la découverte profonde de Kant — qu'à côté de la raison le sentiment doit lui aussi être en jeu pour que la loi morale puisse s'imposer à notre volonté. Selon lui, c'est un sentiment que ne suscite pas en nous un objet (ce qui rendrait la morale « hétéronome ») mais l'idée de l'obligation ou de la loi : le sentiment du respect.* » Cf. **Hans Jonas**, *Le principe responsabilité. Une éthique pour la civilisation technologique*, op. cit. p.128.

[182] *Ibidem*, p.125.

[183] « *L'usage théorique de la raison portait sur des objets de la faculté pure et simple de connaître(...) Il en est tout autrement pour l'usage pratique de la raison. Dans ce dernier cas, la raison s'occupe des principes déterminants de la volonté...* » Cf. **Emmanuel KANT,** *Critique de la raison pratique*, trad. par François Picavet, Paris, éd. P.U.F., 1993, p.13.

universelle des lois morales, l'on doit se détourner de toute considération concernant le contenu qui est empiriquement et subjectivement déterminé, pour ne s'intéresser qu'à la forme. Pour comprendre les motivations d'une telle démarche, il convient de savoir ce que renferme la notion de *loi morale.*

Les actions de l'homme sont le plus souvent orientées vers des fins ou des buts qui sont alors posés comme des valeurs. L'individu qui agit en vue d'une fin donnée se définit des principes ou des règles susceptibles de lui permettre d'atteindre cette fin. La valeur des principes en ce moment est déterminée non seulement par la nature du but poursuivi, mais aussi par leur efficacité. De plus, les fins et les principes sont subjectivement déterminés. Même dans le cas où la fin apparaît comme étant ce que tout le monde désire, chacun peut s'imposer des règles qu'il juge les meilleures, qui ne sont pas nécessairement celles que suivra telle ou telle autre personne. Les règles ne sont donc, ni universalisables, ni objectives. De tels principes qui peuvent être déterminés par la raison ne sont pas pour autant des *lois,* mais simplement des *maximes.* La loi morale se constitue d'abord comme un impératif, en ce qu'elle possède un caractère contraignant. Mais les impératifs peuvent n'être que de simples maximes ou *préceptes pratiques,* en ce que leurs motivations se trouvent dans l'expérience. On parle alors d'*impératifs hypothétiques,* et ils fondent une morale hétéronome. Ces impératifs correspondent à des principes pratiques matériels, et pour cela, ils « *se rangent sous le principe général de l'amour de soi ou du bonheur personnel.* »[184]

La question centrale de la critique de la raison pratique était de savoir si la raison peut seule déterminer la volonté à agir, si elle peut ne se supposer qu'elle-même dans ce qui peut déterminer la volonté, ou bien si elle ne peut déterminer la volonté qu'en s'appuyant sur des conditions qui proviennent de l'expérience. Or, dans le cas des impératifs hypothétiques, il apparaît que ce qui détermine la volonté, ce n'est pas la raison, mais des motivations empiriques. Les principes hypothétiques ont leur fondement ou leur source dans la faculté inférieure de désirer. Dans ce sens, ils ne peuvent valoir comme lois pratiques. Car l'idée de loi implique la possibilité d'universalisation et d'objectivité. Donc, pour que la raison puisse contenir des lois pratiques, il faut qu'elle n'ait rapport qu'à elle-même, c'est-à-dire à la

---

[184] **Emmanuel Kant**, *Critique de la raison pratique*, Théorème II, op.cit., p.20.

volonté, et qu'elle ne fonde pas ses principes sur l'expérience. Elle doit faire abstraction de tout ce qui est contenu ou objet. Par conséquent, dans une loi pratique, la raison « *déterminе la volonté immédiatement et non par l'intermédiaire d'un sentiment de plaisir ou de déplaisir venant s'interposer entre les deux, pas même par l'intermédiaire du plaisir attaché à cette loi...* »[185] Dans le *théorème III* nous pouvons lire ce qui suit : « *si un être raisonnable doit se représenter ses maximes comme des lois pratiques universelles, il ne peut se les représenter que comme des principes qui déterminent la volonté, non par la matière, mais simplement par la forme.* »[186] Le formalisme de l'éthique kantienne s'exprime aussi dans les *Fondements de la métaphysique des mœurs.* Exiger que la raison ne s'en tienne qu'à la forme lorsqu'elle détermine la volonté, cela revient, dans le fond, à revendiquer la possibilité pour la volonté d'être libre. Seule une volonté libre peut agir suivant des lois pratiques. *La liberté apparaît en fin de compte comme l'essence de la volonté et comme concept éthique central.*

Du point de vue de Hans Jonas, la démarche de Kant repose sur des incohérences comme en témoigne cette remarque critique : «*bien que cette pensée ne manque pas de sublimité, elle conduit à une absurdité. Car le sens de l'impératif catégorique est...non pas la position des fins, mais l'autolimitation de la liberté par la règle de l'accord avec soi-même de la volonté dans la poursuite des fins. Mais si c'est cela l'idée de la loi morale, alors la formule kantienne équivaut à une « autolimitation de la liberté par respect de l'idée de l'autolimitation de la liberté » — ce qui manifestement est incohérent..*»[187] L'impératif auquel Hans Jonas fait référence n'est pas autre chose que la loi morale que Kant énonce comme suit, aussi bien dans la *Critique de la raison pratique* que dans les *Fondements de la métaphysique des mœurs* : « *Agis de telle sorte que la maxime de ton action puisse valoir en même temps comme principe d'une législation universelle.*»[188] La validité du principe de l'action ne réside pas dans les fins visées. Il se produit ce que Hans Jonas désigne par le terme d'autolimitation, dans la mesure où le sujet qui agit ne doit pas se

---

[185] *Ibidem*, p.24.

[186]*Ibidem*, p. 28.

[187]**Hans Jonas**, *Le principe responsabilité. Une éthique pour la civilisation technologique*, op. cit., p.128.

[188] **Emmanuel Kant**, *Critique de la raison pratique*, op. cit., p.30.

référer aux buts poursuivis à travers l'action, mais doit se limiter à la possibilité de l'universalisabilité du principe de son agir. Pour cette raison, l'éthique kantienne du respect de la loi apparaît comme inféconde par rapport au projet de construction du domaine de l'éthique de la responsabilité.

II.2. De l'éthique du respect à celle de la responsabilité

II.2.1. Le respect chez Kant et chez Hans Jonas

Du point de vue de Hans Jonas, ce qui fait défaut dans toutes les éthiques antérieures y compris celle de Kant, c'est la considération de la responsabilité comme étant la dimension émotionnelle susceptible de motiver la volonté. Il abandonne le sentiment du respect et lui substitue celui de la responsabilité. Mais il convient de remarquer tout de suite que, d'une certaine façon, en inscrivant sa pensée dans le contexte de l'éthique environnementale, Hans Jonas n'élimine pas à tout point de vue la notion du respect du champ de l'éthique de la responsabilité. Toutes les éthiques de l'environnement se fondent sur ce principe – celui du respect –, mais en lui donnant une signification autre que celle qu'il reçoit par exemple chez Kant. Il ne s'agit pas en effet de respecter la loi morale comme telle et pour elle-même, ni non plus de circonscrire le respect au seul cadre de l'humanité. Car lorsque Kant tente de donner au respect un contenu, celui-ci ne désigne rien d'autre que la dignité de la personne humaine en tant que sujet autonome, dignité par rapport à laquelle, sur le plan de la casuistique, sont définis les devoirs de l'homme envers lui-même comme animal, de même que sont précisées ses attitudes moralement recommandables à l'égard des animaux. Conserver donc ce sens du respect, dans le cadre de l'éthique environnementale, reviendrait à risquer de retomber aussi bien dans le formalisme que dans l'anthropocentrisme classique[189]. À l'éthique du respect de la dignité se joint celle de la préservation de l'existence physique de l'homme et de la nature.

---

[189] Il faut cependant observer qu'en évoquant le respect comme exigence morale, Hans Jonas ne se démarque pas radicalement de toute éthique anthropocentrée. Il indique en effet, dès la préface de *Le Principe responsabilité*, que ce qui est enjeu, *« ne concerne pas seulement le sort de l'homme, mais également l'image de l'homme, non seulement la survie physique, mais aussi l'intégrité de l'essence »*, si bien que *« l'éthique qui doit garder l'un et l'autre doit être non seulement une éthique de la sagacité, mais aussi une éthique du respect. »*. cf. *Le principe*

L'exigence fondamentale de l'éthique de l'environnement consiste dans le besoin d'un élargissement des considérations morales à la nature. Si, par conséquent, le respect doit valoir comme une exigence morale, cela implique aussi le respect de la nature. L'idée est qu'il faut passer de l'éthique réductionniste de la domination de la nature ou du monde extra-humain à celle du *respect.* La discussion sur le sens d'un tel respect et de ses implications conduit à la diversification des tendances en matière d'éthique de l'environnement. Mais cela, nous en a avons parlé dans le premier chapitre. Nous pouvons seulement ajouter que Hans Jonas admet le principe du respect en éthique lorsque, par exemple, il considère que privilégier la valeur d'usage à la valeur d'échange dans la relation à la nature est moralement plus acceptable, de même que lorsqu'il condamne l'infléchissement de la finalité naturelle inscrite dans les organismes au moyen des manipulations génétiques. Mais chez lui, il ne s'agit plus du respect purement formel de la loi, mais du respect susceptible d'éviter le naufrage de l'humanité. En d'autres termes, c'est décisivement le contenu, l'objet, et non la forme de la loi qui motive le respect : « *La* ***loi*** *en tant que telle ne peut être ni la cause ni l'objet du respect ; mais* ***l'être,*** *reconnu dans sa plénitude ou dans ses manifestations individuelles... Mais le respect lui-même ne suffit pas, car il se peut qu'un tel consentement du sentiment à la dignité perçue de l'objet...reste totalement inopérant. Seul le* ***sentiment de responsabilité*** *qui vient s'y ajouter en liant tel sujet à tel objet nous fera agir en sa faveur.* »[190]

Le défaut de l'éthique kantienne du respect consiste dans le fait qu'elle n'implique pas nécessairement l'engagement à agir en faveur de la chose que l'on doit respecter. La simple représentation de la loi et même la reconnaissance de sa valeur ne sont pas suffisantes pour déterminer la volonté à agir. C'est pour cela que Hegel parle de

responsabilité, op.cit., p.14. Mais nous verrons que de tels propos conduisent à parler d'ambivalence de la pensée de l'auteur : il y a une essence de l'homme à préserver — la liberté —, en même temps que son existence physique ; ceci laisse entrevoir une éthique centrée sur l'homme. Seulement, dans la mesure où cette essence n'est pas sortie du néant, mais constitue la fine pointe d'une évolution, qui va des structures les plus basses de l'être jusqu'à l'homme, cette éthique de la préservation de l'essence de l'homme doit se tenir ouverte à la sphère non humaine. Nous sommes ici alors en présence d'une éthique holistique.

[190]**Hans Jonas**, *Le principe responsabilité. Une éthique pour la civilisation technologique*, op. cit., p.130.

l'impuissance du vouloir à propos de la philosophie morale de Kant. En d'autres termes, dans la logique de Hans Jonas, elle n'invite pas nécessairement à la responsabilité qui, en dernière analyse, dans le cadre des exigences de la problématique environnementale, est le seul sentiment, ou en tout cas, le sentiment le plus fondamental qui mérite d'être mobilisé. Dans ces conditions, il apparaît que l'éthique de la responsabilité, parce qu'elle exige plus que le simple respect formel de la loi, se construit comme une éthique concrète à l'opposé du formalisme kantien. Elle est concrète d'abord à travers ce qui la motive : la situation de crise écologique qui est la conséquence du développement scientifique et technique. Ensuite son caractère concret réside dans le fait que c'est l'objet qui est déterminant dans la construction de ses principes : cet objet, au contraire des éthiques empiriques antérieures, ne désigne pas un bien suprême, mais la crainte du mal suprême : la disparition de l'humanité. Le principe responsabilité sous-tend le "*principe crainte*". Avec Hans Jonas, nous passons donc d'une éthique formelle du respect à celle de la responsabilité. Reste maintenant à préciser la portée ou le sens véritable de cette responsabilité. Car ce n'est pas maintenant que la notion de responsabilité apparaît dans le discours éthique. Il s'agit alors d'établir ou de préciser la nouvelle dimension qu'elle implique, dans le contexte du défi écologique.

II.2.2. Les paradigmes de la responsabilité

Le concept de responsabilité se rapporte d'une manière générale et formelle à l'agir humain. Tout homme qui agit porte des responsabilités. Mais cela peut se comprendre de deux manières. D'abord, la responsabilité peut se concevoir ou être imputée de manière extérieure au sujet, à l'acteur. C'est ce qui se passe d'une manière habituelle au plan juridique. En effet, à ce niveau, la responsabilité signifie que l'acteur est tenu pour responsable *d'actes déjà commis* et elle est décidée à l'issue d'enquêtes et de procès. De plus, l'individu peut porter la responsabilité d'une manière directe ou indirecte. Il la porte d'une manière indirecte dans la mesure où il est la cause indirecte de l'acte : par exemple, les parents doivent répondre des actes de leurs enfants, même quand ils n'en sont pas les commanditaires. Leur responsabilité implique la compensation des dommages et intérêts, mais pas le sentiment de culpabilité. Lorsque la culpabilité est prise en compte, il s'agit alors de la qualité de l'acte qui est en jeu ; c'est l'acte que l'on évalue en vue d'en déterminer la gravité. Il n'est donc plus simplement question de s'acquitter des compensations, mais de subir une punition. Dans ce sens, la responsabilité prend une dimension morale parce qu'elle peut s'accompagner d'un sentiment (celui du remords par exemple), ou de la disposition morale à assumer les conséquences de son agir. Seulement, ce sentiment ou cette dimension morale vient après coup, il n'est pas déterminant dans le sentiment de responsabilité. Ainsi, conclut Hans Jonas, « *l'éventuel* ***sentiment*** *concomitant chez l'acteur, en vertu duquel il assume intérieurement la responsabilité (sentiment de culpabilité, remords, acceptation du châtiment, mais également orgueil têtu) est tout aussi rétroactif que l'est le fait de devoir objectivement porter la responsabilité…* »[191]

Au plan juridique donc, la responsabilité implique non seulement l'imputabilité des conséquences d'actes passés, le calcul *ex post facto* des charges, mais encore, cette imputabilité par rapport à l'acteur est extérieurement déterminée. Dans ce sens elle ne désigne pas encore le sens exact de la responsabilité dans le cadre de l'éthique de l'environnement. Si la responsabilité ne se rapporte pas, comme c'est le cas dans le domaine juridique, à des actes commis et à leurs conséquences, comment faut-il alors l'envisager ? Pour Hans Jonas, dans le cadre de l'éthique du futur, la responsabilité en tant que sentiment éthique concerne « *la détermination de ce qui est à faire.*»[192] Elle désigne « *un concept en vertu duquel je me sens donc responsable non en premier lieu de mon comportement et de ses conséquences, mais de la chose qui revendique mon agir.*»[193] Au sens de l'éthique du futur la responsabilité implique deux conditions capitales : d'abord l'existence ou la réalité effective ou possible de l'être ou de la chose dont je me sens responsable ; cette existence doit être reconnue comme une fin, dans la mesure où elle possède une valeur fondamentale. Mais pour que sa réalité soit voulue par moi et que cela devienne pour moi une obligation morale, il faut qu'elle appartienne à la sphère de mon pouvoir et que j'en ai conscience : autrement dit, je ne peux exercer une responsabilité que *pour* une chose ou un être dont j'ai conscience qu'elle peut être par moi

191 *Ibidem*, p.132.
192 *Ibidem*, p.132.
193 *Ibidem*.

menacée ou qu'elle a besoin de moi pour persister dans son existence. Dans ce sens, on comprend que la responsabilité ainsi conçue lie le *pouvoir* et le *vouloir* au *devoir*. Si elle concerne l'agir, comme c'est le cas pour toute idée de la responsabilité, il s'agit d'une action orientée vers ce qui est à venir. Ici, ce qui est envisagé sous le concept de la responsabilité, ce n'est pas le passé, mais l'avenir. Or, que la responsabilité se rapporte, non au passé mais à l'avenir, cela implique un autre infléchissement de sa signification : ici, en effet, aucune *réciprocité* n'est envisageable. Elle se détermine de manière unilatérale. Hans Jonas explique cependant que l'absence de réciprocité ne rend pas caduque toute idée de la responsabilité. Pour se justifier, il s'appuie sur des paradigmes ou des exemples à travers lesquels la responsabilité, conçue d'une manière unilatérale, est acceptée, consciemment ou inconsciemment. Il s'agit du paradigme des relations entre les parents et les enfants et de celui de l'homme politique.

La différence essentielle entre la responsabilité parentale et la responsabilité politique consiste dans le fait que la première se constitue comme une responsabilité naturelle, au contraire de la seconde qui est contractuelle. Néanmoins, elles partagent des points communs dont rendent comptent les concepts de *totalité*, de *continuité* et *d'avenir* : « *l'élément commun,* dit en effet Hans Jonas, *se laisse résumer dans les trois concepts de « totalité », de « continuité », et « d'avenir », référés au bonheur des êtres humains.* »[194] Le sens de ces concepts unificateurs réside dans le fait qu'ils se rapportent à l'homme. La responsabilité parentale aussi bien que la responsabilité politique ont pour objet, en priorité, l'homme. C'est pour cela d'ailleurs qu'elles peuvent se recouper : les parents éduquent pour la société. Dans ce sens, leur responsabilité possède une fin politique. À l'inverse, le processus éducatif lui-même est largement influencé par des orientations sociales. Dans cette perspective, on peut dire que l'acte d'éduquer est la fonction la moins libérale possible, parce que l'éducateur n'est jamais totalement libre quant à la détermination du contenu et même des méthodes de l'éducation[195]. Par ailleurs, parce

---

[194] *Ibidem*, p.140.

[195] « *En d'autres termes, le « citoyen » est un but immanent de l'éducation, et il fait donc partie de la responsabilité parentale, et cela pas seulement en vertu de son imposition par l'Etat. D'autre part, de même que les parents éduquent les enfants « pour l'Etat » (quoique pour bien d'autres choses encore), l'Etat prend de soi en charge la responsabilité de l'éducation des enfants.* » *Ibidem*, p.146.

qu'elles se rapportent à l'homme, la responsabilité politique et parentale envisagent leur objet d'une manière *totale.* Ni les parents, ni l'homme politique n'envisagent uniquement les intérêts immédiats de ceux dont ils ont la responsabilité (les citoyens ou les enfants). Ce sont des responsabilités qui, selon les termes de Hans Jonas, « *enveloppent l'être total de leurs objets, c'est-à-dire tous les aspects de ceux-ci, allant de la simple existence, jusqu'aux intérêts les plus élevés.*»[196] Les premières tâches de l'éducateur consistent dans les soins physiques ; cela signifie qu'immédiatement, ce dont il se sent responsable n'est rien d'autre que l'existence physique de l'enfant dans des conditions matérielles acceptables. Mais sa responsabilité ne se limite pas à ce pur être physique. Il est responsable du développement de ses autres facultés ou dispositions, condition de l'épanouissement et de l'insertion de l'individu dans la société. En résumé, ce qui est premier pour l'éducateur c'est bien le «*pur être comme tel et ensuite le meilleur être de ces êtres...* »[197]

De la même manière, la responsabilité de l'homme politique ne se réduit pas aux intérêts immédiats des citoyens, quoiqu'il doive s'en préoccuper. Celui qui s'engage à prendre le pouvoir ou qui y arrive, dans de rares circonstances, par contrainte, exerce désormais une responsabilité qui excède le simple présent des citoyens. Non seulement il doit défendre tous leurs intérêts, mais encore, il doit veiller à l'avenir de la société. Il a donc la responsabilité de toute l'histoire passée, présente et future de la communauté sur laquelle il exerce son autorité. Dans ce sens, dit Hans Jonas, il n'a pas seulement la *responsabilité de ce qu'il a fait*, mais de *ce qui l'a fait* et de *ce qu'il a à faire.* Ainsi, en plus de la totalité inhérente à sa responsabilité, s'ajoute la *continuité.* Il a l'obligation d'assumer une certaine continuité de la vie sociale. On voit alors que la relation du gouvernant aux gouvernés possède quelque part un fondement paternaliste. En fin de compte, l'idée de la responsabilité, sur le plan politique, implique que celui qui gouverne n'exerce pas seulement un pouvoir *sur* les citoyens ; mais c'est et ce doit être *pour* eux qu'il l'exerce. Tout pouvoir signifie, bien entendu, un pouvoir ou une autorité sur quelqu'un. Mais sur le plan politique, « *que le « sur » devienne un « pour » forme l'essence de la responsabilité.* »[198] La continuité lie la

---

[196] *Ibidem,* p.145.

[197] *Ibidem.*

[198] *Ibidem,* p.137.

responsabilité politique à la responsabilité parentale ; l'éducateur, par son acte de transmission des valeurs, assure lui aussi la continuité, d'abord de sa progéniture, ensuite de celle de la communauté. C'est pour cela que Hans Jonas parle d'un dédoublement de la responsabilité parentale : d'abord dirigée vers l'individu, elle enveloppe tout le devenir de l'enfant, elle prend en compte l'historicité propre à chaque être humain. Mais en même temps, cette continuité individuelle *« s'élargit en direction de celle du monde historique »*[199], à travers l'inculcation des valeurs de la société.

De la totalité de la responsabilité se déduit son caractère continu. La continuité elle-même sert de fondement à l'idée que les deux types de responsabilité prennent en compte l'*avenir*. En effet, le concept du devenir ou de l'historicité est analytiquement compris dans la notion de continuité. Qu'elle soit parentale ou politique, La responsabilité est continue signifie en effet que « *son* ***exercice*** *ne doit pas s'interrompre. Ni la charge parentale,* dit Hans Jonas, *ni celle du gouvernement ne peuvent se permettre des vacances, car la vie de l'objet se poursuit sans s'interrompre et elle ré-engendre ses requêtes d'un instant à l'autre.*»[200] La responsabilité parentale et politique, en tant que paradigmes de la responsabilité comprise dans le cadre de l'éthique de l'environnement, ne se réduisent donc pas à une charge que l'on se donne ou que l'on nous confie pour un temps et que nous exerçons temporairement. Par exemple la responsabilité du capitaine du bateau est limitée dans le temps, de même que celle du médecin. Elle cesse avec l'arrivée à destination ou avec la guérison du patient[201]. Dans le contexte de l'éthique du futur en tant que réponse au défi écologique, la responsabilité, parce qu'elle est totale, « *doit toujours demander : « qu'est-ce qui vient après ? À quoi cela mènera-t-il ?...* »[202] Comme on peut le voir, la responsabilité éthique est essentiellement historique et son historicité découle de l'historicité de l'objet.

Par ailleurs, si l'historicité est constitutive de la responsabilité politique en son essence même, elle doit s'imposer sur le plan moral

[199] *Ibidem*, p.151

[200] *Ibidem*, p.150.

[201] Il convient cependant de préciser ici que Hans Jonas est bien conscient que la responsabilité du médecin va bien au-delà du simple acte d'aider le patient à guérir de son mal. Il demeure par exemple responsable des effets secondaires de ses prescriptions.

[202] *Ibidem*, p.150

comme un impératif : l'impératif suivant lequel « ***tout art de gouverner porte la responsabilité de la possibilité d'un art de gouverner futur.*** »[203] En d'autres termes, agir de manière responsable pour un homme politique implique qu'il ne doit rien faire qui rende impossible l'exercice du pouvoir pour les générations futures. Or, il apparaît que la première condition de possibilité du pouvoir politique est l'existence physique d'hommes qui constituent les membres de la communauté sur laquelle doit s'exercer le pouvoir. On peut donc dire que parmi les obligations de l'autorité politique actuelle figurent ses devoirs d'assurer la santé et la survie physiques des citoyens actuels, et de prendre des mesures pour que leurs progénitures puissent continuer d'exister. Or, cette santé physique implique le maintien des conditions extérieures naturelles de la vie ; ce qui veut dire la protection de l'environnement. D'où l'idée que la responsabilité politique, parce qu'elle doit envisager l'avenir, exige la prise en compte des principes éthiques favorables au maintien des équilibres écologiques. Se soucier des intérêts immédiats des générations présentes, et même ne se soucier que de ses propres intérêts liés au pouvoir, au détriment de ceux des hommes à venir, est politiquement irresponsable. Aucun homme politique conscient de l'historicité et de la continuité de sa responsabilité ne peut moralement faire sien le principe « après moi le déluge ».

Mais bien qu'elles constituent des paradigmes éminents de l'idée de la responsabilité conçue dans le cadre de l'éthique du futur, la responsabilité parentale et celle de l'homme politique diffèrent en plusieurs points qu'il convient de préciser ici. Il a été dit que, tandis que l'une est contractuelle en ce qu'elle relève d'une décision libre de l'individu, l'autre est naturelle. Bien entendu, mettre des enfants au monde relève également de la liberté des individus. Nul n'est extérieurement contraint d'avoir des enfants[204]. Mais une fois qu'on les met au monde, sa responsabilité est entièrement engagée ; on ne peut se dégager des soins et de l'éducation des enfants, dès lors qu'on les appelle à l'existence. Mais la situation est différente dans le cas de la responsabilité de l'homme politique. Elle est, pourrait-on dire,

---

[203] *Ibidem*, p.164

[204] Hans fait observer toutefois que procréer constitue un impératif qui est présupposé par l'éthique du futur, quoique de son point de vue ce devoir lui-même n'a pas besoin d'être fondé ou justifié. De toute façon la procréation constitue un appel « que la nature nous a puissamment implanté… ». p.65

librement choisie. Face à certaines circonstances données, l'individu peut se sentir appelé à conquérir le pouvoir, avec la conviction qu'il est l'homme qu'il faut pour assurer la "rédemption" de la communauté. Bien entendu la communauté peut réclamer de lu qu'il prenne cette responsabilité. Mais il demeure libre d'accepter ou de refuser. L'impulsion fondamentale ici, c'est l'individu qui se la donne, c'est le sentiment de sa responsabilité non au sens juridique des actes commis, mais des actes à commettre. Hans Jonas précise que l'individu peut avoir d'autres motivations : l'intérêt personnel ou celle d'une classe, la simple passion pour le pouvoir…Mais, quelles que soient les conditions dans lesquelles on parvient au pouvoir, la responsabilité que l'on est appelé à exercer est purement accidentelle (contractuelle), et elle dépasse les autres formes de responsabilités « artificielles » : celle du fonctionnaire ou du chauffeur de bus par exemple. Tandis que la responsabilité parentale, parce que naturelle est permanente, celle de l'homme politique, qui est contractuelle peut se suspendre ou s'arrêter avec la rupture du contrat. L'homme politique peut renoncer à la responsabilité prise, mais pas les parents à l'égard des enfants. La responsabilité politique a pour origine la décision de l'individu tandis que la responsabilité parentale est scellée par l'acte de la procréation.

Les deux types de responsabilité s'opposent encore au niveau de l'objet. Les parents ne sont responsables que du cercle restreint des enfants. Ceux-ci sont constamment et « charnellement » présents aux yeux de ceux qui sont leurs responsables. Alors que dans la responsabilité politique, il ne s'agit que de la masse anonyme des citoyens dont le responsable ne peut avoir que l'idée. Ainsi, conclut Hans Jonas, «*même lorsque l'homme d'Etat comprend également le législateur, la forme la plus abstraite de la responsabilité, la plus éloignée du véritable objet, s'oppose ici à la forme contraire, la plus concrète et la plus proche de l'objet.* »[205]

C'est au-delà de ces points qui opposent les deux genres de responsabilité que sont pensées leur signification et leur portée en matière de fondation de l'éthique de la responsabilité comme réponse au défi écologique. En d'autres termes, c'est plus ce qui les unit que ce qui les sépare qui est ici intéressant.

---

[205]**Hans Jonas**, *Le principe responsabilité. Une éthique pour la civilisation technologique*, op. cit., p.139.

L'éthique jonassienne de la responsabilité dans son dialogue avec Kant, tente de se construire d'abord comme une éthique concrète, non formelle, et ensuite comme une théorie dans laquelle le concept de responsabilité est pensé en relation avec l'avenir, avec ce qui est à faire et non simplement avec ce qui est déjà fait. Mais si la responsabilité se rapporte à l'avenir, cela signifie que la tâche de la fondation de l'éthique exige la pensée de l'histoire, une métaphysique du devenir humain. L'éthique du futur semble présupposer une anticipation de la fin de l'histoire, puisque c'est la représentation de ce qui peut arriver qui doit déterminer ce que nous devons faire maintenant. La question se pose alors de savoir quelle lecture de l'histoire l'éthique du futur exige. Les lignes qui suivent seront consacrées à l'examen de cette question. Hans Jonas fonde son analyse sur les deux grandes idéologies, à savoir le marxisme et le capitalisme, dénonce leur célébration de l'idéal utopique du progrès au moyen de la science et de la technique. Il s'attaque à toute conception de l'histoire qui considère la fin de celle-ci comme déjà sue à l'avance, et qui se représente cette fin comme quelque chose de positif, espéré par l'humanité. En abordant cette question, Hans Jonas nous introduit déjà dans les implications politiques de l'éthique de la responsabilité.

II.3. Éthique de la responsabilité et philosophie de l'histoire

Même si la critique des théories marxistes et capitalistes exercée par Hans Jonas sert toujours à élucider les principes théoriques de l'éthique de la responsabilité, il n'en demeure pas moins qu'elle constitue une amorce de la discussion de la dimension politique de l'éthique de la responsabilité. La question directrice de cette critique consiste, en effet, à savoir lequel des deux systèmes est plus approprié à l'application de l'éthique de la responsabilité. Par extension, il s'agit de savoir si cette éthique, en ses principes, est plus applicable dans un régime démocratique que dans un système socialiste d'exercice du pouvoir. Ce à quoi s'attaque Hans Jonas, ce sont les présupposés éthiques de chaque système. Dans cette perspective, on peut souligner que tous deux possèdent au moins un point commun : la croyance erronée, issue de la modernité, au progrès de l'humanité fondé sur la croissance scientifique et technique. Autrement dit, le capitalisme et le marxisme sont victimes de l'*utopie baconienne* suivant laquelle la rédemption de l'humanité se trouve dans le développement des sciences et des techniques. Or il faut bien se rappeler que pour Hans Jonas, c'est cette utopie qui est à la racine de la crise écologique. L'histoire politique du monde nous montre en effet que le conflit entre les blocs Est et Ouest s'est bien manifesté aussi dans le domaine de la science et de la technologie, la puissance dans ce domaine garantissant du même coup la puissance politique. Du communisme marxiste, il dira qu'il constitue *«l'exécuteur testamentaire »*[206] de l'idéal baconien : « *Accélérer l'industrialisation est ainsi, partout où jusqu'à présent le socialisme a pris le pouvoir, la signature de sa politique effective et résolument décidée. Ainsi jusqu'aujourd'hui vaut la loi que le marxisme, « progressiste » dès l'origine, né sous le signe du « principe Espérance » et non sous celui du « principe Crainte » est en fait non moins inféodé à l'idéal baconien que son antagoniste capitaliste, dont il est ici le concurrent...* »[207] Seulement, le communisme marxiste repose sur des valeurs qui sont prometteuses, non seulement quant à la fondation d'une société plus juste et plus solidaire, mais encore quant à l'imposition de mesures contraignantes nécessaires pour faire face à la menace écologique. Sur le plan économique par exemple, on sait que le socialisme privilégie une éthique du besoin contre celle du profit, plutôt caractéristique propre du capitalisme. De plus, le marxisme a l'avantage de se construire comme une idéologie orientée vers l'avenir. Bien qu'il intègre l'idéal baconien, le «*programme marxiste... peut aujourd'hui être sérieusement pris en considération comme source d'une éthique qui dirige principalement l'agir vers l'avenir et qui y puise les normes qu'il impose au présent.*»[208] Hans Jonas conclura que le système communiste présente un espoir quant à la réalisation de l'éthique environnementale, mais à la condition qu'elle se purifie de l'utopie qui lui est constitutive.

Il faut remarquer que la critique jonassienne de l'utopie ne se limite pas à la théorie marxiste ; elle s'étend aussi à celle d'Ernst Bloch et à la plupart des philosophies classiques de l'histoire, en l'occurrence l'interprétation hégélienne de l'histoire. Ce que Hans Jonas reproche à ces vues sur l'histoire de l'humanité, c'est leur présupposition d'une fin déterminée de l'évolution, fin qui est telle,

---

[206]*Ibidem*, p.197.
[207] *Ibidem*.
[208] *Ibidem*, p. 195.

qu'elle implique l'idée d'un progrès de l'humanité à travers le déploiement des événements. Son objection se fonde sur la comparaison qu'il effectue entre les deux modèles de la responsabilité dont nous avons parlés plus haut. On se souvient que pour Hans Jonas la responsabilité aussi bien parentale que politique, parce qu'elles envisagent l'avenir et n'impliquent pas par conséquent l'imputabilité d'actes déjà accomplis, admettent l'historicité. Or les implications de l'historicité ici varient d'un type de responsabilité à l'autre. En effet, la responsabilité parentale se rapporte au devenir de l'individu en priorité ; il s'agit de donner à l'enfant les moyens physiques, psychologiques, affectifs, spirituels qui lui permettront, une fois devenu adulte, d'être capable à son tour d'exercer des responsabilités. Devenir adulte constitue donc la fin de l'éducation, la fin entendue ici comme but et comme terme. L'individu devenu adulte accède à l'autonomie ; il peut se passer de l'encadrement de ceux qui l'ont mis au monde. Dans ce sens, on peut dire que le devenir de chaque individu est déjà prédéterminé, la fin étant sue à l'avance. Cette prédétermination n'est pas seulement culturelle ; la nature y joue un rôle important, dans la mesure où l'éducation elle-même se fait en fonction de l'âge du sujet. La responsabilité parentale se plie « *au rythme temporel de la croissance organique, à laquelle est liée la croissance personnelle, de telle sorte qu'ici l'historicité et la nature s'interpénètrent profondément dans l'objet.* »[209] Les parents sont à chaque fois conduits à modifier, c'est-à-dire à adapter les contenus, les méthodes et les objectifs particuliers de leur tâche éducative en fonction de la croissance en âge de l'individu. Du point de vue de l'individu, nous sommes donc autorisés à parler légitimement d'enfance, d'adolescence et de vieillesse et nous pouvons assimiler cela à l'idée d'un progrès. Mais du point de vue de Hans Jonas une telle idée, à l'échelle sociale ou politique, n'est pas soutenable. Penser une fin prédéterminée de l'histoire des sociétés revient à projeter sur le plan social ce qui ne vaut que sur le plan individuel. Il affirme en effet : « *L'histoire des sociétés, des nations et des Etats — bref « l'histoire » — n'a pas de but prédéterminé vers lequel elle tendrait ou vers lequel elle devrait être conduite ; en aucun cas il ne saurait être légitime de parler à son sujet d'enfance, de maturité et de sénescence (...). Chaque société s'est composée dès l'origine de tous*

---

[209] *Ibidem*, p.153.

les âges de la vie... »[210] Une période radicalement infantile ne permet pas de comprendre comment l'humanité a pu survivre jusqu'ici, puisqu'à chaque fois l'homme a dû affronter les adversités de la vie et de la nature ; ce qui veut dire qu'il s'est toujours inventé des moyens pour sa propre défense. Reprenant ici les convictions de l'anthropologie moderne, Hans Jonas insiste sur le fait que la primitivité entendue comme défaut de culture est un concept vide de sens.

Par principe, chez Hans Jonas, la responsabilité de l'homme politique ne signifie pas que celui-ci soit le chargé d'affaires d'une fin prédéterminée à réaliser, fin qui, dans une logique hégélienne, lui échapperait. L'action de celui-ci ne participe pas d'un plan, d'une raison plus vaste et plus élevée qu'il réaliserait inconsciemment. L'inconscient historique est, dans ce sens, tout au plus seulement pensable du côté des citoyens. Et c'est sur la base de ces arguments que se fonde déjà le rejet de la démocratie par Hans Jonas.

En effet, dans la mise en œuvre des principes qu'implique l'éthique environnementale, l'homme politique, à travers des intentions secrètes, non connues du citoyen ordinaire, amènerait ce dernier à œuvrer dans le sens de l'évitement de la catastrophe. Il se profile ici l'idée d'une non association des citoyens dans la prise de décision. Ces idées relatives au problème de l'application politique de l'éthique de la responsabilité seront développées plus loin, dans la troisième partie de notre étude. Ce qui nous intéresse pour l'instant, c'est le fait que la négation de l'idée d'une fin prédéterminée de l'histoire est significative de la négation, non seulement de l'idée de progrès, mais encore de toute éthique de l'espérance, comparable à celle que veut fonder Ernst Bloch.

En effet, dans Le volume I du *Principe espérance,* ce dernier soutient que l'espérance constitue ce qui n'a jamais été pris en compte dans les théories éthiques. Or, quotidiennement, il apparaît que l'espérance marque notre vie à travers nos rêves, nos projections d'avenir. Comme Blaise Pascal l'avait souligné, en examinant notre vie intérieure, nous nous rendons compte qu'elle est orientée vers le futur, sans doute parce que le présent nous blesse. Ernst Bloch pose justement l'expérience de la blessure ou des déceptions comme condition de la prise de conscience de la morale de l'espérance, ou comme condition de son développement. La conscience du mal

---

[210] *Ibidem,* p.153.

présent, la conscience de la « *mauvaise posture* » nous ouvre l'espoir d'un monde meilleur, d'un bien à venir. Ainsi l'éthique de l'espérance se construit-elle comme une éthique de la conviction, et c'est en cela qu'elle fait place à l'utopie. Celle-ci, du point de vue d'Ernst Bloch, possède à la fois un corrélat subjectif et un corrélat objectif.

Au plan subjectif, la réalité ou la vérité de l'utopie se fonde sur le fait que l'homme, parce qu'il est doué de conscience, n'est pas un être *compact*, rivé à son passé ou au présent, sans aucune ouverture sur l'avenir. Le Moi est toujours en avant de lui-même, de telle sorte que l'espérance d'une existence meilleure est d'abord vécue en pensée, intérieurement. Cette fonction anticipante de la conscience, thématisée aussi par Henri Bergson, différencie l'homme de l'animal: *« L'animal,* dit Ernst Bloch*, ne connaît rien de semblable ; seul l'homme malgré sa lucidité plus grande, est plein d'effervescence utopique. Son existence est, pourrait-on dire, moins compacte, alors qu'en comparaison de la plante et de l'animal, il est beaucoup plus intensément là. »*[211]

L'utopie n'a pas seulement un fondement subjectif qui coïncide avec la non-opacité de l'homme ; elle possède un fondement objectif, lié au fait que le monde réel, le monde objectif n'est jamais entièrement et définitivement constitué. L'inachèvement constitue le caractère fondamental du réel. Celui-ci admet des médiations dans le processus sans cesse renouvelé de sa formation, si bien que Bloch en tire la conséquence suivante : « *Le possible réel de la* ***Nouveauté suffisamment médiatisée, et donc médiatisée par la voie de la dialectique matérialiste, constitue le second corrélat de l'imagination utopique, son corrélat concret : situé en dehors de la fermentation, de l'effervescence qui se produit dans la sphère intérieure de la conscience.*** *»*[212] C'est sur ce point que Bloch fonde sa propre critique du marxisme. Il lui reproche de considérer l'histoire comme le cadre de succession de faits définitivement accomplis, de « totalités » fermées. L'histoire ne peut être conçue, conformément au principe du marxisme, comme un processus dialectique, qu'à la condition que la réalité dont elle traite soit regardée comme un processus, c'est-à-dire comme quelque chose de non encore définitivement achevé. Mais cette objection de Bloch contre le

[211] **Ersnt Bloch** , *Le Principe Espérance*, Tome I, trad. par Françoise Vuilmard, Paris, éd. Gallimard, 1976, p.237.
[212] *Ibidem*, p.238.

marxisme ne peut faire méconnaître l'éloge qu'il en fait. Le marxisme, en tant que doctrine eschatologique selon l'interprétation de Hans Jonas, voit en effet dans la société communiste, dans la société sans classes, l'achèvement de l'histoire. Cette fin correspond à la suppression du travail comme nécessité extérieure et comme source d'exploitation. Dans la société sans classes, le travail devient un plaisir. C'est cette idée que Bloch développe à travers la métaphore du *Violon d'Ingres,* dans le second volume du *Principe Espérance.* Aussi, c'est sur ce point que Hans Jonas critique la philosophie Bloch, en ce qu'elle prend acte de l'utopie, de la conviction en la possibilité d'un monde meilleur.

Tout au contraire des convictions de Bloch, Hans Jonas se démarque de toute conviction utopique *optimiste* à propos du devenir du monde. Il s'agit plutôt d'éviter le pire, de faire en sorte qu'il y ait toujours un monde : dans la situation de crise écologique qui met en danger la planète et surtout l'homme, ce que l'éthique réclame, c'est moins l'espérance d'un bien à venir que la crainte d'une catastrophe, significative de la disparition de l'humanité ou de la dénaturation de l'homme. Le principe espérance doit céder la place, comme nous l'avons déjà souligné plus haut, au *Principe Crainte* (voir l'analyse de la peur). Le *Principe Crainte* donne une toute autre signification à l'historicité qu'implique l'éthique de la responsabilité. Cette historicité n'implique pas, comme ci-dessus affirmé, la prédétermination d'une fin à réaliser. Elle se démarque de toute eschatologie, à l'image de la conception marxiste de l'histoire. Toutefois l'éthique de la responsabilité ne peut continuer de se construire comme une éthique du futur sans justement une certaine forme d'anticipation de l'avenir. Seulement, tandis que dans les philosophies de l'histoire classiques cette fin anticipée est déjà sue et est représentée comme un bien, dans le cadre de l'éthique environnementale, ce qui est anticipé dans l'avenir relève du domaine de l'incertain, et est présumé comme un mal *possible*. Cela est incertain, car du point de vue de Hans Jonas, le savoir prévisionnel nécessaire à la fondation de l'éthique de la responsabilité demeure pour l'instant insuffisant. Ce n'est qu'à la fine pointe de la croissance de notre capacité à anticiper les conséquences de nos actes dans le futur que se précisent le sens et la gravité de la responsabilité individuelle et collective. Dans cette perspective, l'éthique de la responsabilité se fonde, comme le dit Hans Jonas, sur *la prophétie du malheur.*

Conclusion

Parvenu à ce point de notre analyse, il est important que nous marquions un arrêt pour faire le point de ce qui a été dit jusqu'ici et qui est constitutif de ce que qu'on désigner comme premier moment de la philosophie de Hans Jonas : le moment de la fondation théorique de l'éthique de la responsabilité. Une telle mise au point s'impose, à partir du moment où nous devons maintenant aborder, dans les chapitres qui suivent et qui forment la dernière partie de notre réflexion, la question de l'application politique de cette théorie, question qui n'est pas, on s'en doute, la plus aisée à traiter.

Il apparaît que la pensée de Hans Jonas peut bien être rangée parmi les discours fondateurs de l'éthique environnementale, et cela pour plusieurs raisons. La première raison consiste dans le fait qu'elle est un projet dont la motivation se trouve dans la situation de crise écologique, cette dernière étant la conséquence de la puissance technoscientifique de l'homme qui est telle, qu'elle s'inverse en menace. Ensuite, l'éthique de la responsabilité admet le présupposé fondamental de toutes les éthiques écologiques : la nécessité de l'extension des considérations éthiques à la sphère non humaine. Pour satisfaire à ce projet, Hans Jonas déconstruit les discours ontologiques classiques, et fonde sa métaphysique sur des concepts tels que ceux de la finalité et de la vulnérabilité.

Il s'avère aussi que l'éthique de la responsabilité se construit comme dans un dialogue critique avec l'éthique kantienne. Ce que cette dernière fournit à la théorie de l'éthique environnementale consiste dans l'idée de *l'universalité de la loi*. Kant postule que je dois faire en sorte que la maxime de mon acte puisse valoir en même temps comme une loi universelle. La crise écologique étant globale, l'éthique, en ses principes fondateurs, doit être universelle, planétaire. Hans Jonas ne s'inscrit pas en faux contre cette exigence de l'universalité du principe responsabilité. Mais il reproche à Kant de fonder une éthique de la *simultanéité* qui s'adresse à l'individu. C'est en effet à l'individu qu'il incombe de s'efforcer de rendre universalisable la maxime de son action. Ce monologisme propre à l'éthique Kantienne sera dénoncé également par Habermas. Tout se passe comme si pour Hans Jonas, Kant ne prend pas en compte la dimension politique de l'éthique[213]. Mais bien qu'en insistant sur le caractère collectif de l'éthique de la responsabilité, Hans Jonas conserve paradoxalement sa forme individualiste. Il remplace l'impératif catégorique de Kant par l'impératif suivant : « *agis de façon que les effets de ton action soient compatibles avec la permanence d'une vie authentiquement humaine sur terre.* »[214] Tout comme chez Kant, on voit que l'exhortation s'adresse à l'individu. Ce qui marque la rupture ici avec Kant c'est que, tandis que ce dernier insiste sur le principe de l'action, Hans Jonas met l'accent sur ses effets ou ses conséquences. Il construit ainsi une éthique concrète, *conséquentialiste*, contre le formalisme propre à Kant. Mais nous pouvons d'ores et déjà observer que, bien qu'il parle d'une éthique collective, il ne dit rien des conditions de l'universalisation. Ces conditions du moins sont définies sur le plan éthique, mais sur le plan politique, la théorie ne dit rien. Pour cela, sur ce plan, il ne peut que recourir à des solutions « dictatoriales ».

L'objet des lignes qui suivent consiste d'abord à justifier l'idée d'une option « dictatoriale » chez Hans Jonas, dans le cadre de l'application politique de l'éthique de la responsabilité comme réponse au défi écologique; ensuite, il s'agira d'indiquer le chemin qui pourrait conduire au dépassement d'une telle option, chemin qui passe par la considération de l'éthique de la discussion et de sa portée politique.

---

[213]« *L'impératif catégorique de Kant s'adressait à l'individu et son critère était instantané.* » Cf. **Hans Jonas**, *Le principe responsabilité. Une éthique pour la civilisation technologique*, op. cit., p.31.

[214] *Ibidem.*

TROISIÈME PARTIE

LA DIMENSION POLITIQUE DE L'ÉTHIQUE DE LA RESPONSABILITÉ

PREMIER CHAPITRE

ÉTHIQUE DE LA RESPONSABILITÉ ET ABSOLUTISME POLITIQUE

Toutes les considérations précédentes avaient pour objet l'examen de la manière dont Hans Jonas s'est acquitté de la tâche de la fondation théorique de l'éthique de la responsabilité. Mais la réflexion de l'auteur ne s'arrête pas à ce niveau ; elle aborde un autre aspect, celui de l'application politique de cette éthique. Dans les lignes qui vont suivre, nous allons d'abord discuter du lien entre l'éthique et la pensée politique chez Hans Jonas ; de même, nous examinerons la réponse qu'il apporte à la question du système politique le plus approprié aux exigences éthiques de la civilisation technologique. Ensuite, à partir des limites de l'argumentation de l'auteur qui, quelque part ne manque pas radicalement de pertinence, nous nous efforcerons de défendre la thèse de la solution démocratique, en nous appuyant sur l'idée de la politique délibérative, non sans nous être acquitté auparavant de la tâche de la justification de la compatibilité entre l'éthique jonassienne de la responsabilité et l'éthique de la discussion fondée par Karl Otto-Apel et Jürgen Habermas.

La discussion de la question politique surgit, comme nous l'avons déjà évoqué, avec essentiellement la confrontation que Jonas organise entre le marxisme et le capitalisme dans le but de savoir lequel des deux systèmes, avec les orientations politiques auxquelles ils prédisposent, paraît le plus adéquat pour l'application de l'éthique de la responsabilité. Après avoir écarté sans ambiguïté l'idéologie capitaliste, l'auteur procède à une évaluation d'abord théorique et ensuite pratique du marxisme, en tant que celui-ci constitue une version particulière du socialisme. En quoi le socialisme marxiste prédispose-t-il à l'application de l'éthique de la responsabilité en tant qu'éthique écologique ? Avant le traitement d'un tel problème, il s'avère d'abord impérieux de réfléchir sur le lien réel entre la théorie de la responsabilité et la politique. L'éthique de la responsabilité en tant qu'éthique du futur est-elle conciliable avec toute pensée politique ? En d'autres termes, comment se justifie le passage de l'éthique à la politique, dans le contexte de la théorie de la responsabilité ?

I.1. Du lien entre théorie de la responsabilité et la pensée politique

On peut s'attendre à ce que la pertinence de la question que nous venons de poser soit remise en cause à partir du moment où, dans les chapitres précédents, nous avons vu comment Hans Jonas s'appuie sur le paradigme de la responsabilité politique pour élucider la responsabilité telle qu'il la conçoit. On aperçoit à partir de là qu'il existe d'emblée un rapprochement entre l'éthique de la responsabilité entendue comme éthique du futur et la pensée politique. Mais l'argumentation à ce niveau ne nous paraît pas suffisante par rapport à l'objet qui détermine la présente réflexion. En effet, là il s'agissait de défendre la non absurdité de l'idée d'une responsabilité tournée vers l'avenir, donc de fonder théoriquement l'éthique, tandis qu'ici, il est plutôt question de trouver un cadre politique adéquat pour l'application des exigences de cette éthique. Il s'agit de montrer que la pensée politique ne s'ajoute pas de manière accessoire à la théorie de la responsabilité, mais qu'elle lui est intrinsèquement liée.

Dans cette perspective il convient d'observer tout de suite que la réflexion de Hans Jonas sur l'éthique appropriée à la civilisation technologique ne culmine pas dans une philosophie politique systématique, comme cela se passe dans la tradition de la pensée, même si Marie-Geneviève Pinsart présente, non à tort, la réflexion politique comme l'un des axes fondamentaux du déploiement de la philosophie jonassienne[215]. Hans Jonas qui reconnaît la dimension politique de l'éthique de la responsabilité ne s'engage pas dans une réflexion systématique sur l'Etat, sur les conditions de sa légitimité, sur la configuration qu'il devrait prendre pour que soient réalisables certains idéaux. Il se produit, d'une certaine façon, chez lui, une transformation de la problématique classique de la philosophie politique qui trouve des expressions ou des formulations différentes chez les philosophes. Il n'élabore pas un traité politique comme cela se

---

[215]**Marie-Geneviève Pinsart**, *Jonas et la liberté. Dimensions théologiques, ontologiques, éthiques et politiques,* Paris, éd. Vrin, 2002, p.08.

rencontre fréquemment dans la tradition philosophique. Il s'éloigne, par conséquent, de la démarche propre à un Platon, à un Aristote, à Spinoza ou à un Rousseau pour ne citer que ceux-là.

En effet, dans ces doctrines philosophiques classiques antérieures le lien entre l'éthique et la politique paraît évident, et la pensée éthique s'achève parfois dans une théorie politique systématique. Ainsi voit-on chez Platon que la politique, l'organisation de la cité, répond à une conception éthique de la vie humaine, de telle sorte que la vie collective apparaît comme le point culminant de la vie éthique. La vie sociale idéale est pensée comme étant la projection de la forme idéale de vie individuelle dans laquelle dominent la raison et sa vertu, c'est-à-dire la sagesse, sur les autres instances que sont les sentiments et les plaisirs. La justice, qui se désigne comme une vertu morale, se conçoit à la fois à l'échelle de l'individu et à celle de la cité. C'est la nécessité de joindre la morale à la politique qui justifie encore la conviction selon laquelle un Etat ne peut être bien gouverné qu'à la condition que le pouvoir soit exercé par les philosophes qui, au contraire des princes ordinaires, sont parvenus à la domination des passions et des plaisirs ; vivant selon la raison, ils sont aptes à assurer un gouvernement juste et à instaurer l'ordre dans la cité. C'est encore la dissociation de l'éthique et de la politique dans les pouvoirs de fait qui justifie le refus de Platon de participer à l'action politique, et le conduit à penser l'Etat idéal.

Le passage de l'éthique à la politique se constate également chez Aristote. Le bonheur, objet de la réflexion éthique, constitue en même temps la fin de la politique. C'est par la médiation de la vie sociale et par elle seule que l'homme peut prétendre à la vie heureuse ; parce que l'individu seul ne peut réaliser son bonheur, il doit, de façon naturelle, s'engager dans l'existence collective ; ce qui signifie au rebours que tout art de gouverner, pour être légitime, doit viser le bien commun qui n'est pas autre chose que le bonheur collectif. La politique apparaît d'ailleurs comme l'activité suprême, puisque son objet n'est rien d'autre que la réalisation de la fin ultime qui mérite d'être recherchée pour elle-même, en l'occurrence le bonheur.

La démarche de Spinoza confirme ce que nous essayons de soutenir : le lien entre la pensée éthique et la théorie politique. La fin de l'éthique qui est la liberté, inséparable de la vie heureuse, justifie la nécessité de la vie sociale ou communautaire[216]. Si la béatitude n'est pas la fin de la vertu mais la vertu suprême[217] , elle ne peut être atteinte dans une existence rivée à l'individualité et à la solitude. Aimer la vertu implique aimer ses semblables, et celui qui prétend à la liberté préfère la vie civile dans laquelle il suit le décret commun. L'Etat n'est pas alors conçu comme une fin en soi, mais comme l'instrument de la réalisation de la liberté humaine en ce qu'il contribue à rendre l'homme raisonnable. La règlementation de la vie civile empêche en effet l'homme de s'abandonner à ses pulsions négatives telles que, par exemple, la violence et la haine. On pourrait encore évoquer d'autres exemples qui illustrent l'évidence du lien entre éthique et politique, le fondement théorique de la politique sur la pensée éthique.

Bien entendu, nous ne prétendons pas que toute pensée éthique conduit à la théorie politique, ou que la pensée politique présuppose nécessairement la réflexion éthique. Dans l'histoire de la pensée politique, Machiavel figure le plus souvent comme celui avec qui se rompt le lien entre la morale et la politique. Le problème politique ne consiste pas chez lui en la recherche des critères de l'Etat juste, ce qui suppose la prise en compte de considérations morales ; la pensée se préoccupe plutôt de déterminer les moyens d'accéder et de se maintenir au pouvoir aussi longtemps que possible. Et il est recommandé au prince de paraître disposé de qualités morales telles que la pitié, la fidélité, l'intégrité, la piété...sans jamais les posséder ou les mettre réellement en pratique[218]. Suivre toujours les préceptes de la morale conduirait inexorablement le gouvernant à la perte. Mais à l'inverse, il arrive aussi qu'au nom de certaines considérations éthiques, on exige la suppression pure et simple de l'Etat, du pouvoir politique, en tant que celui-ci se présente comme un système d'asservissement et d'aliénation de l'homme. Il en est ainsi des discours anarchistes sur l'Etat. En d'autres termes, c'est la dissociation, révélée par la réalité, entre l'éthique et la politique, qui justifie le déni de cette dernière.

Par ailleurs, la politique ne constitue qu'un champ possible d'application des considérations éthiques parmi tant d'autres. S'il se

---

216 **Spinoza**, *Ethique, démontrée suivant l'ordre géométrique et divisée en cinq parties*, op. cit., Proposition LXXIII, p.290.

217 *Ibidem*, p.340.

218 **Machiavel :** *Le prince*, trad.par Jean Anglade, Paris, Librairie Générale Française, 1983, p.93.

produit aujourd'hui un regain d'intérêt pour la pensée éthique comme le fait observer jacqueline Russ, c'est surtout en tant qu'éthique appliquée non seulement à la politique à travers par exemple la revendication d'une prise en compte effective des droits de l'homme – dont le fondement éthique est indéniable – dans l'action politique, mais encore à des sphères de l'activité humaine telles que la science, les techniques, les affaires, l'environnement, etc. Mais quel que soit le domaine considéré, l'application de l'éthique à ce domaine exige d'être justifiée. Par exemple, ce sont les dérives du progrès scientifique et technologique qui rendent nécessaire la réflexion éthique dans ce domaine. Ici, ce n'est donc pas, bien entendu, la pensée éthique qui conduit au discours sur la science, mais l'inverse. Toujours est-il que le lien entre l'éthique et la science paraît aujourd'hui incontestable.

Sur le plan politique, ou bien c'est la réflexion éthique qui conduit à la pensée politique, ce qui signifie que cette dernière n'est pas la préoccupation primordiale ; elle se présente comme une médiation pour l'achèvement de l'éthique. Ou bien alors la pensée politique, la recherche de la meilleure forme de gouvernement exige la prise en compte de certaines recommandations éthiques. On se soucie plus du problème politique que de celui de l'éthique, qui devient dans ces conditions l'auxiliaire de la pensée politique. L'éthique devient secondaire par rapport à la politique ; mais elle est secondaire ne veut pas dire qu'elle est simplement incidente et par conséquent facultative. Elle ne saurait l'être, puisque, finalement, c'est à sa lumière que peuvent se clarifier et même se résoudre les problèmes politiques.

Dans le contexte de la pensée de Hans Jonas, il apparaît qu'*a priori* la politique ne constitue pas la préoccupation fondamentale, même si de l'aveu de l'auteur elle demeure la préoccupation la plus difficile mais nécessaire. La pensée politique est imposée par les dimensions que prend l'éthique de la responsabilité. C'est bien le souci de la réforme éthique comme réponse à la menace écologique qui justifie la thématisation de la politique. Ce qui autorise encore une telle lecture de la pensée de l'auteur, c'est le fait que, lorsqu'il aborde l'analyse des deux grandes idéologies, le capitalisme et le communisme, il s'attaque en fait à l'éthique qui sous-tend chacun d'eux. L'éthique précède donc la politique sur le plan chronologique et logique. Mais dans le fond, nous pouvons soutenir que la pensée éthique et la pensée politique sont très étroitement liées dans la démarche de Hans Jonas, si bien qu'il apparaît que la doctrine de la responsabilité s'articule autour de deux points essentiels suivant lesquels d'ailleurs nous avons construit nos investigations : il s'agit d'abord de la question théorique de la fondation de l'éthique (1ère et 2ème parties), et ensuite de la question pratique de son application.

En effet, l'enjeu politique de l'éthique de la responsabilité figure d'entrée de jeu dans l'ouvrage principal de Hans Jonas, *Le principe Responsabilité,* et en constitue le second moment de la problématique. Dès la page 31, après avoir énoncé l'impératif qui, à son sens, s'adapte le plus à la nouvelle situation, il indique qu'un tel impératif, au contraire de l'impératif monologique de Kant, *« s'adresse beaucoup plus à la politique publique qu'à la conduite privée, cette dernière n'étant pas la dimension causale à laquelle il peut s'appliquer »*[219]. L'impératif s'adresse à la collectivité qui, dans le cadre de la crise écologique, constitue la dimension causale, et cela, en un double sens : d'abord, la crise n'est pas le fait de l'action individuelle, mais le résultat de l'agir collectif ; ensuite et par conséquent, ce n'est pas l'action individuelle, isolée qui peut permettre de la résoudre. Toute action qui vise la résorption de la menace écologique exige d'être collective, aussi bien à l'échelle nationale qu'internationale. Le véritable problème qui se pose dès lors consiste à savoir par quel moyen orienter l'agir collectif vers la lutte pour la protection de l'environnement. La question n'est donc plus seulement théorique, mais surtout pratico-politique. Dans ce sens, le problème politique s'inscrit dans le cadre de la question générale de l'application des principes théoriques de l'éthique de la responsabilité, une fois que ceux-ci sont fondés, et cela, ontologiquement.

Mais l'on se confronte ici à une première difficulté qui semble rendre impossible l'application de l'éthique de la responsabilité à la politique. Cette difficulté pratique consiste d'abord dans le fait que ce qui motive le projet de la construction d'une éthique de la responsabilité qui pourrait valoir comme éthique environnementale se présente sous le signe de l'incertitude. Il n'existe pas de certitude sur les conséquences réelles de la détérioration de l'environnement ; il n'en

---

219 **Hans Jonas**, *Le principe responsabilité. Une éthique pour la civilisation technologique*, op. cit., p.31.

n'existe que des signes[220]. Du point de vue de Hans Jonas, le savoir prévisionnel nécessaire pour définir les stratégies adéquates susceptibles de remédier à la crise demeure suffisamment lacunaire. La question se pose alors de savoir si l'on peut fonder l'action, prendre des décisions politiques sur ce qui est seulement possible : « *Le caractère incertain des projections d'avenir*, dit-il, *qui n'est pas nuisible à la doctrine des principes devient une faiblesse sensible là où elles doivent jouer le rôle de pronostics, à savoir dans l'application pratique-politique (qui de manière générale, comme nous le verrons encore, est la partie la plus faible du système, non seulement du point de vue théorique, mais également du point de vue opératoire).*»[221] Par ailleurs, les nouveaux impératifs qui s'imposent exigent, pour leur pratique, une transformation de la politique, une nouvelle vision de l'Etat. Car il ne s'agit plus, comme cela a été souligné, de prendre en compte uniquement les intérêts des générations présentes, mais aussi et surtout d'intégrer, dans les projets de gouvernement, les intérêts des hommes à venir. L'histoire politique des sociétés révèle que l'homme politique, qui préside aux destinées de son peuple, n'hésite pas parfois à mettre en jeu la vie de la nation, à exiger des citoyens des sacrifices, même les plus ultimes, en vue de la défense de leurs intérêts. Tourner l'action politique vers l'avenir implique que le gouvernant puisse prendre les mêmes risques, c'est-à-dire qu'il puisse exiger des citoyens actuels de consentir à des sacrifices, qu'ils puissent renoncer à leurs intérêts y compris leur existence physique pour sauvegarder ceux des hommes à venir.

Bien entendu, il se produit parfois dans l'histoire des sociétés des situations où les hommes acceptent mettre en jeu leurs vies pour assurer la survie de la communauté ou pour sauvegarder son identité. Il s'agit par exemple des situations de guerres où la mort au combat est vécue comme un honneur dans la mesure où l'on accepte donner son sang pour la survie de la nation. Mais ce don de soi à la cité, ce sacrifice ultime est accepté parce que la menace est réelle et visible par tous les membres de la communauté. L'envahissement du territoire par l'étranger, les pertes en vies humaines, la destruction et le pillage des biens de la communauté constituent des signes certains

---

[220] Il faut observer toutefois que les rapports scientifiques disponibles et les recherches contribuent de plus en plus à reculer les frontières de l'incertitude quant à la réalité de la dégradation de l'environnement et à ses conséquences.

[221] *Ibidem*, p.53.

que la vie et la survie de la communauté est menacée. Mais cette situation n'est pas comparable au contexte de la crise environnementale. Comme souligné plus haut, la menace ne paraît pas si réelle et si proche pour mobiliser la volonté nécessaire en faveur d'une éthique et d'une politique du sacrifice et du renoncement. Dans ce sens, l'homme d'Etat soucieux de conserver son pouvoir peut-il opter de sacrifier les besoins présents et parfois pressants des citoyens actuels sur qui il doit compter pour se maintenir à son poste au nom de citoyens seulement virtuels ? Des citoyens indigents comme ceux des pays du Sud, incapables de satisfaire les besoins les plus élémentaires, peuvent-ils cautionner une action politique qui se détourne de leurs préoccupations actuelles en vue de garantir la satisfaction des besoins de citoyens inactuels ? Peut-on décider d'une guerre, de la nécessité d'une répression à l'intérieur, d'une politique d'austérité financière au nom des intérêts de générations inactuelles ? L'application d'une éthique de la responsabilité est-elle possible et constitue-t-elle une bonne nouvelle sur le plan politique ?

Si l'éthique de la responsabilité possède une dimension politique, il convient alors de montrer en quoi une théorie éthique préoccupée par l'avenir peut conduire légitimement à une réflexion politique. À ce sujet, il s'agit de montrer que parmi les responsabilités de l'homme politique figure de toute nécessité sa responsabilité à l'égard de l'avenir. Mais en quoi l'impératif du maintien de l'existence physique de l'humanité peut-il s'inscrire dans les obligations de l'homme politique ? À l'inverse l'application de cet impératif à la politique ne peut-elle pas être désastreuse ? Ne faut-il pas craindre qu'une telle application puisse justifier des politiques de sacrifice, même physique, des générations présentes ? Ne peut-on pas admettre, pour parer au danger, la politique de la catastrophe utile qui consiste, à l'occasion de sinistres comme une épidémie par exemple ou une pollution à grande échelle, à laisser mourir le maximum d'hommes possible pour rééquilibrer l'économie et l'écologie ? Et si la survie physique de l'humanité passait par l'extermination d'une partie de la population, ne pourrait-on pas tolérer une politique de social-darwinisme à l'échelle aussi bien nationale qu'internationale? Sans toutefois prétendre qu'Hans Jonas soutient une telle position, Karl Otto-Apel, dans une approche critique de la défense jonassienne du principe de l'autolimitation contre celle de la libération et de la réalisation de l'homme, remarque que cette théorie de la responsabilité pourrait laisser ouverte une telle perspective[222]. De toute façon, Hans Jonas lui-même, comme le relève M.-G. Pinsart, « *est conscient que la biologie ne fournit aucune justification à la responsabilité à l'égard des générations futures : rien ne s'oppose d'un point de vue biologique à ce qu'une partie de l'humanité puisse survivre au détriment d'une autre ou que l'espèce humaine disparaisse.* »[223]

Les arguments développés jusqu'ici révèlent les difficultés auxquelles on se confronte lorsque l'on aborde la question de l'application politique de l'éthique de la responsabilité. Mais au-delà de l'apparente impossibilité de concilier l'éthique de la responsabilité avec la pratique politique, nous pouvons soutenir que le lien entre l'éthique et la politique existe bel et bien chez Hans Jonas. Ce dernier, bien qu'il reconnaisse que, dans une perspective biologique, la disparition de l'humanité ou le sacrifice d'une de ses parties est tolérable, il insiste toutefois sur le fait que, du point de vue purement moral et humain, de telles options sont inacceptables. Et d'une certaine façon, nous pouvons soutenir que même du point de vue biologique, il s'agit là d'options condamnables. En effet, dans la phénoménologie de la vie qu'il propose, il montre que la conscience humaine, fondement de la liberté de l'homme, n'est que la fine pointe de l'évolution de telle sorte que du point de vue de la téléologie de la nature, ce que l'homme « a fait de lui-même ne *peut* disparaître. » En plus de ce qu'il en dit dans *Le principe responsabilité*, on peut mentionner ce qu'il développe comme idée dans *Le phénomène de la vie.* Dans cet écrit, qui est un recueil d'essais, il soutient dès l'introduction qu' « *une philosophie de la vie englobe la philosophie de l'organisme et la philosophie de l'esprit...l'organique, même dans ses formes les plus inférieures, préfigure l'esprit, et l'esprit, même dans ce qu'il atteint de plus haut, demeure une partie intégrante de l'organique.* »[224] Il y a une unité de l'être fondée sur le concept de la liberté qui ne se réduit plus à déterminer l'essence de la conscience

---

[222] **Karl Otto-Apel,** « La responsabilité aujourd'hui n'est-elle qu'un principe de conservation et d'autolimitation ou reste-t-elle encore un principe de libération et de réalisation de l'humanité ? » In *Discussion et responsabilité,* T.2, *Contribution à une éthique de la responsabilité*, trad. par C. Bouchindhomme et R. Rochlitz, Paris, éd. du Cerf, 1998, p.13.

[223] **Marie-Geneviève Pinsart**, *Jonas et la liberté. Dimensions théologiques, ontologiques, éthiques et politiques,* op. cit. p.191.

[224] **Hans Jonas**, *Le phénomène de la vie, vers une biologie philosophique*, trad. par D. Lorries, Bruxelles, Deboeck Université, 2001, p.13.

humaine, mais s'étend à toute réalité qui manifeste la vie. Car *« si l'esprit est préfiguré dès le début dans l'organique, alors la liberté l'est aussi...le métabolisme lui-même, le niveau fondamental de toute existence organique, la manifeste : qu'il est lui-même la première forme de liberté.»*[225] Il apparaît donc que dans cette logique, l'éthique de la responsabilité ne saurait justifier une politique social-darwiniste qui puiserait ses arguments dans la logique de la philosophie de la vie.

La thèse fondamentale que nous rencontrons chez Hans Jonas qui justifie la connexion nécessaire entre l'éthique de la responsabilité et la politique consiste dans l'affirmation selon laquelle *« tout art de gouverner porte la responsabilité de la possibilité d'un art de gouverner futur. »* Cette thèse, que nous avons déjà évoquée à propos du paradigme politique de la responsabilité, nous la reprenons ici en l'intégrant au problème qui nous préoccupe en ce moment : montrer qu'une éthique de la responsabilité tournée vers l'avenir ne peut éviter la dimension de sa mise en œuvre politique. Dans ce sens, nous pouvons remarquer que l'argumentation ne s'appuie plus sur des considérations ontologico-métaphysiques, mais logiques. Dans ses détails, l'argument se ficelle ainsi : l'homme d'Etat ne doit *« rien faire qui puisse empêcher le surgissement ultérieur de ses semblables ; donc* [il ne devrait pas] *boucher la source indispensable, même si elle est imprévisible, de la spontanéité dans la collectivité, dans laquelle devront se recruter les hommes d'Etat futurs – donc* [il ne devrait] *pas produire, ni au niveau du but, ni au niveau du chemin vers ce but, une situation dans laquelle les candidats possibles à la répétition de son propre rôle seront devenus des laquais ou des robots. »*[226] Il est à remarquer que l'affirmation semble invalider l'idée d'une préférence pour un modèle politique autoritaire chez Hans Jonas. Elle révèle en tout cas l'ambivalence ou même l'ambiguïté de la démarche de l'auteur dans la mesure où, tout en posant comme nécessaire un pouvoir contraignant, il demeure attaché à l'idée de la liberté. L'homme politique doit mettre au compte de ses responsabilités l'obligation de préserver la spontanéité qui se trouve à l'origine du pouvoir politique. Nous reviendrons sur ces idées plus loin. Pour l'instant nous insistons sur le fait que l'éthique de la responsabilité en ses fondements et en ses implications ne peut éviter la question de son

---

[225] *Ibidem*, p.14.

[226] **Hans Jonas**, *Le principe responsabilité. Une éthique pour la civilisation technologique*, op.cit., pp.164-165.

application politique. Elle refuse d'être une éthique formelle, simplement préoccupée par la question du fondement de ses propres principes. Ce qui veut dire qu'elle doit se donner les chances d'être appliquée dans l'existence concrète ; de plus elle s'adresse non à l'individu, mais à la collectivité et par suite à l'humanité d'une manière générale. C'est pour cela que, sous sa dimension politique, elle ne se rive pas à la sphère des Etats particuliers, mais exige de s'étendre à une échelle politique internationale. L'éthique de la responsabilité qui se construit comme une réponse au défi écologique reprend en charge la question de la justice sociale au plan national et international.

En résumé nous pouvons dire que les difficultés qui sont soulevées et qui constituent la formulation de la problématique politique chez Hans Jonas se ramènent à la question suivante : *trouver une forme d'organisation politique capable de rendre effective l'éthique de la responsabilité*. Deux orientations semblent s'offrir entre lesquelles Hans Jonas opère un choix déterminé. Il s'agit d'abord de la voie démocratique qu'Hans Jonas rejette sans ambiguïté. Ensuite, le second moment de l'alternative est un gouvernement quasi dictatorial, tyrannique, aux antipodes en tous cas du mode de gestion démocratique. Qu'est-ce qui peut justifier une telle prise de position ? Les arguments qui la soutiennent sont-ils suffisamment solides ? Une difficulté en appelant une autre, en réfléchissant sur le meilleur cadre politique dans lequel peut devenir réelle l'éthique de la responsabilité, on se trouve du même coup confronté à la question de la possibilité d'universaliser un tel système. La crise écologique est globale et elle exige par-là une éthique planétaire. Mais la politique qui doit permettre l'application des principes de cette éthique peut-elle être universelle ? En d'autres termes, les conséquences qui dérivent de l'application de l'éthique de la responsabilité peuvent-elles être assumées par tous les Etats ? Cette question sera remise à l'ordre du jour lorsque nous nous interrogerons sur la possibilité de concilier l'éthique de la responsabilité avec l'idée de la démocratie délibérative par la médiation de l'éthique de la discussion. Dans les relations internationales, est-il possible d'aboutir à un *consensus* sur la question environnementale, par exemple entre les pays du Sud et ceux du Nord ? Les pays non développés peuvent-ils s'engager à assumer les conséquences des décisions qui pourraient être prises dans le sens de la protection de l'environnement, ce qui constitue pourtant un présupposé de l'éthique de la discussion ? À l'inverse, les pays du Nord sont-ils prédisposés à consentir démocratiquement à des privations significatives en vue d'un partage équitable des biens avec les pays pauvres ? Nous verrons que pour Hans Jonas, même une politique socialiste d'orientation communiste ne peut satisfaire au projet de la mise en œuvre d'une éthique écologique de la responsabilité qu'en concédant à de tels sacrifices, ce qui ne peut avoir lieu que si elle procède à une relecture de ses principes traditionnels.

I.2. La tentation du pouvoir totalitaire

Une fois le lien entre l'éthique de la responsabilité et la politique établi, il demeure le problème sans doute plus délicat de la détermination du cadre politique approprié pour la mise en application d'une telle éthique. À ce sujet, il a déjà été souligné qu'il s'agit, conformément à la démarche de Hans Jonas, d'opérer un choix entre les deux grandes idéologies en vigueur à l'époque, l'idéologie capitaliste de l'Ouest et l'idéologie communiste de l'Est, avec les orientations politiques qu'elles présupposent : l'une la démocratie, et l'autre le socialisme. Le problème consiste à savoir lequel des systèmes est apte à imposer une politique et une discipline de restrictions économiques, tant au niveau national qu'international, comme conditions *sine qua non* de la résolution de la crise écologique. L'auteur s'inscrit radicalement en faux contre la thèse qui soutiendrait la capacité du modèle capitaliste à assumer un tel rôle, et ce, pour plusieurs raisons : il s'agit d'abord de son exaltation d'une économie de profit et de consommation fondée d'ailleurs sur la libre concurrence, contribuant ainsi à aiguiser les égoïsmes individuels et nationaux, et à inciter au gaspillage dans l'utilisation des ressources naturelles ; ensuite son exaltation de la technologie comme moyen de croissance économique et d'émancipation de l'homme; enfin sa revendication d'un système politique libéral fondé sur le *consentement* des citoyens. Un tel système rend impossible l'application de mesures impopulaires qu'impose pourtant l'urgence du moment. À tout ceci il faut ajouter son attachement à une philosophie du progrès ou à l'idéal utopique. Mais nous verrons que tous ces écueils seront également mis au compte de la critique du socialisme communiste opérée par Hans Jonas au point qu'il apparaîtra que, si son rejet du capitalisme et son corollaire de la démocratie paraît de prime abord radical, il n'exhibe pas le communisme comme étant à tout point de vue le système qu'il faut face à la catastrophe menaçante. S'il n'envisage aucune réforme de la démocratie pour l'adapter aux exigences du moment, du moins dans *Le principe responsabilité*, il insiste sur la nécessité d'une réorientation du modèle communiste du socialisme pour le rendre compatible avec l'éthique de la responsabilité.

L'option pour un modèle socialiste d'inspiration communiste semble inscrire tout de suite la pensée politique de l'auteur dans la logique d'un pouvoir totalitaire. À plusieurs endroits de sa réflexion il soutient des idées qui justifient une telle interprétation. Dans *Le principe responsabilité*, il affirme ce qui suit : « *Ce qui est clair en tout cas, c'est que c'est seulement un maximum de discipline politiquement imposée qui est capable de réaliser la subordination de l'avantage du moment au commandement à long terme de l'avenir.* »[227] Dans *Pour une éthique du futur*, il soutient que la liberté qui constitue le destin de l'homme et pour laquelle l'existence physique de l'humanité doit être préservée n'est pas en soi incompatible avec un pouvoir tyrannique, si jamais celui-ci se présentait comme l'unique alternative face à la crise écologique[228]. Or du point de vue de l'auteur, seul un régime d'inspiration communiste est à même *d'imposer* la discipline requise pour faire face à la crise. En partant de ce principe, la tâche qui s'impose consiste alors à examiner jusqu'à quel point le communisme est à même de rendre effective une telle discipline dès lors que nous ne pouvons rien attendre du système capitaliste qui se trouve à l'origine de la crise.[229]

---

[227] **Hans Jonas**, *Le principe responsabilité. Une éthique pour la civilisation technologique*, op.cit., p.194.

[228] **Hans Jonas**, *Pour une éthique du futur*, op.cit., pp. 113-115.

[229] «*Puisque l'économie « libre » des sociétés industrielles occidentales est précisément le foyer de la dynamique qui dérive vers le danger mortel, le regard se tourne naturellement vers l'alternative du communisme. Peut-il nous apporter le secours dont nous avons besoin ? Est-il équipé pour cela ? C'est uniquement de ce point de vue que nous voulons examiner l'éthique marxiste – donc du point de vue de ce qui sauve du malheur, non de celui de l'exaucement d'un rêve de l'humanité. Notre regard se tourne vers le marxisme, parce que l'orientation vers l'avenir de toute l'entreprise humaine lui est particulière (puisqu'il parle de « révolution mondiale »), avenir pour lequel il ose demander n'importe quel sacrifice au présent ; et là où il règne, il peut également y contraindre. C'est au moins bien plus difficile de voir comment l'Occident capitaliste pourrait réaliser cela.*» cf. **Hans Jonas**, *Le principe responsabilité. Une éthique pour la civilisation technologique*, op.cit., p.194.

Evoquer le marxisme en matière de pensée politique nous situe tout de suite dans le contexte d'un mode centralisé de gestion du pouvoir dans lequel la sphère de la vie privée est presqu'entièrement contrôlée par le pouvoir étatique, de telle sorte qu'il n'est plus possible de parler en termes de liberté ou d'autonomie privée. Le marxisme, aussi bien dans la théorie que dans la pratique, prédispose à une telle interprétation, au point que l'on peut opposer tout de suite un système politique d'inspiration marxiste au système de la démocratie, aujourd'hui exhibé et revendiqué comme la meilleure façon de gouverner les peuples. L'exemple de l' « empire soviétique » aujourd'hui écroulé et celui encore vivant de la Chine populaire révèlent cette opposition, au point qu'ils sont dénoncés comme étant des pays qui n'ont aucun respect pour les droits de l'homme à partir du moment où l'on a déjà admis que l'idée des droits de l'homme constitue l'aune à partir de laquelle se mesure la légitimité d'un système politique. L'époque contemporaine se distingue des autres par la tendance au rejet des régimes centralisés en faveur de pouvoirs politiques aussi démocratiques que possibles. Opter pour une forme de pouvoir inspirée du marxisme reviendrait donc à rejeter la démocratie comme mode efficace de gestion et d'exercice du pouvoir politique, et à s'inscrire en faux, par voie de conséquence, contre les aspirations du moment. Un tel rejet se présente d'emblée comme légitime chez Hans Jonas. Mais procéder ainsi signifie que, au regard de la situation actuelle de l'humanité marquée par des conflits sociaux et ce nouveau type de conflit, celui entre l'homme et la nature, un pouvoir autoritaire constitue ce qu'il faut le plus, en ce qu'il présente des avantages certains. À l'inverse, cette attitude qui caractérise *a priori* la démarche de Hans Jonas correspond en même temps à un rejet de la démocratie qui se présente alors comme incapable de répondre aux défis auxquels fait face le monde aujourd'hui.

Mais il faut remarquer que, dans l'histoire de la pensée politique, le rejet du système de la démocratie en faveur d'un pouvoir de nature absolue n'est pas seulement propre à Hans Jonas. En effet, nous pouvons nous référer à la fondation platonicienne de la cité idéale qui renvoie, dans la terminologie moderne, à un pouvoir de nature aristo-technocratique dans lequel la prise de décision ne peut nullement être l'affaire de tous les citoyens. Seuls les philosophes ont le droit et même le devoir – dans la mesure où ils sont éduqués pour cette tâche – de présider aux destins de la communauté. Bien entendu, ce retour à

Platon, cette évocation du philosophe grec n'est pas destinée à établir un rapprochement entre le marxisme et la pensée platonicienne. Nous ne prétendons pas que, puisque le marxisme *a priori* conduit à l'idée d'un Etat autoritaire et totalitaire, à l'opposé de la forme démocratique considérée comme proche de la bourgeoisie, il s'inspire du platonisme. L'anti-idéalisme caractéristique du marxisme n'autorise pas une telle lecture. Nous ne prétendons pas non plus qu'Hans Jonas, en rejetant la démocratie, se fonde sur les mêmes arguments que Platon. On sait que l'auteur du *Principe responsabilité* prend ses distances par rapport à Platon sur le plan de la fondation théorique de l'éthique de la responsabilité. Il reproche à Platon son idéalisme qui est tel que sa doctrine est restée fermée à toute considération touchant la dimension temporelle de l'être[230]. Et c'est d'ailleurs l'une des raisons pour lesquelles il fait l'éloge du marxisme contre à la fois l'idéalisme platonicien et l'idéalisme hégélien. Néanmoins nous pouvons juste observer que, d'une certaine façon, l'approche platonicienne, dans des proportions gardées, semble constituer une source d'inspiration chez Hans Jonas, dans la mesure où ce dernier suggère que l'on mette à la tête de l'Etat des hommes avertis et prévenus sur les questions écologiques, et qui, sous le voile d'intérêts officiellement avoués, travailleraient à imposer les obligations liées à l'éthique de la responsabilité. On retrouve ici l'idée du philosophe éclairé qui, possédant la science du juste, gouvernerait suivant cette norme de la justice. Le rapprochement avec la doctrine de Platon peut donc se justifier par le choix, opéré par Hans Jonas, en faveur de l'élitisme. Dans ce sens, Hans Jonas s'éloigne de la problématique de la philosophie politique moderne qui se préoccupe de réfléchir sur les conditions de la réduction de l'*écart* entre le citoyen et son représentant[231].

La critique de Hobbes contre le mode démocratique de gestion du pouvoir semble plus féconde que celle de Platon, en rapport avec les arguments à l'aide desquels Hans Jonas désavoue ce système en

---

[230] « *L'eros platonicien, orienté vers l'éternité et non vers la temporalité n'est pas responsable de ses objets. Ce vers quoi il tend est une quiddité supérieure, qui ne « devient » pas, mais qui « est ». Mais une chose que le temps ne saurait affecter, à laquelle rien n'arrive, ne peut être un objet de responsabilité. L'éternel, l'aei on, n'en a pas besoin ; il attend qu'on participe à lui...* » *Ibidem*, p.174.

[231] À ce sujet, l'analyse que fait **Mahamadé Savadogo** est très éclairante. Cette analyse se développe dans son ouvrage *La parole et la cité. Essais philosophiques*, Paris, éd. L'Harmattan, 2002, pp.217-238.

faveur d'une option totalitaire. En effet, l'idée que la démocratie ne prédispose pas à l'application des décisions les plus contraignantes et cependant les plus nécessaires fut soutenue auparavant par Thomas Hobbes, avant Hans Jonas. Dans le *De cive*, lorsque, après avoir décrit les trois formes de pouvoir possibles, Hobbes procède à leur comparaison, il n'hésite pas à affirmer que de toutes les trois, la monarchie se présente comme la meilleure forme de gestion du pouvoir. Seul un tel régime peut garantir la stabilité de l'Etat sans laquelle la sécurité et la paix qui en sont les fins fondamentales seraient impossibles. Dans l'effort de justification de sa position, Hobbes se fonde sur le fait que rejeter la monarchie en faveur de la démocratie revient à contester le mode selon lequel Dieu lui-même gouverne le monde : « *Ces gens* [ceux qui contestent la légitimité de la monarchie] *voudraient bien,* dit-il, *s'ils pouvaient, se soustraire à l'empire de Dieu, dont le gouvernement est monarchique.*»[232] Ensuite, ceux qui revendiquent la démocratie ne manifestent en réalité que leur désir de participer au gouvernement, leur volonté d'exercer le pouvoir, puisque dans un régime monarchique, cette chance leur est ôtée. De même, désapprouver la monarchie au nom du principe de la liberté ne se justifie pas car tout système politique, y compris celui de la démocratie, présuppose une restriction des libertés. Dans l'Etat, quelle qu'en soit la forme, la liberté ne peut jamais se concevoir comme la capacité de faire ce que l'on veut. Car il n'y a pas de société ou d'ordre politique sans lois et une police pour veiller à leur respect. Si l'Etat a pour but la liberté, il ne s'agit que de la liberté collective qui n'est possible qu'au prix d'une restriction des libertés individuelles. On peut sans aucun doute disserter sur la question de savoir si la liberté n'est pas plus limitée dans la monarchie que dans la démocratie ; toujours est-il que ce sur quoi Hobbes insiste concerne le fait que, dans n'importe quelle forme d'Etat, la liberté se trouve nécessairement limitée. L'argument le plus fondamental chez lui en faveur du pouvoir absolu consiste dans la conviction que les démocraties sont incapables de mettre en œuvre des mesures nécessaires pour la résolution de certaines préoccupations décisives, puisque celles-ci compromettent les intérêts immédiats des individus. Un tel argument, d'une certaine façon, se retrouve chez Hans Jonas. Le débat démocratique est représenté par Hobbes comme le lieu de

[232] **Thomas Hobbes,** *Le citoyen ou les fondements de la politique*, trad. par Samuel Sorbière, Paris, éd.Flammarion, 1982, p.198.

discours creux, chacun cherchant non à convaincre l'autre, mais à le persuader de la validité seulement supposée de ses opinions, l'objectif consistant à accéder au pouvoir et à le conserver aussi longtemps que possible. Les discours se contentent d'être de vaines rhétoriques, sans doute à l'image de l'usage du langage par les sophistes, éloignés de tout rapport avec la vérité. C'est donc l'immoralité du discours politique dans le contexte de la démocratie, à travers lequel s'expriment les passions et les intérêts égoïstes, qui explique le déni de la démocratie comme système incapable de résoudre les problèmes les plus capitaux et décisifs de la société. Et les faits donnent raison, et à Hobbes et à Hans Jonas, dans la mesure où les discours politiques, construits pendant et en dehors des campagnes électorales, s'inscrivent très vite dans la logique de la manipulation de l'opinion publique. Une telle manipulation réussit d'autant plus facilement que dans certains contextes cette opinion demeure, dans une certaine mesure, naïve et immature, comme c'est le cas particulièrement en Afrique, en raison du faible niveau d'instruction.

Dans ce sens, en nous situant dans le contexte du problème écologique, il faut craindre que les communications politiques propres aux défenseurs de l'environnement ne s'inscrivent dans la logique de la rhétorique politicienne qui sera alors destinée à se servir de la cause écologique pour satisfaire des ambitions personnelles de conquête du pouvoir. Le discours écologique risque de devenir, sur le plan politique, un discours comme les autres. Ou bien il faut s'attendre à ce que dans la pratique, l'impopularité des raisons écologiques soit telle, que les candidats aux responsabilités politiques, guidés par le désir d'accéder au pouvoir ou de s'y maintenir, ne se prédisposent pas à l'intégrer avec sérieux dans leurs projets politiques. Car seule ce qui compte alors la construction de sa propre popularité. Or, que les raisons écologiques soient impopulaires, c'est bien ce à quoi il faut s'attendre dans le contexte aussi bien des pays pauvres que des pays riches. Mais c'est surtout dans les pays sous-développés que les partis écologistes se font le moins sentir. Ils ne se manifestent que lors des campagnes et cela timidement. Il serait difficile de persuader par exemple un citoyen d'un pays comme le Burkina de renoncer à l'utilisation du bois de chauffe, alors qu'il n'a pas les moyens de se procurer d'autres ressources énergétiques. Au moment où le marché des automobiles d'occasion est très florissant en Afrique (au Burkina), aucun homme politique ne peut promettre, dans son programme, de mettre fin ou de restreindre un tel commerce et espérer par-là conquérir l'électorat. Or ces véhicules sont pour la plupart interdits de circulation dans les pays où ils ont été originairement construits et utilisés, en raison du niveau important de leur taux de pollution. Les mesures de restrictions exposent les gouvernants non seulement aux contestations intérieures, mais encore aux réprobations venant de l'extérieur, dans la mesure où les pays pauvres constituent un puissant marché de consommation des produits avariés du monde industrialisé. Ces exemples montrent que les réticences de Hans Jonas quant à la capacité des régimes démocratiques à faire face à la menace technologique ne sont pas dépourvues de tout fondement.

Pour résumer les considérations développées dans le paragraphe précédent, on peut retenir que l'orientation autoritariste de la pensée de Hans Jonas consiste d'abord dans sa suspicion du capitalisme comme incapable de permettre l'application de l'éthique de la responsabilité, et ensuite dans sa thèse de la nécessité d'une politique assez forte pour imposer la discipline qu'exige une éthique préoccupée par l'avenir. À cela, il faut ajouter sa position en faveur du principe platonicien du pieu ou du noble mensonge dans la gestion des affaires de la cité à chaque fois que cette conscience fausse qu'il faut entretenir chez les citoyens peut être opératoire en matière d'écologie. En d'autres termes, la rhétorique politicienne n'est pas à écarter, tant qu'elle ne se met pas au service de la conquête du pouvoir uniquement pour la satisfaction de passions et d'intérêts individuels immédiats, ou alors tant qu'elle ne se met pas au service de la réalisation d'un bien prédéterminé. L'auteur pose donc ici le problème du délicat rapport entre la politique et la vérité, et se rapproche de l'approche machiavélienne. En effet, il affirme que, dans le contexte de la crise écologique, « *un nouveau Machiavel pourrait devenir nécessaire, mais qui devrait exposer sa doctrine d'une manière rigoureusement ésotérique.*»[233] Et Hans Jonas conclut, sans ambiguïté, qu'il ne recule pas devant cette pensée et qu'il n'a pas besoin de se défendre contre le reproche de cynisme qui pourrait lui être adressé; car derrière ce cynisme se cacheraient de bonnes intentions[234]. Ces propos sont

[233]**Hans Jonas**, *Le principe responsabilité. Une éthique pour la civilisation technologique*, op.cit, pp202-203.

[234]*Ibidem.* L'auteur montre que l'enthousiasme pour l'utopie propre au marxisme peut être monnayé en enthousiasme pour la modération. Ce qui signifie que sous le couvert du principe espérance, celui de l'émancipation cher au marxisme, l'élite gouvernante devrait pouvoir donner « de l'influence » au principe Crainte. Orienter

suffisants pour justifier la tentation du pouvoir autoritaire chez Hans Jonas. Puisque le communisme est considéré *a priori* comme plus apte à remplir la mission d'une politique du salut, il est maintenant temps d'exposer l'évaluation du système proposée par lui avant toute prise de position personnelle.

I.3. La critique du communisme

Nous avons déjà procédé à une brève présentation de la critique qu'Hans Jonas organise à propos du marxisme en tant que cette critique introduisait à l'extension de la réflexion de l'auteur à la question politique. Nous reconduisons ici cette critique en la présentant sous sa double dimension conformément à la démarche de l'auteur.

En effet l'évaluation qu'il propose du communisme d'inspiration marxiste porte d'abord sur la théorie et ensuite sur la pratique dans laquelle il examine les chances concrètes des avantages du marxisme théoriquement établis. L'auteur exige, pour l'objectivité de la critique, que l'on tienne compte du principe suivant lequel elle s'effectue. Il ne s'agit pas en effet d'une évaluation des avantages et des inconvénients intrinsèques du système ; il s'agit plutôt d'examiner son aptitude à permettre d'éviter la catastrophe. La question consiste donc à savoir si le communisme est à même d'indiquer, à tout point de vue, les moyens efficaces contre le danger technologique. Autant dire que le système est évalué à partir d'une fin qui lui est étrangère. En d'autres termes, la critique vise à montrer à quel point le marxisme peut aider à satisfaire au projet d'application, dans la réalité socio-politique, de l'éthique de la responsabilité. Ce qui impose comme démarche la confrontation des deux théories : celle du marxisme et celle de la responsabilité, confrontation à travers laquelle se révèle une ambivalence de la première.

Le premier point commun entre le marxisme et la théorie de la responsabilité consiste dans le fait que toutes les deux doctrines fondent une éthique concrète tournée vers l'avenir. On trouve dans le marxisme, en effet, le principe du sacrifice du présent au bénéfice de

---

ainsi le marxisme correspondrait à un abus du système et par suite de la masse, abus qui est d'ailleurs « *possible par la mystification (en passant sous silence la substitution des fins).* » Mais pour Hans Jonas un tel abus est tolérable et ne serait pas le premier dans l'histoire mondiale.

l'avenir. Là réside constitue la première raison pour laquelle il mérite d'être pris en considération. Mais le contenu de l'avenir envisagé sépare les deux doctrines. Dans le marxisme, il s'agit d'un *bien* à venir : la libération de l'homme à travers la réalisation de la société sans classes. Le marxisme fonde donc une éthique de l'*espérance* et non celle de la *crainte*. Or, dans la théorie de la responsabilité, le futur n'est pas envisagé comme l'horizon dans lequel s'accomplirait une fin positive déjà connue, mais la possibilité de la destruction de l'humanité. L'éthique de la responsabilité ne présuppose donc pas, comme c'est le cas du marxisme, une lecture eschatologique de l'histoire. Il apparaît, dans ce sens, que le premier infléchissement que devrait subir le marxisme consiste dans l'abandon de son éthique de l'espérance en faveur de celle de la peur. Si la société sans classes peut être maintenue comme une fin de l'histoire et de l'effort humain, elle ne devrait plus occuper « *la place de l'accomplissement d'un rêve de l'humanité, mais très prosaïquement celle d'une condition de conservation de l'humanité dans une époque de crise imminente.* »[235] Nous retrouvons ici l'une des convictions fondamentales de l'auteur : celle selon laquelle dans la situation de crise, l'éthique qui est exigée ne peut plus être celle de la libération ou de l'émancipation, mais celle de la préservation et de la conservation. Le marxisme doit par conséquent, pour répondre à la crise, réinterpréter son rôle ; elle doit passer d'une éthique qui promet à celle du renoncement et de la privation.

Le second avantage du communisme consiste dans sa profession d'une économie de besoin contre celle du profit propre au système capitaliste dont les conséquences sont, entre autres, le gaspillage des ressources, l'excitation à la consommation, la culture de l'individualisme et l'exacerbation de l'égoïsme, l'aggravation des inégalités dans la répartition des richesses, etc. À l'irrationalité propre au mode de gestion des ressources et de la redistribution des richesses, caractéristique du capitalisme, le communisme se propose non seulement de substituer une gestion rationnelle, mais encore d'imposer une morale ascétique de masse, ce qui peut être une bonne nouvelle dans la préservation des ressources de la nature.

Mais l'éloge de l'auteur à l'adresse du communisme n'est pas sans mesure. Il élève des objections aussi bien dans la théorie que dans la pratique à l'encontre de ce système, si bien qu'au regard de telles

[235] *Ibidem*, p.197.

objections, nous nous inscrivons en faux contre la thèse de Cathérine et Raphaël Larrère, lorsqu'ils affirment que le choix de Hans Jonas en faveur du communisme le rend ridicule, si l'on tient compte des catastrophes écologiques dont s'est rendue coupable l'ex-union soviétique. Soutenir cela, en effet, c'est oublier que l'auteur dénonce dans le communisme sa théorie eschatologique de l'histoire et sa considération de la puissance technologique comme instrument indispensable de la réalisation de la fin de l'histoire. Dans *Le principe responsabilité*, Hans Jonas indique bien que c'est dans des conditions précises que le communisme peut satisfaire efficacement au projet de l'application de l'éthique de la responsabilité comme réponse au défi écologico-technologique. Il fait observer que, si le communisme peut protéger contre l'égoïsme individuel à l'intérieur des Etats, puisque « *le système n'en fournit plus l'occasion*»[236], rien ne l'empêche de promouvoir « *la recherche collective* du profit.»[237] De la sorte, même un communisme mondial ne constitue pas en soi une garantie contre l'égoïsme économique régional. L'histoire politique montre, en effet, que l'idéologie communiste-marxiste est allé le plus souvent de pair avec l'exaltation des patriotismes et des nationalismes, toutes choses qui se rapportent à la défense des intérêts particuliers des Etats, même au détriment des autres, et avec parfois la complicité des Etats communistes indigènes (locaux). Dans ce sens, on voit bien que le communisme s'éloigne des exigences de l'éthique de la responsabilité qui se détermine comme une éthique planétaire. La crise écologique se présente comme le résultat de l'exploitation exagérée des ressources de la nature par une minorité, si bien qu'une éthique de la responsabilité présuppose la justice et l'équité dans la répartition des richesses et des avantages à l'intérieur des Etats. Mais cette règle de l'équité et de la justice doit s'appliquer, non pas seulement dans le cadre des relations entre citoyens d'un même pays ; elle doit aussi valoir dans le contexte des relations internationales dans la mesure où, à une crise mondiale, il faut une solution mondiale.

Or le communisme marxiste qui, dans ses principes, revendique une éthique de l'égalité et de la justice sociale, se trouve incapable dans les faits de respecter ses propres exigences au plan international.

---

[236] *Ibidem*, p.206.

[237] *Ibidem*, pp.206-207 : «...*nous avons appris à connaître l'alliance du « socialisme dans un seul pays » avec le patriotisme, l'égoïsme collectif et la politique d'influence nationale.* »

L'exemple de la Chine révèle que le système communiste ne prémunit pas nécessairement contre tout impérialisme économique et contre une « *exploitation sans vergogne des matières premières et des potentiels économiques des peuples étrangers.*»[238] L'envahissement du marché mondial par les produits chinois dont la qualité n'est pas toujours à envier constitue la preuve que dans les faits, le communisme n'échappe pas à la logique capitaliste de la concurrence économique, parfois en violation des règles de la moralité : le cas des jouets et des produits laitiers frelatés en est une illustration. C'est dans ce sens qu'Hans Jonas conclut que « *le motif de la maximalisation, que* ***du point de vue de son effet*** *nous pouvons égaliser avec le motif du profit, est inné au marxisme tout comme au capitalisme ; le freiner lui sera difficile pour des raisons internes aussi bien qu'externes.*»[239] Pas plus que du progrès technologique, le communisme ne saurait se défaire de l'expansion économique, puisque cette dernière constitue le moyen par lequel il entend éradiquer la misère dans le monde. Or, la crise écologique a révélé que la nature est limitée dans ses ressources et que par conséquent la croissance sans frein est impossible. La croissance continue ne peut pas radicalement constituer la solution.

Conclusion

Le rapport de Hans Jonas au communisme marxiste est très critique au point que l'on ne peut pas soutenir qu'il le regarde radicalement comme un modèle absolu, qui n'offre que des chances d'application d'une éthique de la responsabilité. La lecture du communisme par l'auteur demeure donc ambivalente de même que son penchant vers un pouvoir autoritaire. Tantôt il soutient, en effet, que seule une discipline politiquement imposée peut venir à bout de la crise, que la tyrannie est préférable au consentement, que l'existence physique de l'humanité exige, quoique cela soit effrayant, une suspension de la liberté de l'homme, que le pieux mensonge constitue une option acceptable etc. Mais en même temps, il précise que ce sont des concessions que l'on pourrait faire, des options devant lesquelles on ne devrait pas reculer, seulement dans le cas où on n'aurait pas le choix ! Si le pieux mensonge peut exalter et pousser à l'action, l'auteur laisse entendre que l'exaltation par la vérité est encore

[238] *Ibidem*, p.207.
[239] *Ibidem*.

meilleure : « *si la vérité est difficile à supporter, le pieux mensonge doit intervenir. Mais peut-être « les hommes » sont-ils ainsi sous-estimés – peut-être l'austère vérité peut-elle exalter elle aussi et pas seulement le petit nombre, mais finalement aussi le grand nombre. C'est là le meilleur espoir dans des temps sombres.*»[240]

Ces propos semblent témoigner d'une hésitation chez Hans Jonas. Pour nous, cette ambivalence de sa pensée ouvre une autre perspective, précisément celle qu'il n'admet pas clairement : la voie démocratique dans laquelle le consentement prévaut sur la force. Si, comme tente de le montrer Marie-Geneviève Pinsart, l'unité de la pensée de Hans Jonas se fonde sur le concept de la liberté, sa suspension même provisoire ne saurait être la condition de son épanouissement. Ce serait oublier l'avertissement de Kant : la tendance propre à l'homme à abuser de sa liberté. Il faut, en effet, craindre que ceux qui décideront ou qui imposeront une telle suspension n'aient tendance à la supprimer purement et simplement si cela peut servir leur cause personnelle. Pour toutes ces raisons, nous nous tournons vers la perspective de la solution démocratique. Pour ce faire, nous rappelons ici ce que nous avons déjà présupposé comme hypothèse : l'inscription de l'éthique de la responsabilité dans le champ de la politique démocratique exige une relecture de cette dernière. La politique délibérative, fondée par Jürgen Habermas, constitue, à notre sens, la réponse à cette exigence. Mais parce que la démocratie délibérative se fonde elle-même sur la théorie de l'éthique de la discussion, il est indispensable que nous en examinions d'abord les principes en la confrontant avec ceux qui sont propres à l'éthique de la responsabilité entendue comme éthique écologique. Ainsi, ce qui va nous préoccuper en premier sera l'examen du rapport entre les deux théories éthiques. Pour que la politique délibérative puisse constituer une réponse au défi écologique, il faudra montrer que l'éthique de la discussion qui la fonde est compatible avec les présupposés de l'éthique environnementale.

---

[240] *Ibidem*, p.206.

DEUXIÈME CHAPITRE

ÉTHIQUE DE LA DISCUSSION ET ÉTHIQUE DE LA RESPONSABILITÉ

Il convient de remarquer que la question de la responsabilité – question directrice chez Hans Jonas –, apparaît de façon polémique et problématique dans le cadre de l'éthique de la discussion de fondation habermassienne et apelienne. Cette polémique se situe d'abord au niveau de la nécessité d'une thématisation de la responsabilité eu égard aux principes de la discussion. L'éthique de la discussion n'implique-t-elle pas en ses principes la responsabilité si bien qu'en faire une préoccupation devient une tâche superflue ? Sur cette question, les opinions des promoteurs de l'éthique de la discussion sont partagées. Ensuite, il apparaît que les présupposés de l'éthique de la discussion se révèlent *a priori* incompatibles avec ceux de l'éthique jonassienne de la responsabilité. Si la discussion constitue la procédure de la validation des normes éthiques, l'éthique qu'elle fonde n'est-elle pas évidemment anthropocentrée ? L'analyse qui va suivre se consacrera surtout à la discussion de cette dernière question dans la mesure où nous prétendons que l'éthique de la discussion constitue un complément nécessaire à l'éthique de la responsabilité, aussi bien sur le plan théorique que sur le plan pratique. Il s'agira en fait pour nous de justifier la raison pour laquelle nous la considérons comme féconde en matière d'application, sur le plan politique, de l'éthique de la responsabilité.

II.1. Habermas et la question de l'éthique écologique

C'est dans les dernières pages de son écrit intitulé *De l'éthique de la discussion* qu'Habermas traite du « *défi d'une éthique écologique pour une conception de type anthropocentrique.»*[241] Pour comprendre ces propos, il convient de rappeler les présuppositions fondamentales des théories de l'éthique de la discussion et celles de l'éthique de l'environnement sous sa version jonassienne. Ces présuppositions rendent *a priori* désespérée toute entreprise de rapprochement entre elles et expliquent pourquoi aborder le problème écologique à partir de l'éthique de la discussion relève d'un défi.

Premièrement les deux théories s'opposent sur la question de la nécessité de fonder l'éthique sur la métaphysique. Dans la première partie de notre réflexion, nous avons souligné le fait qu'aux yeux de Hans Jonas, la réforme éthique qu'impose la crise écologique passe d'abord par une relecture des discours métaphysico-ontologiques, étant entendu que pour lui toute éthique doit se fonder sur une métaphysique. En effet, dans *Le principe responsabilité,* il soutient que « *le premier principe d'une « éthique du futur » ne se trouve pas lui-même **dans** l'éthique en tant que doctrine du faire (dont font par ailleurs partie toutes les obligations à l'égard des générations futures), mais dans la **métaphysique** en tant que doctrine de l'être, dont l'idée de l'homme fait partie.»*[242] Mais la doctrine de l'être qui doit servir de fondement à l'éthique recherchée ne relève pas du donné et son simple désir ne la rend pas *de facto* disponible : *« sans doute une métaphysique valable ne peut-elle être fournie, pas plus que la religion, par le simple diktat de l'amère nécessité qui la réclame ; en revanche la nécessité peut nous imposer de la chercher et le philosophe séculier qui s'efforce d'établir une éthique doit au préalable admettre la **possibilité** d'une métaphysique rationnelle, nonobstant Kant, à moins que le rationnel ne soit déterminé exclusivement d'après les critères de la science positive.»*[243] Dans cet esprit, l'auteur se lance dans la reconstruction de la métaphysique, dans la réélaboration de la doctrine de l'être. Cette réforme de la métaphysique le conduit également à des recherches téléologiques. L'éthique de la responsabilité en tant qu'éthique environnementale repose donc sur des présuppositions métaphysiques, ontologiques, téléologiques et théologico-cosmogoniques. Or, l'éthique de la

---

[241] **Jürgen Habermas**, *De l'éthique de la discussion*, trad. par Mark HUNYADI, Paris, éd. du Cerf, 1992, p.111.

[242] **Hans Jonas**, *Le principe responsabilité. Une éthique pour la civilisation technologique*, op.cit., p.70.

[243] *Ibidem*, p.72.

discussion refuse de telles considérations et se construit comme un discours *postmétaphysique.*

Dans ses « Notes programmatiques pour fonder en raison une éthique de la discussion »[244], Habermas montre que le projet de fondation d'une telle éthique consiste à montrer qu'il est possible de fonder rationnellement une éthique libérée des présupposés de la métaphysique et de la religion, n'en déplaise à un MacIntryre qui ne croit pas à une telle possibilité. Dans cette perspective, l'éthique de la discussion se maintient, dans une certaine mesure, dans le formalisme et le cognitivisme kantiens, tout en refusant de déduire ses principes de la nature humaine, et tout en rejetant le monologisme et la dissociation, opérée par Kant, de la raison théorique et de la raison pratique. L'éthique de la discussion écarte donc les présupposés métaphysiques et téléologiques ; elle se veut *déontologique.* Dans ce sens apparaît l'asymétrie entre elle et l'éthique écologique jonassienne de même qu'apparaît le défi dont parle Habermas. Cette asymétrie consiste dans l'exigence, propre à toute éthique de l'environnement dont celle fondée par Hans Jonas, d'une ouverture de l'éthique à la sphère non humaine, si bien que la plupart des théories éthiques écologiques s'insurgent contre l'anthropocentrisme classique de type cartésien. Cela signifie que la responsabilité ne se limite plus au commerce des hommes entre eux ; elle doit s'appliquer également à la nature. Or l'éthique de la discussion dont Habermas vient de définir les principes fondamentaux se construit essentiellement comme une éthique anthropocentrique dans la mesure où elle fonde un "concept étroit de la morale". En effet, l'éthique de la discussion qui se situe dans le sillage des éthiques de type kantien tente de résoudre le problème d'un fondement rationnel de l'éthique, ou encore le problème de la validité universelle des normes morales et juridiques. Dans quelles mesures des normes peuvent-elles prétendre à la

---

[244] **Jürgen Habermas**, *Morale et communication, Conscience morale et activité communicationnelle,* trad. par Christian Bouchindhomme, Paris, éd. du Cerf, 1986, pp.63-64. Dès les premières lignes de cette partie du texte, l'auteur s'insurge contre la thèse de l'échec du projet des Lumières, *« qui était de fonder une morale sécularisée, indépendante des hypothèses de la métaphysique et de la religion »*. Pour Habermas, cette thèse, soutenue par A. MacIntyre, contraste avec l'effort fait depuis Kant par des penseurs dont il cite quelque noms (dont celui d'Apel) pour prouver qu'il est possible de fonder rationnellement l'éthique. Ces philosophes restent attachés à l'idée que les « *questions pratiques sont susceptibles de vérité* ». L'éthique de la discussion s'inscrit dans cet esprit.

validité ? Les jugements moraux sont-ils susceptibles de vérité ? L'objet visé à travers une telle question consiste à défendre en éthique une position *cognitiviste* contre le *scepticisme* moral pour lequel il ne saurait y avoir des principes universels, ni de fondements rationnels et objectifs des normes éthiques. L'éthique de la discussion ambitionne de répondre à la question suivante : « *comment le principe d'universalisation, qui est le seul à pouvoir rendre possible l'entente mutuelle par l'argumentation, peut-il être lui-même fondé en raison ?* »[245] En formulant ainsi sa question rectrice, l'éthique de la discussion se démarque, tout comme Kant l'avait fait, des éthiques classiques, dont l'effort consistait à déterminer les conditions de la vie bonne. Dans ce sens, nous pouvons tout de suite tirer la conclusion de l'existence d'une parenté entre l'éthique de la discussion et celle de la responsabilité, même telle qu'elle est conçue par Hans Jonas. En effet, nous avons vu que ce philosophe rejette les doctrines morales antérieures à Kant en ce qu'elles font du bonheur ou du bien suprême l'objet ultime du discours éthique.

Mais l'éthique de la discussion prend ses distances vis-à-vis de la théorie kantienne, en lui reprochant son monologisme. En se référant à ce que Kant considère comme la loi fondamentale de la Raison pratique, donc comme l'impératif moral catégorique fondamental, on se rend compte que c'est à partir de l'individu, à partir de la subjectivité que la valeur universelle des normes peut être fondée. L'individu est interpellé à agir de telle sorte que la maxime de son action puisse se transformer en un principe d'action universel. Ce faisant, la théorie kantienne reste prisonnière du paradigme de la conscience qui s'est développé chez Descartes et qui s'est poursuivi dans l'idéalisme allemand. Il faut déconstruire ce paradigme si l'on veut satisfaire véritablement à une fondation en raison de l'éthique. À ce *monologisme,* l'éthique de la discussion, à travers ses promoteurs, oppose le *dialogisme*. Par cette démarche, Habermas et Apel se proposent «*que nous en finissions avec le paradigme de la conscience, et que nous fassions dépendre la rationalité, non plus directement du sujet, mais de l'intersubjectivité…*»[246] Fonder la rationalité à partir de l'intersubjectivité revient à inscrire la quête de la vérité ou de la

[245] *Ibidem*, p.65.

[246] **Pratrick Savidan,** dans l'avant-propos du texte de Jürgen Habermas, *L'éthique de la discussion et la question de la vérité*, trad. par Pratrick Savidan, Paris, éd. Grasset, p. 7.

validité des normes dans un processus de communication ou de discussion qui vise l'intercompréhension. Dans ce contexte, est valide toute norme morale ou juridique qui est le résultat d'un *consensus* à l'issue d'une discussion sur un problème à résoudre. D'où le principe (D) qui, selon la formulation de Habermas, établit qu' « *une norme ne peut prétendre à la validité que si toutes les personnes qui peuvent être concernées sont d'accord (ou pourraient l'être) en tant que* ***participants à une discussion pratique sur la validité de cette norme.*** »[247] En vertu de ce principe et à l'opposé du monologisme kantien, « *au lieu d'imposer à tous les autres une maxime dont je veux qu'elle soit une loi universelle, je dois soumettre ma maxime à tous les autres afin d'examiner par la discussion sa prétention à l'universalité. Ainsi s'opère un glissement : le centre de gravité ne réside plus dans ce que chacun souhaite faire valoir, sans être contredit, comme étant une loi universelle, mais dans ce que tous peuvent unanimement reconnaître comme une norme universelle* »[248]. D'où le second principe, le principe (U) que Habermas et Apel considèrent comme un principe-passerelle ou principe-complément, destiné à servir de règle d'argumentation dans les discussions pratiques. En vertu de ce principe, une norme valide est celle qui rencontre l'assentiment ou la reconnaissance de toutes les personnes qui prennent part à la discussion qui vise l'intercompréhension. La norme est valide lorsqu'elle est universalisable, et elle est telle lorsque toutes les parties prenantes à la discussion s'engagent à assumer toutes les conséquences qu'entraîne leur accord sur la norme en question, et plus précisément sur les conséquences éventuelles qui dérivent de l'application de la norme[249]. Dans ce sens, on voit déjà que l'éthique de la discussion implique l'idée de la responsabilité, ce qui explique sans doute

[247]**Jürgen Habermas**, *Morale et communication. Conscience morale et activité communicationnelle,* op.cit, Paris, éd. du Cerf, 1986, p. 87.

[248]*Ibidem*, pp. 88-89. En fait Habermas cite un passage de l'ouvrage de Th. A. McCarthy intitulé *The critical Theory of Jürgen Habermas*, The MIT Press, Cambridge, Mass. & London, 1978, p.326.

[249] **Jürgen Habermas**, *De l'éthique de la discussion*, op. cit., p.17: « *En même temps, l'impératif catégorique est ramené au rang d'un principe d'universalisation, « U », qui dans les discussions pratiques assume le rôle d'une règle d'argumentation : dans le cas des normes valides, les conséquences et les effets secondaires qui d'une manière prévisible découlent d'une observation universelle de la norme dans l'intention de satisfaire les intérêts de tout un chacun doivent pouvoir être acceptées sans contrainte par tous.*»

pourquoi une théorie de la responsabilité paraît superflue dans la logique d'Habermas.

Sur l'intérêt que revêt ce discours sur le plan politique nous allons revenir dans la suite de notre analyse, précisément dans le troisième chapitre qui sera consacré au rapport entre l'idée de la démocratie délibérative et l'éthique de la responsabilité, en tant que celle-ci se construit comme une réponse au défi écologique. Pour l'instant, l'enseignement que nous en tirons consiste dans le fait que, si la validité des normes dépend d'une procédure de communication ou de discussion, la norme ne s'adresse qu'à des êtres qui peuvent parler, c'est-à-dire qui sont capables de participer à des discussions au cours desquelles ils peuvent, en s'appuyant sur des arguments, faire valoir leur opinion. En d'autres termes, l'éthique de la discussion ne vaut ou ne s'adresse qu'à des êtres rationnels, capables de produire des discours raisonnables, en l'occurrence les hommes. Elle s'inscrit donc dans la suite des discours éthiques "centrés" sur l'homme, essentiellement hérités de la modernité. La séparation d'avec les éthiques antérieures se situe dans le fait que l'éthique de la discussion refuse de fonder ces principes sur des considérations métaphysiques, ontologiques, religieuses ou anthropologiques.

Déontologique et procédurale comme le conçoit Habermas, l'éthique de la discussion paraît donc incapable de répondre au défi de l'éthique écologique. *A priori,* l'éthique de la discussion ne peut servir de fondement à l'éthique de l'environnement que si l'on présuppose, ce qui est contestable à l'évidence, que les autres êtres de la nature (les plantes, les minéraux et les animaux) peuvent entrer dans une interaction communicationnelle avec les hommes. Si l'on peut admettre qu'il existe un type de communication entre les animaux, et entre eux et les hommes, on ne saurait admettre toute possibilité de communication entre les plantes et les hommes. Nous retrouvons ici l'idée, exprimée par Luc Ferry, que c'est du côté de l'animal que la problématique d'une éthique écologique, avec l'idée sous-jacente de l'élargissement au non humain, peut être formulée d'une manière conséquente. Mais reste le problème du mode de communication qui peut s'établir entre l'homme et les animaux. Pour Habermas, il se peut qu'il existe une interaction communicationnelle entre l'homme et les animaux domestiques notamment, dans la mesure où ceux-ci prennent part, d'une certaine façon, à nos interactions quotidiennes. Mais il existe une asymétrie entre le type d'interaction qui existe entre les hommes et celui qui intervient entre eux et les animaux. En effet, dans les relations interhumaines, la vulnérabilité contre laquelle il faut protéger les individus à travers les exigences morales ne concerne pas seulement leur intégrité physique, mais aussi et surtout leur identité personnelle ; tandis que chez l'animal, qui est un être vulnérable, ce qu'il s'agit de préserver à travers la relation morale se limite à son intégrité psychocorporelle, dans la mesure où nous ne pouvons accorder une « *personnalité à des êtres vivants avec lesquels nous ne parlons pas, avec lesquels ne pouvons pas nous entendre à propos de quelque chose dans le monde.*»[250] C'est seulement dans les limites de cette asymétrie que peuvent être pensées nos obligations morales à l'égard des animaux[251].

En fin de compte, la position de Habermas sur la question de la fécondité de l'éthique de la discussion en matière d'éthique environnementale reste à ce niveau très critique, et dans une certaine manière, non précise, ou en tout cas prudente. Il laisse entendre que dans nos interactions avec les animaux surgit un devoir de protection. Mais ces interactions n'établissent pas une « égalité » entre les hommes et les animaux, si bien que notre responsabilité se trouve limitée dès lors que les animaux se présentent à nous « comme des exemplaires d'une autre espèce ». Mais avons-nous le droit de les traiter ainsi ? Pour Habermas il s'agit là d'une délicate question morale à résoudre. Mais est aussi délicat l'effort qu'il faut déployer pour montrer que les animaux sont les participants possibles au type d'interaction entre les hommes, ce qui permettrait une réconciliation entre l'éthique de la discussion et l'éthique écologique. En ce qui regarde les plantes, Habermas fait observer « *qu'à certains égards, les raisons* ***esthétiques*** *pèsent même d'un poids plus lourd que les raisons éthiques. Car,* dit-il, *dans l'expérience esthétique de la nature, les choses se retirent pour ainsi dire dans une autonomie et une virginité inabordables ; elles manifestent alors si clairement leur vulnérable intégrité qu'elles nous apparaissent alors en elles-mêmes – et non en tant que*

---

[250] **Jürgen Habermas**, *De l'éthique de la discussion*, op. cit., p.197.

[251] « *Si cette fondation,* déclare Habermas, *ressortissant à une théorie de l'intersubjectivité, des devoirs d'interaction à l'égard des animaux, ne passe pas tout à fait à côté du phénomène, on peut également expliquer pourquoi les animaux sont, d'un côté, à cause de la structure asymétrique des interactions possibles, dépendants des hommes d'une manière particulière, et requièrent protection, et pourquoi, cependant, d'un autre côté, ils ne peuvent jouir de cette protection morale qu'au sein de l'horizon intersubjectif de notre* ***type*** *d'interactions.* » *Ibidem*, p198.

constituants désirés d'une forme de vie préférable – comme intouchables.»[252]

L'analyse précédente révèle les limites immédiates de l'éthique de la discussion lorsqu'il s'agit de l'appliquer aux questions concrètes et actuelles, telles les questions écologiques, à tel point qu'il paraît inacceptable de la considérer comme cadre à l'intérieur duquel peuvent être discutées et résolues les questions d'ordre pratiques que posent l'éthique de la responsabilité, entendue comme réponse au défi écologique. Cette distance entre l'éthique de la discussion et l'éthique écologique pourrait ne pas être surprenante, dans la mesure où l'éthique de la discussion se construit comme une éthique formelle qui vise à déterminer la procédure de validation des normes. C'est ce souci de formalisme qui explique sa distinction entre morale et éthique. Ce dernier concept se réfère aux principes matériels qui régulent les actions concrètes, tandis que la notion de morale demeure rivée aux conditions formelles de validité universelle des normes. L'éthique de la discussion, en tant qu'éthique formelle, ne donne pas des orientations concrètes quant à l'action ; elle n'est pas prescriptive, mais descriptive comme l'affirme Habermas lui-même dans *Morale et communication* : « *L'éthique de la discussion ne fournit pas d'orientations concrètes, mais offre une* ***procédure****, riche de présuppositions, qui doit garantir l'impartialité de la formation du jugement.*»[253]Or, l'éthique de la responsabilité telle que conçue par Hans Jonas ne peut pas se contenter d'un tel formalisme dans la mesure où elle invite à l'*engagement* dans l'action concrète en vue d'éviter la catastrophe. Nous sommes donc mis en demeure de montrer un rapprochement possible entre l'éthique de la discussion et celle de la responsabilité, afin de relever les enseignements que, sur le plan de l'application politique de l'éthique environnementale, nous pouvons tirer de l'éthique de la discussion. À ce sujet, nous pouvons soutenir que le fait que l'éthique de la discussion, sous sa version habermassienne, est anthropocentrique ne constitue pas une raison pleinement justifiée pour la considérer comme radicalement incompatible avec l'éthique écologique de la responsabilité. En effet, nous avons vu que cette dernière ne rejette pas tout anthropocentrisme. Hans Jonas fait observer en effet que son éthique du futur conserve

---

[252]*Ibidem*, pp.198-199.

[253]**Jürgen Habermas**, *Morale et communication. Conscience morale et activité communicationnelle,* op.cit, p.137.

dans une certaine mesure l'anthropocentrisme classique[254]. La différence par rapport à l'anthropocentrisme propre aux éthiques antérieures réside dans le fait que celles-ci s'accommodaient de la « *clôture de la proximité et de la simultanéité.* »[255] Le nouvel anthropocentrisme est étendu aux générations à venir, donc à l'homme virtuel. Dans ce sens, on voit bien que son caractère anthropocentrique n'empêche pas l'éthique de la discussion de se tenir ouverte aux questions écologiques, de prendre en compte, même indirectement, la sphère non humaine dans les considérations éthiques. Cela est d'autant plus vrai que l'éthique de la discussion telle que conçue par Apel, se construit comme une réponse aux crises et aux conflits du monde actuel. Or, parmi ces crises figure la crise écologique qui, du point de vue de l'auteur, exige la fondation d'une éthique de la responsabilité, projet amorcé par Hans Jonas qui ne parvient cependant pas à le porter à son achèvement. Autant dire que l'écart entre l'éthique de la discussion et celle de la responsabilité semble se rétrécir chez Karl Otto-Apel, si bien que nous nous tournons maintenant vers l'analyse de sa doctrine.

II.2. L'éthique de la discussion comme éthique de la responsabilité chez Karl Otto-Apel

Fait remarquable, la question de la responsabilité constitue une dimension intrinsèque de l'éthique de la discussion chez Apel. Ce lien entre "discussion et responsabilité" constitue, comme il en témoigne lui-même dans le texte qui porte ce titre[256], le second axe de sa réflexion, et même l'orientation qu'a prise sa pensée depuis la parution, en 1973, de *L'éthique à l'âge de la science.* Cette confrontation à la question de la responsabilité est imposée par la situation de l'homme aujourd'hui caractérisée par la domination des sciences et des techniques modernes dont l'ampleur quantitative et qualitative des conséquences demeure imprévisible. Plus précisément, il s'agit du danger nucléaire dont l'humanité a déjà fait l'expérience depuis la seconde guerre mondiale, et de la détérioration d'origine anthropique

[254] **Hans Jonas**, *Le principe responsabilité. Une éthique pour la civilisation technologique,* op. cit., p.25.
[255] *Ibidem.*
[256] **Karl Otto-Apel,** *Discussion et responsabilité, Tome 1.L'éthique après Kant,* trad. par C. Bouchindhomme et deux autres, Paris, éd. du Cerf, 1996, p.9.

de l'environnement. La situation de crises est telle, qu'elle impose la fondation d'une nouvelle éthique –il faudrait dire d'une macroéthique, dans le sens d'une éthique planétaire – dans la mesure où aucune éthique antérieure ne peut répondre au défi qu'elle lance.

Déjà, à partir de là, nous pouvons souligner le rapprochement entre Apel et Hans Jonas, dans la mesure où, chez l'un comme chez l'autre, la refondation de l'éthique constitue une exigence imposée par la puissance technologique de l'homme. Mais, tandis que chez Hans Jonas la possibilité de fonder une éthique de la responsabilité dans ce contexte de la domination techno-scientifique du monde semble aller de soi, chez Karl Otto-Apel cette possibilité constitue le premier défi que la philosophie doit relever. En d'autres termes, pour le premier, la fondation de l'éthique de la responsabilité se révèle nécessaire et urgente, mais il ne perçoit pas le paradoxe qu'implique une telle tâche. En effet, parce qu'elle est planétaire, la crise – en l'occurrence la crise écologique – exige une éthique qui possède également cette dimension. Mais dans quelles conditions la fondation d'une éthique universelle est-elle possible ? Nous pouvons écarter tout de suite toute théorie empiriquement fondée dans la mesure où une telle démarche déboucherait sur le relativisme moral. Par conséquent, nous pouvons avancer l'hypothèse selon laquelle une théorie éthique ne peut recevoir le sceau de l'universalité que si elle est rationnellement fondée. Mais – et c'est là que réside le paradoxe que relève Apel – fonder une éthique rationnelle dans un contexte de domination de la science paraît *a priori* comme un projet impossible à réaliser, dans la mesure où la « *science (la science de la nature comme* ***standard science****, liée a priori au contrôle technique des faits) a déterminé la précompréhension de la* ***rationalité*** *en général à l'âge moderne, et l'a imprégnée du sceau de la* ***neutralité axiologique.*** »[257]

L'investissement du monde par la culture scientifique et technologique rend nécessaire la fondation d'une éthique rationnelle de la responsabilité; mais, principiellement, cette fondation est impossible, puisque parmi les principes que la science revendique depuis sa fondation moderne figure la neutralité morale ou axiologique. En d'autres termes, la rationalité n'est concevable que du côté de la pensée théorique, provoquant ainsi entre autres la scission de l'être et du devoir. Dans la pratique, la raison est réduite à la simple

[257] **Karl Otto-Apel** , *Ethique de la discussion*, trad. par Mark Hunyadi, Paris, éd. du Cerf, 1994, p.23.

instrumentalité. La thèse d'Apel consiste à soutenir que cette impossibilité est apparente et que l'on peut relever le défi éthique du monde contemporain à travers la construction d'une éthique de la discussion. Mais à quelle condition l'éthique de la discussion elle-même peut-elle constituer une réponse au défi du monde actuel ? À la condition que l'on adopte le point de vue pragmatico-transcendantal. Seule la « version fondationnelle pragmatico-tanscendantale » de l'éthique de la discussion, et non pas simplement sa forme procédurale, peut rendre possible l'édification d'une éthique de la responsabilité conforme aux exigences de la situation de l'homme aujourd'hui. Mais la fondation pragmatico-transcendantale de l'éthique de la discussion présuppose une déconstruction des paradigmes classiques dans lesquels se sont formées les théories éthiques, philosophiques, ainsi que la pensée scientifique. Il s'agit d'abord du paradigme de l'insularité de la conscience qui s'est développé avec, par exemple, Descartes, Kant et Husserl. Ce dernier, interprétant la doctrine de Descartes, considère que la philosophie, et par conséquent, la vérité est d'abord l'affaire personnelle du philosophe qui, au-dedans de lui-même doit reconstruire la science pour ensuite la justifier devant les autres[258]. Pour Apel, dans ce contexte paradigmatique, la rationalité dans l'activité de la connaissance a été située dans la relation sujet-objet, assignant au langage ou à la communication le second rôle d'instrument d'objectivation de la pensée individuelle. Or le langage ne remplit pas que cette fonction. Il est le cadre où s'accomplit l'intersubjectivité. Déconstruire ce paradigme veut dire dépasser le rapport sujet-objet vers la relation sujet-cosujet dans l'activité de la connaissance. En d'autres termes, l'intersubjectivité doit primer sur la subjectivité telle qu'elle est conçue dans la philosophie transcendantale classique.

Privilégier l'intersubjectivité constitue déjà un pas vers la fondation d'une éthique rationnelle dans la mesure où l'on se rend alors compte « *que la **validité intersubjective de la connaissance scientifique axiologiquement neutre** (donc l'**objectivité**) est elle-même impossible sans présupposer simultanément une communauté langagière et communicationnelle, et, corollairement, la relation **sujet-cosujet**, relation normativement non neutre.*»[259] Autrement dit,

---

[258] **Edmund Husserl,** *Méditations cartésiennes, Introduction à la phénoménologie*, op. cit., pp. 18-19.

[259] **Karl Otto-Apel** , *Ethique de la discussion*, op.cit., p.37.

si la connaissance scientifique rationnelle se fonde sur un devoir de justification, cela signifie que l'individu savant se trouve dans l'obligation de produire des arguments susceptibles de convaincre la communauté scientifique de la validité de son savoir. Donc l'objectivité scientifique dépend aussi de la reconnaissance intersubjective. Le savant se trouve déjà engagé dans une communauté de communication, la science présuppose l'existence d'une telle communauté. La contribution décisive d'Apel ici consiste à soutenir que la communauté scientifique de communication a déjà adhéré à des normes idéales et transcendantales de communication en fonction desquelles se déroulent les discussions scientifiques. En d'autres termes, le discours scientifique prétendument axiologiquement neutre repose lui-même sur des présuppositions éthiques normatives. Au fond de la rationalité se trouve déjà l'éthique. Ces présuppositions éthiques, ces normes idéales qui fondent tout discours argumentatif consistent, quant à leur contenu, dans les concepts de *justice*, de *solidarité* et de *responsabilité.* Cette dernière s'entend ici comme co-responsabilité, c'est-à-dire comme responsabilité collective[260]. Sur la base de ces normes idéales, transcendantales, peuvent être distinguées une communauté idéale de communication et une communauté concrète de communication. Pour Apel, la communauté idéale de communication est toujours déjà anticipée de manière *contrefactuelle* dans les discussions pratiques. Ce qui veut dire qu'elle est présupposée *a priori.* Mais à partir de là, l'éthique de la discussion se trouve confrontée à une difficulté qu'il convient de surmonter. En tant qu'éthique de la responsabilité préoccupée par l'histoire, elle se fonde sur une phénoménologie de la situation concrète actuelle de l'homme, situation qui légitime la nécessité de sa fondation. Mais ses fondements, qui ne sont ni métaphysiques, ni ontologiques, ni téléologiques, comme c'est le cas chez Hans Jonas, consistent dans la présupposition

[260] Apel élucide le sens de ces normes de la manière suivante : « *la norme fondamentale de* ***justice****, c'est-à-dire* ***du droit égal*** *de tous les partenaires de discussion possibles à employer tous les actes de langage propres à articuler des prétentions de validité susceptibles, le cas échéant, de consensus ; j'ajoute la norme fondamentale de* ***solidarité*** *entre tous les membres, et au-delà : de tous les membres potentiels de la communauté d'argumentation actuelle, en principe illimitée, étant donné que dans le cadre de l'entreprise commune de la résolution argumentative de problèmes,* ***ils sont liés et renvoyés l'un à l'autre*** *; et, enfin, la norme fondamentale de* ***coresponsabilité*** *de tous les partenaires de discussion dans l'effort solidaire visant à articuler et à résoudre des problèmes.* » *Ibidem,* p.42.

de l'existence de normes idéales de communication qui, en principe, régulent tout processus de communication en vue du consensus. La question se pose alors de l'efficacité pratique de cette fondation pragmatico-transcendantale. Qu'est ce qui garantit dans les discussions pratiques que ces normes seront respectées ? Formulée dans les termes d'Apel, la difficulté se présente de la manière suivante : « *celui qui a philosophiquement acquis cette intuition, la traduira-t-il aussi, par un acte de la volonté bonne, dans les résolutions à agir – que ce soit au niveau du discours argumentatif, ou même au niveau de la praxis de vie ?* »[261]

L'éthique de la discussion, en sa fondation pragmatico-transcendantale, semble atteindre ses limites, comme c'est le cas pour toute orientation cognitiviste de l'éthique. Les difficultés apparentes de sa mise en œuvre dans la vie pratique reposent le problème de son intérêt pour l'éthique écologique. En effet, si la *justice*, la *solidarité* et la *co-responsabilité* constituent des normes idéales – donc non réelles – de communication, on ne voit pas comment elles peuvent se réaliser dans le cadre des discussions pratiques. Or, ces discussions pratiques sont suscitées par les situations concrètes de l'homme, par les problèmes de la vie concrète tels que les conflits sociaux, les conflits politiques à l'échelle nationale et internationale, et également la crise écologique avec les menaces qu'elle fait peser sur l'humanité. La crise écologique élargit le domaine des conflits que l'humanité, ne serait-ce que pour sa survie, comme le défend Hans Jonas, se doit de résoudre. En effet, en plus des conflits sociaux – ceux qui surviennent dans les relations interhumaines –, il faut faire face à un nouveau type de conflit qui, du reste, peut être à l'origine des conflits sociaux ou les exacerber : il s'agit du conflit entre l'homme et la nature. Les ressources naturelles ou du moins leur appropriation est susceptible d'engendrer des conflits aussi bien entre les individus qu'entre les nations. Nous retombons dans le problème dont la solution nous préoccupe dans ce chapitre : justifier la considération de l'éthique de la discussion comme réponse aux écueils de l'éthique jonassienne de la responsabilité, notamment sur le plan de son application pratique. Comment une théorie, qui est confrontée elle-même au problème de la possibilité de sa propre application peut-elle permettre de résoudre la même difficulté que rencontre une autre théorie ? Ce problème se radicalise davantage quand on tient compte du fait que l'éthique de la

---

[261] *Ibidem*, p.53.

discussion telle que la conçoit Karl Otto-Apel se construit sur la base d'une critique de la théorie jonassienne de la responsabilité. L'un et l'autre sont bien d'accord que la situation du monde contemporain impose l'édification d'une éthique de la responsabilité qui exige de nouvelles dimensions. Mais Apel refuse qu'une telle exigence ait été satisfaite par Hans Jonas. L'éthique de la discussion, dit-il, « *fondée de manière pragmatico-transcendantale entend être, en un sens emphatique, une « éthique de la responsabilité » (au sens de Max Weber, et au sens de Hans Jonas) — et ce, bien qu'elle continue de se démarquer en tant que* ***déontologique*** *(au sens de la transformation de Kant) de toute éthique* ***utilitariste****, de toute éthique* ***téléologique*** *ou* ***axiologique de la vie bonne****.* »[262] Même si l'éthique de la responsabilité de Hans Jonas abandonne la question de la vie bonne en rendant justice à Kant d'avoir inauguré une telle rupture, il n'en demeure pas moins qu'elle demeure fondée sur des considérations d'ordre métaphysique, ontologique et téléologique. C'est par une telle démarche qu'il tente de résoudre le problème du passage de l'être au devoir, de la théorie à la pratique. Pour Apel, par ce cheminement, Hans Jonas manque le sens d'une véritable éthique de la responsabilité à la mesure de ce qu'exige le monde aujourd'hui. D'ailleurs, aux yeux de Karl Otto-Apel, « *l'exigence d'une « éthique de la responsabilité orientée vers le futur », telle qu'elle est par exemple élevée par Hans Jonas, ne peut apparaître que comme un « utopisme de la responsabilité » surchargeant désespérément l'individu auquel elle incombe.* »[263] Hans Jonas, bien entendu, souligne le fait que l'action étant collective, la responsabilité aussi doit l'être. Et dans ce sens pourrait ne pas se comprendre l'objection selon laquelle il surcharge l'individu d'une responsabilité qui dépasse les limites de ses forces. Mais comme nous l'avons souligné, Hans Jonas, dans la formulation des nouveaux impératifs, ne dépasse pas le monologisme de Kant. Il n'envisage pas une fondation intersubjective des normes ; le problème de l'intersubjectivité n'est posé que dans le cadre de l'application politique de la théorie de la responsabilité. D'où toutes les difficultés auxquelles on se confronte lorsqu'on aborde cette partie du système. Hans Jonas n'indique donc pas les conditions de possibilité de la *co-responsabilité,* et c'est sans doute pour cela qu'il penche pour un système politique fort pour imposer à la collectivité les principes

---

262 *Ibidem*, pp 8-9.
263 *Ibidem*, p.19.

inhérents à la théorie de l'éthique du futur. La responsabilité face à l'avenir demeure donc, chez lui, celle de l'individu ; or la responsabilité individuelle demeure impuissante et même « *dangereuse devant les nouveaux problèmes que pose la* ***responsabilité collective à l'égard des conséquences entraînées par les activités collectives***. »[264]

En entreprenant de fonder l'éthique de la discussion comme éthique de la co-responsabilité Apel, à l'opposé de Hans Jonas, entend décharger l'individu d'une responsabilité qui dépasse les bornes de ses forces. À travers la présupposition de la co-responsabilité comme norme fondamentale idéale, la théorie de la discussion élargit le champ de la responsabilité. Précisant sa portée, Apel indique qu'elle ne désigne pas une responsabilité conventionnelle – l'éthique de la discussion se situe au niveau postconventionnelle –, mais une responsabilité plus originaire, celle que l'individu « *partage a priori avec tous les partenaires de la discussion, au sens d'une solidarité de la communauté de résolution de problèmes.* »[265] Enfin, dans le premier texte du second volume de *Discussion et responsabilité,* Apel élève une objection contre ce que nous pouvons considérer comme l'une des thèses fondamentales de Hans Jonas : l'éthique de la responsabilité qu'il construit se saisit comme une éthique « d'autolimitation et de conservation. » Apel se pose la question de la pertinence réelle d'une telle position : « ***La responsabilité aujourd'hui*** *n'est-elle qu'un principe d'autolimitation et de conservation ou reste-t-elle encore un principe de libération et de réalisation de l'homme ?*»[266] Il entreprend en fait de prendre position par rapport à la thèse de Hans Jonas selon laquelle, pour faire face à la crise, il faut « *faire son deuil de l'utopie du progrès qui a caractérisé la modernité et les Temps modernes européens, faire son deuil, autrement dit de l'utopie baconienne d'un « regnum hominis » susceptible d'advenir grâce à la domination techno-scienctifique de l'homme sur la nature, mais aussi faire son deuil de l'utopie marxiste de l'émancipation, qui intègre l'utopie baconienne…* »[267] La question se pose de savoir si la responsabilité exigée par la situation de crise aujourd'hui est dans le fond

[264] *Ibidem,*p.19.
[265] *Ibidem*, p.73.
[266] **Karl Otto-Apel**, *Discussion et responsabilité*, tome 2. *Contribution à une éthique de la responsabilité,* trad. par C. Bouchindhomme et R. Rochlitz, Paris, éd. du Cerf, 1998, p.9.
[267] *Ibidem*, p.9.

incompatible avec toute éthique de l'espérance qui se trouve contenue dans l'idée moderne de progrès. Apel soutient, en guise de réponse à cette question, que même si la thèse de Hans Jonas de l'inconciliabilité du principe responsabilité avec celui de l'espérance constitue un moment fondamental de sa réflexion, il n'en demeure pas moins qu'elle demeure ambiguë et ambivalente, au même titre que le sont d'ailleurs les concepts d'*utopie* et de *progrès*. Pour Apel, la situation de l'homme aujourd'hui et celle de son environnement n'encouragent nullement à enseigner une éthique de la préservation des choses dans leur état actuel, mais semble au contraire imposer une éthique de *l'émancipation* et de *la libération*. De plus, une éthique de la stricte conservation risque de manquer d'un caractère universel dans la mesure où, si elle peut être revendiquée par des intellectuels citoyens de pays industrialisés, elle pourrait être incompatible par exemple avec les théories de la libération et de l'émancipation sociale qui se développent dans les pays de l'Amérique Latine. Pour ces raisons Apel s'efforce de montrer, à l'opposé de Hans Jonas, que la responsabilité aujourd'hui doit être à la fois un principe de préservation et d'émancipation, ou encore de réalisation de l'intégrité et de la dignité humaines. Celles-ci ne sont pas des faits ou des acquis, mais des idées qui réclament d'être progressivement réalisées. Contre la thèse jonassienne d'une historicité sans fin prédéterminée et sue à l'avance, contre le rejet de la doctrine kantienne des idées régulatrices, l'auteur de *Discussion et Responsabilité* s'efforce de proposer une éthique de la responsabilité préoccupée par l'histoire, celle-ci consistant dans la réalisation progressive de la communauté humaine idéale de communication. Ainsi, l'éthique de la responsabilité, qui doit constituer une réponse à la situation du monde actuel, prend la forme d'une « *éthique de la sauvegarde de l'être de la communauté de communication humaine réelle, et, partant, de la réalisation progressive d'une communauté communicationnelle idéale* »[268]. C'est donc par la médiation de la fondation rationnelle ultime de l'éthique qu'Apel tente, dans le fond, de réconcilier espérance et conservation, et de proposer une justification rationnelle de l'impératif fondamental chez Hans Jonas : l'impératif selon lequel l'humanité doit être. On se souvient que, pour Hans Jonas, ceci constitue le principe qu'il faut accepter pour comprendre tous les autres impératifs, dans la mesure où ces derniers se déduisent de l'impératif primordial. L'éthique de la

268 *Ibidem*, p.24.

discussion, en tant qu'éthique de la responsabilité, se présente comme une éthique de la sauvegarde[269] ; en cela elle se rapproche de l'éthique fondée par Hans Jonas. Il s'agit de préserver l'être de la communauté réelle de communication, en tant que celle-ci constitue une détermination de la communauté idéale communicationnelle vers laquelle elle doit tendre. L'éthique de la discussion en tant qu'éthique de la responsabilité destinée à répondre à l'exigence de la situation de l'homme aujourd'hui, intègre, comme chez Hans Jonas, la préoccupation pour l'avenir. Mais il s'agit d'une éthique qui anticipe la fin, puisqu'elle admet des normes idéales en tant qu'idées régulatrices.

Les remarques précédentes permettent de mesurer la distance qui se creuse entre l'éthique de la discussion et celle de la responsabilité de Hans Jonas, au-delà de ce qui les rapproche : répondre au défi éthique contemporain. Mais elles ne répondent pas encore au problème que nous avons posé plus haut : si l'éthique de la discussion, entendue comme théorie morale de la responsabilité, peut offrir des chances pour un ancrage dans la réalité de l'éthique écologique, même au sens de Hans Jonas, elle doit d'abord résoudre le problème de la possibilité de sa propre application dans la pratique. En d'autres termes, la justice, la solidarité, et surtout la coresponsabilité, en tant que normes idéales de communication, doivent être mises en évidence dans les discussions pratiques, c'est-à-dire dans les « *mille discussions et conférences » qui jour après jour expliquent, et aussi réglementent normativement, les problèmes de l'humanité.* »[270] En dernière analyse, il s'agit de trouver un principe-passerelle qui permette de passer des discussions idéales aux discussions pratiques. La réponse de Karl-Otto Apel à cette question consiste à dire que celui qui accepte de s'engager dans une discussion argumentative a déjà admis l'existence de normes idéales indépassables de communication qu'il ne saurait contester sans tomber dans une auto-contradiction performative. La conséquence qui en résulte, c'est que la communauté idéale de communication est toujours déjà anticipée de manière contrefactuelle dans les discussions pratiques, au point que l'on peut assigner aux

[269] « *Puisque le fait de pouvoir argumenter sérieusement dépend de la* ***cohérence*** *des solutions valides proposées aux problèmes et de leur capacité à créer un consensus, cela implique déjà nécessairement que* ***la communauté humaine de communication actuellement existante trouve, dans les conditions d'une égalité de droits, à continuellement se perpétuellement dans le futur.*** » *Ibidem*, pp.27-28.

[270] **Karl Otto-Apel** , *Ethique de la discussion,*op. cit., p.73.

normes idéales de solidarité, de justice et de coresponsabilité le rôle de réguler l'action. Il appartient de toute façon aux discussions pratiques ou à la communauté réelle de communication la tâche de fonder les normes matérielles destinées à résoudre les difficultés qui se posent dans les situations particulières. Mais ces normes matérielles se déterminent en référence, autant que possible, aux normes idéales de communication, ainsi qu'à la *procédure* de discussion telle que définie par la pensée éthique.

Conclusion

Au terme de ce chapitre consacré à l'analyse de la confrontation entre l'éthique de la discussion et celle de la responsabilité comme réponse au défi écologique, la faille que nous avons relevée entre ces formes de la théorie éthique semble persister. L'éthique de la discussion s'affirme comme une éthique anthropocentrique. Nous l'avons déjà souligné à l'occasion de l'examen de l'approche habermassienne. Mais, même chez Apel qui situe l'éthique de la discussion dans la perspective d'une éthique de la responsabilité comme réponse au problème écologique, l'anthropocentrisme est conservé. En effet, le devoir de préservation ne s'étend pas chez lui directement à la nature ; il est restreint à la communauté humaine de communication, qu'elle soit réelle ou qu'elle soit idéale. C'est dans la relation d'homme à homme ou dans la communauté idéale de communication anticipée contrefactuellement dans la communauté réelle de communication que, de façon consensuelle, les décisions peuvent être prises concernant les mesures qui visent à protéger l'environnement. De plus, il réintroduit contre Hans Jonas le principe de réciprocité dans la définition de la responsabilité, puisque celle-ci implique la solidarité et l'égalité des partenaires humains réels ou potentiels de la discussion. Enfin, le formalisme propre à la version habermassienne de l'éthique de la discussion se décèle à un certain degré dans la vision apélienne. En effet, Karl Otto-Apel précise, dans le second volume de *Discussion et responsabilité,* que le rôle de l'éthique philosophique « *réside moins dans la proposition de normes matérielles relatives à une situation quelle qu'elle soit que dans l'analyse des conditions normatives d'organisation de la responsabilité collective aux différents niveaux possibles de discussion pratique.* »[271] En d'autres termes, l'éthique de la discussion, en tant qu'éthique philosophique, ne décrit que la procédure formelle d'argumentation à laquelle doit se conformer les discussions pratiques dont l'objet est de parvenir au consensus entre les partenaires en présence sur les solutions appropriées aux problèmes posés.

Mais nous pouvons affirmer que l'opposition entre l'éthique de la discussion et les présupposés de l'éthique écologique n'est pas si radicale qu'on pourrait le penser. En effet, chez Habermas tout comme chez Apel, même si la nature (les plantes, les minéraux et surtout les animaux) ne peut pas être traitée comme un sujet moral au même titre que les hommes, il n'en demeure pas moins que l'éthique de la discussion ne se tient pas fermée à la nécessité d'une protection et d'un respect de la nature. De manière encore plus forte, nous voyons que chez Apel, l'éthique de la discussion se construit comme une réponse à la situation actuelle du monde marquée par des crises dont la crise écologique. L'analyse de sa pensée contribue à éclairer sur les implications et les limites théoriques de l'éthique de la responsabilité telle que pensée par Hans Jonas. Mais l'intérêt de l'éthique de la discussion n'est pas seulement théorique. En tentant de corriger les erreurs théoriques de la doctrine de Hans Jonas, elle indique en même temps le sens dans lequel peut être résolu le problème de son application politique.

---

[271] **Karl Otto-Apel**, *Discussion et responsabilité*, tome 2. *Contribution à une éthique de la responsabilité,* op. cit., p.35.

TROISIÈME CHAPITRE

ÉTHIQUE DE LA RESPONSABILITÉ ET DÉMOCRATIE DÉLIBÉRATIVE

L'objet du chapitre précédent consistait à montrer qu'en dépit de ce qui les oppose, l'éthique de la discussion et celle de la responsabilité entendue comme éthique écologique pouvaient être compatibles. Cette conciliation constitue une médiation pour répondre au problème politique posé par l'éthique du futur, plus précisément le problème lié à son application politique. Il apparaît que l'éthique de la discussion permet d'éviter les écueils de la doctrine jonassienne de la responsabilité, lacunes qui sont pour l'essentiel relatives aux conditions de son universalisabilité et à celles de son application. Tandis que Hans Jonas, bien qu'élevant la prétention de dépasser Kant, ne s'affranchit pas de son monologisme dans la formulation des nouveaux impératifs, l'éthique de la discussion – que ce soit sous sa forme procédurale (Habermas) ou sous la forme de la fondation pragmatico-transcendantale(Apel) – fournit, quant à elle, des orientations pour penser le caractère collectif de la responsabilité. Le problème auquel nous devons nous confronter maintenant concerne les chances d'une application de l'éthique du futur par la voie démocratique. Nous partons de l'hypothèse que les démocraties modernes qui se démarquent du mode traditionnel de gestion du pouvoir sont cependant inadéquates pour l'application de l'éthique écologique. Dans ce cas, y a-t-il encore un sens à s'inscrire en faux contre la solution autoritaire proposée par Hans Jonas ? L'éthique de la discussion indique une voie vers la réforme des systèmes démocratiques modernes. En quoi cette réforme est-elle prometteuse quant au problème de l'application politique de l'éthique de la responsabilité ?

III.1. De l'éthique de la discussion à la démocratie délibérative

III.1.1. Formulation du problème politique chez Habermas

A priori la problématique qui préoccupe Habermas à travers l'effort pour repenser le droit et la politique n'est pas identique à celle qui anime Hans Jonas. En d'autres termes, ce n'est pas la confrontation au problème de l'application, sur le plan politico-juridique, de l'éthique écologique qui justifie l'intérêt qu'Habermas accorde à la question politique de l'Etat de droit démocratique. Dès la préface de l'écrit politique qui porte le titre *Droit et Démocratie,* l'auteur précise l'orientation de sa réflexion sur la question du droit et de la politique. Il part d'abord du contraste avéré entre le besoin de plus de démocratie exprimé par les populations et l'incapacité des démocraties existantes de satisfaire une telle aspiration. Ensuite, il souligne l'asymétrie entre l'écroulement du système socialiste et l'impossibilité du «*parti qui se croit victorieux* [de] *se réjouir de son propre triomphe.* »[272] Ce qui fait défaut à ce système triomphant, « *c'est une sensibilité non moins grande quant à la ressource* ***véritablement*** *menacée, celle d'une solidarité sociale certes garantie par les structures juridiques, mais qui doit être constamment régénérée.*»[273] En d'autres termes, le système capitaliste et le type d'Etats démocratiques qu'il instaure ne sont pas en mesure de faire face aux défis fondamentaux à l'échelle planétaire auxquels se trouve confrontée l'humanité aujourd'hui. Ces défis consistent essentiellement dans la croissance des inégalités entre le Nord et le Sud, dans la pression de flux migratoires du Sud vers le Nord, dans les nouveaux conflits ethniques, nationaux et religieux, dans les luttes pour le partage des richesses. Face à ces crises, ce qu'il faut c'est une éthique de la solidarité et de l'égalité, toutes choses que les démocraties libérales ne peuvent pas apporter. Pour Habermas, « *devant cet arrière-plan effrayant, la politique des sociétés occidentales disposant d'Etats de droit et de la démocratie perd, aujourd'hui, toute orientation et toute assurance.*»[274]

---

[272] **Jürgen Habermas,** *Droit et démocratie. Entre faits et normes*, trad. par R. Rochlitz et C. Bouchindhomme, Paris, éd. Gallimard, 1997, p.12.
[273] *Ibidem.*
[274] *Ibidem*, p12.

Puisque la crise consiste dans l'asymétrie entre le besoin de démocratie et l'incapacité des Etats de droit démocratiques réels à satisfaire un tel besoin, ce qui s'impose n'est rien d'autre que la nécessité d'une réforme du système. Or, la solution immédiate qui se présente consisterait dans l'abandon du système libéral-capitaliste triomphant en faveur du modèle socialiste-marxiste qu'il s'agirait alors de ressusciter ou de sauver du processus de son effritement. Mais Habermas rejette une telle option. Il prend ses distances à la fois vis-à-vis du socialisme d'Etat décadent et par suite du marxisme, et vis-à-vis de la démocratie libérale régnante. Cette attitude semble révéler chez lui la tentation de l'anarchie comme conséquence possible de la théorie de l'agir communicationnel. Au sujet de cette accusation, Habermas répond qu' «*un noyau d'anarchie est indissociable du potentiel de libertés déchaînées qui est propre à la* ***communication*** *et dont les institutions de l'Etat de droit démocratique doivent se nourrir, afin de garantir efficacement une égalité des libertés* ***subjectives***.»[275] Mais dans le fond Habermas tente de se défendre contre tout éventuel reproche d'anarchie et d'abstraction qui seraient inhérentes à sa théorie de la communication. La tâche qu'il s'assigne consiste à proposer une reconstruction de l'Etat de droit démocratique adapté aux sociétés complexes. Il s'agit donc pour lui de répondre au besoin d'une plus grande démocratie en en proposant un modèle inspiré de la théorie de la communication. C'est dans ce sens que Catherine Audard interprète la philosophie politique de Habermas comme un effort pour penser les conditions de la légitimité politique[276]. C'est ce qu'atteste Habermas lui-même lorsqu'il précise, dans le sixième chapitre dont le contenu sera analysé plus loin, qu'il « *aborde la théorie de la démocratie...principalement du point de vue de sa légitimation.*»[277] Théoriquement donc, ce n'est pas le problème de l'application, sur le plan de l'action politique, de l'éthique de la responsabilité comme réponse au défi écologique qui motive en priorité la réflexion de Habermas sur les questions du droit et de la démocratie. Il fonde sa réflexion sur la tension entre « *la conception normative que l'Etat de droit a de lui-même – telle qu'elle est*

---

[275] *Ibidem*, p.10.

[276] **Catherine Audard**, « Le principe de légitimité démocratique », in *Habermas et l'usage public de la raison*, ouvrage collectif coordonné par Rainer Rochlitz, Paris, éd. P.U.F., 2002, pp.95-132.

[277] **Jürgen Habermas,** *Droit et démocratie. Entre faits et normes*, op.cit, p.10

explicitée par la théorie de la discussion –, et la factualité sociale des processus politiques qui se développent dans le cadre de schémas plus ou moins conformes à l'Etat de droit.»[278] En d'autres termes, la théorie de la discussion ne permet pas de décrire des modèles de démocraties déjà constituées ; elle fournit au contraire une idée de ce que doit être la démocratie. Elle entre donc en opposition avec les Etats de droit de fait, de même qu'elle se démarque, en leur empruntant toutefois des éléments, d'autres modèles, d'autres idées normatives de l'Etat de droit démocratique. Ces modèles à teneur normative sont ceux de la démocratie libérale et de la démocratie républicaine. Dans ces conditions, en supposant que l'idée de la démocratie issue de la théorie de la communication ouvre des perspectives intéressantes quant à une solution politique démocratique au problème environnemental, ne sous-entendons-nous pas qu'une telle solution ne peut pas être envisagée dans le cadre des modèles libéral et républicain ?

Toujours est-il que considérer la théorie de la démocratie délibérative fondée par Habermas comme réponse au défi écologique et comme voie vers une solution politique non autoritaire à la crise écologique peut sembler constituer une lecture externe de la théorie. Ce qui conduirait à son infléchissement ou en tout cas consisterait en une « pure construction ». Mais nous avons déjà relevé le fait que l'éthique de la discussion ne se tient pas fermée à la question de l'éthique écologique ; encore que dans *L'avenir de la nature humaine,* l'auteur aborde une problématique qui, d'une certaine façon, demeure liée à la question écologique : il s'agit des questions posées par l'application des biotechnologies à l'homme[279]. Nous pouvons considérer que la crise écologique figure de toute évidence parmi les défis auxquels le monde doit aujourd'hui faire face, défis que les démocraties de fait se révèlent incapables de relever. Dans ce sens, nous pouvons espérer que la théorie de la démocratie pensée à la lumière de la théorie de la communication peut apporter une contribution inestimable. Elle constitue à notre sens une alternative à l'option autoritaire qui se profile chez Hans Jonas. Nous sommes conforté dans cette position par la proximité qui existe entre l'approche habermassienne de la démocratie délibérative et celle

---

[278] *Ibidem*, p.312.

[279] **Jürgen Habermas**, *L'avenir de la nature humaine. Vers un eugénisme libéral ?* Trad. par Christian Bouchindhomme, Paris, éd. Gallimard, 2002.

proposée par John Rawls. Au-delà de ce qui oppose les deux théories, notamment le principe sur lequel se fonde la légitimation politique, elles se rejoignent sur le fait qu'elles constituent des efforts pour concevoir l'idée d'un système ou d'un modèle politique adapté aux problèmes contemporains. Parce que la théorie habermassienne de la démocratie délibérative se construit dans une relation critique avec celle de John Rawls, il paraît important de présenter, de façon synthétique, la problématique qui oriente la réflexion de ce dernier et les réponses qu'il y apporte. Dans cette perspective nous nous intéressons à son texte *Libéralisme politique* qui, dans le fond et selon l'aveu de l'auteur, est destiné à résoudre les difficultés rencontrées par la *Théorie de la justice.*

Dans l'introduction de ce texte, l'auteur formule très explicitement le problème qui doit être discuté : « *comment est-il possible qu'existe et se perpétue une société juste et stable, constituée de citoyens libres et égaux, mais profondément divisés entre eux en raison de leurs doctrines compréhensives, morales, philosophiques et religieuses, incompatibles entre elles bien que raisonnables ?* »[280] L'État, la société, est le lieu de la manifestation de la diversité, caractérisée par la pluralité d'intérêts qui, *a priori,* divisent les citoyens. Ce *pluralisme* rend de prime abord impossible la stabilité sociale, la fondation d'une justice sociale susceptible de réconcilier les hommes. Il se pose alors un problème par rapport auquel deux solutions sont envisageables. Nous pouvons le formuler de la manière suivante : faut-il fonder la stabilité et l'harmonie sociales sur la base d'une doctrine générale compréhensive, qu'elle soit religieuse, philosophique ou morale (ce qui implique l'intolérance d'autres doctrines jugées incompatibles) ou bien faut-il faire dépendre la stabilité sociale de la tolérance du pluralisme ?

La première option consisterait pour le pouvoir politique à fonder la stabilité et l'unité sociale sur le refus même du pluralisme, donc par l'imposition d'un point de vue unique. Le pluralisme est alors perçu comme un *désastre* pour la stabilité et le maintien de l'existence collective, si bien que l'on place l'intérêt de la nation, l'avenir de la société, au-dessus des autres convictions ou doctrines (philosophiques, morales, religieuses, socioculturelles, etc.) auxquelles ont déjà adhéré les citoyens. Dans le contexte de la problématique environnementale,

---

280 **John Rawls**, *Libéralisme politique*, trad. par C. AUDARD, Paris, éd. P.U.F., 1995, p.6.

on pourrait faire de l'écologie ou de la défense de l'environnement une cause à laquelle on subordonnerait toutes les autres convictions, et au nom de laquelle on réprimerait toute doctrine qui ne serait pas orientée vers la défense d'une telle cause. La raison écologique serait alors par principe anti-démocratique. Mais d'ores et déjà nous soutenons que cette perspective paraît inappropriée pour résoudre politiquement la crise écologique. Car elle suppose que, non seulement toute la vie politique soit orientée ou déterminée par la raison écologique, mais encore qu'une doctrine éthique relative à l'environnement soit sélectionnée (par une élite) et imposée au reste des citoyens. Or, il apparaît que la question écologique est tellement complexe, fait intervenir des doctrines, des visions et des intérêts tellement divers et contradictoires, que leur prise en charge sur le plan politique ne peut se faire sous le signe de l'intolérance du pluralisme.

La seconde solution au problème de la stabilité sociale face au pluralisme consiste à considérer celui-ci comme une situation normale, et sa tolérance comme la condition fondamentale de la stabilité et de la légitimité. C'est dans cette direction que s'oriente le libéralisme politique de Rawls. Pour lui, le pluralisme est ce que présuppose tout pouvoir politique démocratique bien pensé et organisé. D'où la formulation de l'hypothèse que, *« d'un point de vue politique, l'existence d'une pluralité de doctrines raisonnables, mais incompatibles entre elle, est le résultat normal de l'exercice de la raison humaine dans le cadre des institutions libres d'un régime démocratique constitutionnel. »*[281] Mais ces considérations n'apportent pas encore de réponse précise au problème posé ; elles contribuent à le préciser. La légitimité politique démocratique présuppose ou postule le pluralisme et sa tolérance. Mais comment unifier des positions qui, par principe, sont inconciliables ? Le pluralisme rend-t-il possible la conception d'une justice politique susceptible de fonder la stabilité et l'harmonie sociale ?

Dans sa tentative pour répondre à ces questions, l'auteur soutient qu'une conception politique de la justice, destinée à servir de base publique de justification, n'est possible que si l'on envisage la société comme un système équitable de coopération dans le temps entre des citoyens libres et égaux, coopération qui consiste à s'entendre autour des principes qui doivent diriger la structure de base de la société. Mais le problème qui surgit immédiatement de ces considérations

[281] **John Rawls**, *Libéralisme politique,* op. cit., p.4.

concerne la détermination des termes mêmes de l'équité. Sur quoi doit se fonder l'équité dans la coopération sociale ? Elle ne peut se fonder ni sur des recommandations d'une autorité supérieure telle que la volonté divine, ni sur des exigences de la loi naturelle, ni sur « *un univers de valeurs connues par intuition rationnelle.*»[282] Dans un sens positif, « *les termes équitables de la coopération sociale sont conçus comme résultant d'un accord entre ceux qui coopèrent, c'est-à-dire entre des citoyens libres et égaux...* »[283] Il reste alors à montrer la possibilité d'un tel accord. C'est là qu'intervient l'hypothèse de la *position originelle.* On peut supposer que les caractéristiques et les circonstances particulières relatives à la vie sociale des citoyens rendent impossible l'accord équitable entre eux, puisqu'elles remettent en question leur liberté et leur égalité. Il faut donc résoudre, comme le dit Rawls, la « *difficulté que rencontre toute conception politique de la justice qui utilise l'idée du contrat, social ou autre.* »[284] Cette difficulté consiste à remonter à l'origine du contrat, ce qui veut dire qu'il faut faire abstraction des situations sociales et historiques particulières pour se placer d'un point de vue dans lequel un accord équitable entre les citoyens est possible. Ce point de vue distancié est ce que Rawls désigne par le concept de position originelle. Mais cette position originelle est approchée comme un système de *représentation.* En d'autres termes, la procédure de construction de la justice comme équité n'envisage pas l'implication de tous les citoyens comme partenaires de la délibération dont l'issue serait l'accord sur les questions relatives à la structure de base de la société. On peut dire que le rôle des citoyens se borne à élire leurs représentants qui sont alors chargés de trouver un accord sur les questions fondamentales de justice dans des conditions équitables. Mais pour que les partenaires de la « discussion » puissent être vus comme les représentants de citoyens libres et égaux, ils doivent être eux-mêmes « symétriquement situés », c'est-à-dire être eux-mêmes placés dans une situation

---

[282] *Ibidem*, p.48.

[283] *Ibidem.*

[284] *Ibidem*, p.48. Il est à remarquer que la théorie de la justice, qui sert de fondement à la légitimité politique, constitue une reformulation de la doctrine du contrat social que l'on trouve chez les philosophes modernes. D'après cette doctrine, la justice ou la légitimité politique est pensée à partir de l'hypothèse d'un contrat ou d'un pacte social originaire par lequel, les hommes qui sont libres et égaux par nature, décident d'instituer le pouvoir politique dont la fin ultime est de protéger cette égalité et cette liberté originaires.

d'égalité et d'impartialité. L'exigence de l'impartialité explique pourquoi la position originelle se caractérise par le « voile d'ignorance » qui signifie que « *les partenaires n'ont pas le droit de connaître la position sociale de ceux qu'ils représentent ou la doctrine compréhensive particulière de la personne que chacun représente.* »[285] En tant qu'ils représentent, chacun, des citoyens libres et égaux, ils n'ont pas le droit de faire prévaloir leur position sociale particulière, en cherchant à la faire adopter. On risque alors d'aboutir à une conception de la justice qui favorise ceux qui occupent cette position sociale.

Arrêtons-nous à ce point de l'analyse de la pensée de Rawls. L'excursion que nous y avons faite n'était pas destinée à en exposer les tenants et les aboutissants. Nous nous y sommes intéressés à cause de sa proximité avec la problématique politique chez Habermas et à cause du fait qu'elle participe du projet de la fondation de la démocratie délibérative comme réponse aux défis contemporains. Ces défis, parmi lesquels figure en bonne et due forme le défi écologique, exigent un renouvellement de la politique. Au cœur de leurs doctrines se situent l'idée qu'il faut une base publique de justification du droit et du pouvoir politique, d'où la considération du *consensus* comme critère ultime de la légitimité et comme condition de la stabilité sociale. Dans ce sens, la théorie de Rawls permet de voir comment cette idée de démocratie délibérative oriente vers une solution politique non autoritaire au problème écologique. Mais il apparaît que dans *Libéralisme politique*, John Rawls fait remarquer que la théorie de la justice, destinée à refonder la démocratie sur la base de l'autonomie et de l'égalité des citoyens, se borne à traiter des problèmes classiques centraux. Elle n'aborde donc pas directement les questions nouvelles telles que « *la démocratie dans l'entreprise et sur le lieu de travail, ainsi que celle de la Justice entre Etats (...). Elle mentionne à peine,* poursuit l'auteur, *la justice retributive et la protection de l'environnement ou la sauvegarde des espèces.* »[286] Cela implique que nous ne pouvons pas trouver, explicitement exposées dans son ouvrage, des indications concernant la manière dont les préoccupations écologiques peuvent être inscrites dans l'organisation politique des Etats. En d'autres termes, il n'y a pas de réponses précises à la question de la capacité du libéralisme politique à servir

---

285 *Ibidem*, p.49-50.
286 *Ibidem*, pp. 17-18.

de cadre à l'application de l'éthique écologique de la responsabilité. Tout comme chez Habermas, la réflexion politique ne se confronte pas directement au problème écologique, et plus précisément à celui de l'application sur le plan politique d'une éthique de la responsabilité qui se présente comme une réponse au défi environnemental.

Mais cet écart entre la réflexion sur les conditions de la stabilité sociale et la question écologique se rétrécit face à l'hypothèse que formule Rawls lui-même. Il s'agit de l'hypothèse relative à la relation entre la théorie de la justice et les problèmes majeurs de l'époque actuelle. Elle consiste à affirmer « *qu'une conception de la justice élaborée en se centrant surtout sur un certain nombre de problèmes classiques récurrents devrait être correcte, ou du moins fournir les lignes directrices pour traiter des questions nouvelles.*»[287] Jusqu'à quel point le libéralisme politique et la conception de la justice sur laquelle il se fonde peut-il réaliser ce projet ? C'est là une question que nous n'examinerons pas à part entière dans le cadre de ce travail. Nous nous intéressons pour l'instant au fait que le défi écologique contribue à rendre encore plus cruciale le défi politique, dans la mesure où les conflits qui naissent de la crise environnementale menacent la stabilité sociale. Ils incitent par conséquent à la réflexion sur les conditions de possibilité du maintien ou de la réalisation de la stabilité et de l'harmonie sociales, par-delà ces conflits. Ensuite, notre intérêt pour la doctrine de Rawls se justifie par ce qu'elle partage comme point commun avec celle de Habermas : l'idée de fonder la politique démocratique sur la base du consensus. Si l'idée de la démocratie pensée à la lumière de la théorie de la justice peut fournir des orientations pour traiter les questions actuelles dont la question écologique, on peut en dire autant de la politique délibérative inspirée de la théorie de la communication. Nous pouvons alors considérer le problème écologique comme faisant partie de l'arrière-plan qui motive le projet de la reconstruction de l'Etat de droit démocratique. Mais avant d'examiner ce que la démocratie délibérative, fondée sur le principe de la discussion, peut apporter comme contribution à une solution politique non autoritaire à la question écologique, il nous paraît important de nous intéresser à la manière dont se pose et se résout le problème politique chez Apel. Cette considération de la philosophie d'Apel se justifie par le fait qu'il tente lui-aussi de lire les problèmes contemporains à partir de la théorie de la discussion. Cela

[287] *Ibidem*, p.18.

nous permet sans doute de saisir avec précision la contribution de Jürgen Habermas.

III.1.2. La question politique chez Apel

Chez Apel, il existe un lien direct entre l'éthique écologique et celle de la discussion ; ce lien concerne le problème de l'orientation politique adéquate. En effet, dans un des textes constitutifs du volume I de *Discussion et responsabilité*[288], Apel tente de répondre à la question de l'orientation éthique et politique appropriée à la situation du monde contemporain marquée par des crises dont la menace nucléaire et écologique. L'auteur reprend dans ce texte la problématique que l'on peut considérer comme récurrente chez lui : celle de la possibilité de fonder rationnellement l'éthique à l'âge de la science, c'est-à-dire dans un contexte où la rationalité scientifique axiologiquement neutre s'impose comme l'unique modèle de rationalité, réduisant les discours axiologiquement non neutres, dont l'éthique, à de « pures et simples idéologies ». Appliquée à la question politique, cette préoccupation devient encore plus cruciale à partir du moment où, dans une situation politico-sociale nationale et internationale dominée par des conflits, l'idée d'une fondation rationnelle de l'éthique et de la politique apparaît comme une vaine entreprise. Pour décrire l'impossibilité apparente de l'accomplissement d'une telle tâche, Apel part de l'examen de la question de la relation entre la crise écologique et les conflits sociaux qui caractérisent le monde contemporain. Il s'agit de savoir si la crise contribue à atténuer ou à aggraver les conflits classiques entre le Nord et le Sud, et si elle contribue à atténuer ou à aggraver les oppositions de classes à l'intérieur des sociétés, qu'elles soient riches ou pauvres. À cette question se prêtent deux hypothèses contradictoires. La première consiste à postuler que la crise écologique, dans la mesure où la menace qui lui est attachée est planétaire, elle devrait pouvoir réduire les conflits, en provoquant la solidarité entre les hommes à l'intérieur tout comme à l'extérieur des Etats, solidarité nécessaire à la résorption de la crise. Mais cette solidarité autour du problème écologique implique, au titre des solutions envisageables, sinon l'arrêt, au moins

[288] **Karl Otto-Apel,** « Les conflits de notre époque et l'urgence d'une orientation fondamentale de l'éthique politique », in *Discussion et responsabilité.* t.1. *L'éthique après Kant*, op.cit., p133-153.

le ralentissement de la croissance économique, puisque c'est cette idéologie de la croissance continue qui se trouve à la base de la menace écologique. Cette démarche impliquerait que les pays industrialisés, en acceptant une limitation de « *leur propre croissance économique, voire une limitation du niveau de vie de leurs habitants au profit d'une redistribution des richesses telle que la souhaitent les pays en voie de développement*»[289], décident d'adopter une politique de redistribution des biens à l'échelle mondiale. Mais pour Apel, cette solution ne ferait qu'accentuer les conflits de classes à l'intérieur des sociétés industrialisées.

Par ailleurs, et c'est la seconde perspective qui se présente, la crise écologique pourrait aggraver les conflits entre le Nord et le Sud, d'une part parce que le Sud n'est pas disposé, comme la réalité le montre, à renoncer à la croissance économique perçue comme la condition du développement, et d'autre part, parce que chaque Etat tient à faire prévaloir « *son privilège d'exploiter l'écosphère.*»[290] Encore que les pays développés ou industrialisés ne peuvent maintenir leur position et leurs privilèges actuels que par la poursuite de la croissance. Celle-ci n'est d'ailleurs pas toujours perçue comme l'origine du problème écologique mais sa solution. Karl Otto-Apel prend position pour cette seconde hypothèse, celle du renforcement des conflits à l'heure de la crise écologique. C'est cette situation qui rend nécessaire une fondation rationnelle de l'éthique en vue d'une réorientation de la politique et du système mondial. Se ralliant à l'attitude de Hans Jonas, Apel prend une position critique vis-à-vis des systèmes politiques régnants, le système capitaliste et le système socialiste[291] : *« ni les théories capitalistes,* dit-il, *ni les théories socialistes ne se sont révélées capables, jusqu'ici, de prendre en compte la biosphère en tant que capital productif, même si Marx, dans le premier chapitre du Capital, note déjà que le capitalisme menace de détruire les deux sources de richesse dont nous disposons, c'est-à-dire le travail humain et la nature. »*[292]

---

[289] *Ibidem*, p. 138. C'est cette solution qu'envisage Hans Jonas et dont nous avons parlé plus haut.

[290] *Ibidem.*

[291] Observons que nous sommes en 1988 : la déstabilisation du modèle socialiste communiste s'était déjà amorcée, mais les deux idéologies continuaient de s'affronter et l'Allemagne était toujours divisée en deux.

[292] *Ibidem*, p.136.

Si ni le capitalisme, ni le socialisme marxiste ne sont capables de répondre efficacement aux crises auxquelles se trouve confronté le monde contemporain, la perspective qui s'impose n'est rien d'autre que l'indication d'une troisième voie, l'invention d'un nouveau système plus prometteur. Mais Apel refuse cependant de proposer une troisième voie[293] qui fonctionnerait comme une recette politique, ce qui, pourtant, à nos yeux, constitue une tâche incontournable. Tout au plus, il indique que les deux systèmes sont complémentaires. De l'un on peut retenir les idées de la liberté, de l'autonomie et de l'égalité des citoyens ; de l'autre, l'exigence de la solidarité et de l'équité dans la distribution des richesses. Dans le nouveau système qu'il faut construire, il faut lier la solidarité, la responsabilité à la liberté, et inversement, lier la liberté à la solidarité et à la responsabilité. Fidèle à sa thèse de l'*a priori* de la communauté idéale de communication, il soutient, après avoir montré que cette présupposition rendait possible la fondation en raison de l'éthique, que toute réorientation éthico-politique, rendue nécessaire par la crise écologique, doit aller dans le sens du développement d'une éthique de la responsabilité solidaire, et pour cela doit tenir compte de cet *a priori* de la communication. L'introduction de l'*a priori* de la communication dans le domaine politique est destinée à corriger l'idée jonassienne de la responsabilité, idée dans laquelle la responsabilité demeure à la charge de l'individu. En effet, comme nous l'avons vu dans l'exposé de l'approche apélienne des principes de l'éthique de la discussion, les normes idéales de la communication comprennent la justice, la solidarité et la *coresponsabilité*. Cette conclusion, dont Apel lui-même reconnaît la vacuité, ne nous paraît pas très satisfaisante même si l'orientation qu'il donne à l'éthique de la discussion constitue déjà un pas en avant contre la tentation du pouvoir autoritaire chez Hans Jonas. Dans ces conditions, il semble que c'est vers Jürgen Habermas qu'il faut se tourner, si l'on veut des indications sur la possibilité d'une solution politique démocratique et non autoritaire, comme le suggère Hans Jonas.

---

[293] « *Je ne voudrais pas non plus donner l'impression d'avoir* ***une recette politique*** *à fournir, qui permettrait de sortir de la Scylla d'une liberté sans substance éthique ni responsabilité solidaire – cette liberté caractéristique du capitalisme occidental – et de la Charybde d'une solidarité contrainte, qui ne peut plus être médiatisée par la libre responsabilité des citoyens – ce qui est caractéristique du socialisme totalitaire.* » *Ibidem*, p.148.

III.2. L'intérêt écologique de la politique délibérative

L'introduction du principe discussion comme procédure de justification publique du droit et du pouvoir politique signe la pertinence de la doctrine de Habermas. Par un tel principe, il se démarque non seulement de la fiction de la position originelle dont parle John Rawls, mais aussi des principes classiques fondateurs de la démocratie moderne. Il s'agit plus précisément de l'hypothèse du contrat social, du consentement des citoyens, de la règle de la majorité, etc. Sur le plan de la problématique écologique nous pouvons en tirer plusieurs enseignements. L'idée de *démocratie délibérative* est assez récente, et elle se construit en opposition aux conceptions devenues traditionnelles de la démocratie. Elle refuse les théories du contrat social développées par Thomas Hobbes, John Locke, Jean-Jacques Rousseau, Kant, pour ne citer que ceux-là. L'alternative que la théorie de la démocratie, élaborée par Habermas, offre face aux limites de la démocratie moderne classique et au socialisme d'Etat consiste, avons-nous dit, dans l'introduction du principe discussion dans le processus de légitimation du droit et de la démocratie. Il convient de remarquer tout de suite, avant de poursuivre, que l'introduction du principe discussion dans la problématique de la légitimation politique constitue un refus d'inscrire dans l'action politique un usage stratégique du discours. Cette distinction entre un usage stratégique et un usage communicationnel du discours, souligné par Mahamadé Savadogo dans son ouvrage *Pour une éthique de l'engagement*[294], est opérée par Jürgen Habermas dans *Morale et communication.* La communication stratégique ne vise pas nécessairement le consensus, mais l'adhésion à une décision à laquelle n'a pas nécessairement pris part celui qui doit l'appliquer. Nous sommes ici dans le contexte de la rationalité Moyens/Fins (Apel). Par le discours stratégique, on peut aboutir au consentement mais pas nécessairement au consensus. Ainsi peut-on passer par la force ou par le mensonge, comme c'est le cas dans les rhétoriques politiciennes, pour obtenir la fin recherchée : "l'engagement" – bien entendu non libre – du citoyen

[294] **Mahamadé Savadogo**, *Pour une éthique de l'engagement,* Presses Universitaires de Namur, 2008, p.64. C'est dans la discussion du rapport entre l'éthique et l'engagement, dans le troisième chapitre de l'écrit, que l'auteur, en exposant les traits essentiels de l'éthique de la discussion, insiste sur la « *distinction essentielle, entre un usage stratégique du discours qui cherche à soumettre l'interlocuteur et un usage communicationnel qui, au contraire, l'érige en égal.*»

pour une cause qu'il peut ignorer. Dans ces conditions, la rationalité stratégique ne prend pas en compte l'autonomie des citoyens, pas même leur autonomie morale privée.

Abandonner la logique stratégique en faveur de la logique communicationnelle dans le cadre d'une éthique de la discussion revient à se démarquer de la position de Hans Jonas qui admet bien, comme nous pouvons l'interpréter, la logique du discours stratégique à travers son idée d'instaurer à la tête de l'Etat une élite qui, derrière des intentions secrètes, amènerait les citoyens à adopter une attitude responsable face à la situation de crise écologique. La réalité montre que c'est l'adoption du discours stratégique qui finit par conduire au rejet, par les populations, de la politique considérée comme terrain du mensonge, de la lutte pour les intérêts partisans de classes ou comme le lieu d'expression des passions. Dans ce sens, le succès d'une application politique de l'éthique écologique de la responsabilité est conditionné par une conception positive par les citoyens de la politique ; il est donc conditionné par une réhabilitation du politique. C'est pour cela que l'application de l'éthique de la discussion à la politique peut être envisagée comme la voie vers cette réhabilitation de la politique surtout en Afrique[295]. La légitimation du droit et de la politique au moyen de la théorie de la discussion, la fondation de la démocratie délibérative, avons-nous dit, constitue une alternative face aux écueils des démocraties de fait, érigées sur les principes théoriques de la démocratie définis à l'époque moderne. Mais la délibération a toujours fait partie de la vie des Etats, quelle que soit la forme adoptée (qu'elle soit démocratique ou non), si bien que l'idée d'une démocratie délibérative, *a priori,* n'apporte rien d'insoupçonné à la compréhension du phénomène politique et aux conditions de sa légitimité. En effet, « délibération » est un substantif dérivé du verbe *délibérer* dont la racine se trouve dans la langue latine. Délibérer signifie non seulement « réfléchir mûrement avant de prendre une décision », mais encore « consulter » (un oracle par exemple). L'étymologie révèle de la notion trois concepts qui lui sont liés : « réflexion », « décision » et « consultation ».

---

[295] Nous pouvons nous référer ici au texte de **Semou Pathé Gueye**, *Du bon usage de la démocratie en Afrique. Contribution à une éthique et à une pédagogie du pluralisme,* Dakar, NEAS, 2002. Dans cet écrit l'auteur se propose de relire l'expérience africaine de la démocratie à partir de la théorie de l'agir communicationnel et de l'application du principe éthique de la discussion à la reconstruction de la démocratie.

La délibération peut être un acte individuel. L'individu, face à une *décision* à prendre, peut se référer exclusivement à sa propre conscience, et il assume, dans ce cas, l'entière responsabilité des conséquences qui pourraient découler de l'exécution de la décision qu'il va prendre. Mais il peut aussi consulter, recueillir l'opinion d'au moins une tierce personne. Seulement, même dans ce cas, la décision ultime lui revient, dans la mesure où il peut tenir compte ou non de l'avis de ceux qu'il a consultés. Mais la décision lui revient parce que seuls ses intérêts personnels sont en jeu. Cependant, rien n'empêche que parfois la décision individuellement prise engage le sort de personnes autres que son auteur. En supposant que nos actions quotidiennes sont le résultat d'un processus individuel de délibération, les conséquences de celles à travers lesquelles nous contribuons à la dégradation de l'environnement ne se limitent pas à nous, mais engagent le sort de l'humanité. Mais la démocratie délibérative fondée sur la théorie de la communication ne table pas sur cette dimension individuelle, « monologique » de l'acte de délibérer. La délibération est un acte, un processus qui peut être collectif, intersubjectif ; elle se déroule alors entre des personnes qui forment un groupe plus ou moins élargi, des personnes qui, confrontées à des problèmes donnés ou à des projets à élaborer, discutent entre elles afin non seulement de prendre la meilleure décision, mais encore de s'y accorder. *L'intersubjectivité* est ici mise en avant et la responsabilité déborde la sphère de l'individualité : elle s'étend à toute la collectivité. Par ailleurs, la délibération constitue un processus qui intervient dans plusieurs circonstances. Ainsi s'applique-t-elle dans le système judiciaire pénal lorsqu'il s'agit, au terme d'un procès, de prendre des décisions concernant la culpabilité ou non de l'accusé afin de préciser sa peine. La délibération constitue aussi un moment de l'expérience scolaire ou académique, aux moments des évaluations destinées à sanctionner la fin d'un cycle d'études. Elle n'est donc pas une pratique exclusivement politique propre à un système déterminé.

La différenciation, dans la pratique politique, de la délibération s'effectue en fonction du cercle de ceux qui peuvent y prendre part, et c'est sur cette base que se diversifient les systèmes politiques. Même dans le système le plus monarchique, on n'en fait pas l'économie dans la mesure où, comme l'a si bien souligné Spinoza, le monarque ne gouverne jamais seul, mais s'entoure de notables et de conseillers auxquels il ne s'empêche pas de se référer lorsqu'il y a une décision d'importance à prendre. Dans ces conditions il n'y a jamais de monarchie absolue[296]. Ce qui est décisif dans le processus délibératif, c'est la question de savoir qui peut légitimement y prendre part. À cette question, il faut ajouter celle des conditions dans lesquelles il se déroule. Il s'agit par exemple du niveau de l'égalité des participants à la discussion, égalité qui peut être pondérée par le niveau du pouvoir que l'on détient, de telle sorte que la validité de ce que l'on dit dépend justement de la position ou du rang que l'on occupe[297]. Par exemple, dans un système où l'un ou certains des participants peuvent siéger *ex cathedra,* les discours ne peuvent pas avoir les mêmes poids. La vérité de ce que l'on dit dépend en ce moment de l'influence de sa personnalité. Par ailleurs, le but visé sur le plan politique peut, en lieu et place de l'intérêt commun, n'être que le renforcement du pouvoir du monarque ou de la classe dirigeante. Ainsi, on peut dire que ce qui différencie le système de la démocratie des autres formes de gouvernement, c'est l'élargissement du cercle des participants à la discussion ou à la délibération politique. Mais ce qui caractérise les démocraties de fait, généralement représentatives, c'est le fait que ce cercle, bien que plus élargi qu'ailleurs, n'intègre pas l'ensemble des citoyens à qui pourtant sont destinées les décisions prises; la délibération s'y déroule dans le cadre d'institutions telles que le gouvernement et l'assemblée nationale essentiellement, les conseils municipaux ou régionaux, etc. Bien que la délibération y paraisse plus ouverte, dans la pratique démocratique, le privilège revient à une partie des citoyens élus à cet effet, parfois taillée sur mesure. Quoiqu'on dise donc, dans ces conditions, le pouvoir qui demeure lié au droit à la prise de parole, se tient dans la verticalité, et peut se transformer en un mécanisme de défense ou de protection des avantages d'une classe.

---

[296] « *Si la masse élit un roi, il cherche des hommes investis d'un pouvoir, conseillers ou amis, auxquels il remet le salut commun et le sien propre ; de telle façon que l'Etat que nous croyons être monarchique absolument est en réalité aristocratique.* » In *Traité Politique*, trad. par Charles Appuhn, Paris, éd. Flammarion, p.43.

[297] Les discussions pratiques qui portent sur la problématique écologique semblent obéir à ce principe. À l'intérieur, la pression des lobbies pèse parfois plus que les convictions et les arguments de l'écologiste soucieux de protéger l'environnement ; sur le plan international l'égalité entre les Etats dans les débats internationaux peut ne paraître vraie qu'en idée.

Dans tous les cas cités, on voit que la délibération n'implique pas l'ensemble ou, en tout cas, pas le maximum de citoyens possibles (notamment la société civile). Or les citoyens sont pourtant les destinataires des décisions qui doivent être prises. Dans ces conditions, le processus délibératif maintient l'écart entre *Le citoyen et son représentant*[298]. C'est à ce niveau qu'entre en jeu la politique délibérative fondée sur la théorie de la communication. Nous pouvons l'interpréter comme l'indication d'une procédure qui vise à réduire l'écart entre le citoyen et son représentant, sans pour autant affaiblir le rôle de l'Etat (du pouvoir politique ou des structures classiques de la délibération). Décrivant l'orientation nouvelle à laquelle la théorie de la communication soumet l'Etat de droit démocratique, Jürgen Habermas affirme que *« La théorie de la discussion table sur* ***l'intersubjectivité supérieure*** *des processus d'entente s'effectuant au moyen de procédures démocratiques ou dans le réseau communicationnel des espaces publics politiques. Ces communications dont nul n'est, à lui seul, le sujet et qui se déroulent à l'intérieur comme à l'extérieur des parlements et des organismes programmés pour adopter des résolutions, constituent des arènes dans lesquelles peut s'opérer une formation plus ou moins rationnelle de l'opinion et de la volonté à propos des matières intéressant la société dans son ensemble et qu'il convient de réglementer. »*[299]À travers ces propos se révèle le caractère largement inclusif de la politique délibérative fondée sur la théorie de la discussion. Plus que dans les théories et les pratiques classiques de la démocratie, la politique délibérative est soucieuse d'impliquer au maximum les citoyens dans la vie politique de la société. L'opinion publique, en tant que pouvoir de communication, doit pouvoir jouer un rôle décisif dans les orientations et les décisions sur lesquelles doit se construire la vie collective, et qui doivent résoudre les problèmes posés. Dans cette perspective, nous pouvons affirmer que la politique délibérative fondée sur la théorie de la communication se révèle assez féconde en matière de chances d'application de l'éthique écologique de la responsabilité.

En effet, les problèmes environnementaux sont tels, qu'ils engagent directement la responsabilité de l'ensemble des citoyens dans la mesure où, comme Hans Jonas l'avait d'ailleurs soutenu, la

---

[298] Ceci constitue le titre de l'un des textes de **Mahamadé SAVADOGO** réunis sous le titre *La parole et la cité. Essais de philosophie politique,* op. cit., pp.217-238.

[299] **Jürgen Habermas**, *Droit et démocratie. Entre faits et normes*, op. cit. p.323.

crise n'est pas le résultat de l'action individuelle mais la conséquence de l'action collective. Dans ces conditions, c'est en impliquant autant que possible dans les discussions ceux qui, directement ou indirectement, contribuent par exemple à la pollution, que les mesures nécessaires pour parer au danger peuvent être appliquées, dans la mesure où chacun pourra évaluer sa part de responsabilité. La solution à la crise écologique, l'application d'une éthique de la responsabilité exige la coopération de tout le monde. À ce qui précède s'ajoute le fait que l'introduction du principe de la discussion dans le projet de refondation de l'Etat de droit démocratique donne de la démocratie délibérative l'image d'un pouvoir suffisamment décentré, décentrement à travers lequel sont sauvegardées l'autonomie et l'égalité des citoyens. Par ailleurs, la complexité des problèmes environnementaux est liée à la complexité des intérêts qui sont en jeu ; y sont liées aussi les difficultés qui sont relatives à l'application des mesures adéquates. Ces intérêts sont économiques, culturels, esthétiques, militaires, etc. Dans ce contexte, l'imposition arbitraire de mesures contraignantes risque de provoquer l'éclatement et la déstabilisation des sociétés. Face à des citoyens divisés par une crise dont la résolution est pourtant nécessaire, on ne peut opposer extérieurement des contraintes. On ne peut recourir qu'au consensus, ce qui passe par l'institutionnalisation de la pratique communicationnelle. Dans cette perspective, il apparaît que la société civile est appeler à changer la représentation qu'elle a d'elle-même, c'est-à-dire à réinterpréter son rôle. Elle ne peut plus se constituer comme une structure radicalement apolitique, consacrée à la défense des intérêts de ses membres. Mais elle ne peut pas non plus se transformer en une structure politique, parce qu'alors les mouvements qui la composent deviendraient des partis politiques. Sa vocation ne sera donc pas la conquête du pouvoir politique ; il s'agira pour elle de contribuer essentiellement à orienter et à programmer le pouvoir[300]. Cela signifie que dans une démocratie délibérative fondée sur la communication, la société civile doit être impliquée dans les prises de décisions qui concernent la protection de l'environnement.

Enfin, la démocratie délibérative, fondée sur l'éthique de la discussion, permet de prendre en charge plus aisément la question écologique que la démocratie moderne classique fondée sur l'hypothèse du contrat social et l'idée des droits de l'homme. Le contrat social est un pacte qui engage uniquement les hommes les uns

---

[300] **Jürgen Habermas**, *Droit et démocratie. Entre faits et normes*, op. cit., p.325.

à l'égard des autres dans le cadre de la recherche du bonheur collectif. Dans ses principes, le contrat social ne concerne pas les relations de l'homme avec la nature. Dans cette perspective, on comprend les objections de certains théoriciens de l'éthique environnementale contre les fondements classiques de la légitimité politique et du droit. Au contrat social, ils exigent que soit ajouté un contrat naturel qui obligerait l'homme à l'égard de la nature. C'est par exemple le point de vue de Michel Serres que nous avons déjà évoqué. La démocratie délibérative ouvre la voie vers le dépassement de cet anthropocentrisme. Mais une telle affirmation pourrait paraître contestable dans la mesure où le concept procédural de démocratie conserve les caractères de l'anthropocentrisme. En effet, la procédure de légitimation n'engage que les sujets capables de parler, en l'occurrence les êtres raisonnables. Mais à cela nous pouvons opposer la remarque selon laquelle il ne s'agit que d'une procédure qui indique non seulement comment le pouvoir peut se légitimer sans recourir à des présuppositions métaphysiques, mais encore comment les problèmes concrets auxquels sont confrontés les citoyens peuvent être politiquement résolus. Elle permet d'éviter les spéculations sur l'existence ou non de valeurs intrinsèques propres à la nature, comme on en présuppose chez l'homme, que tout pouvoir politique légitime se doit alors de protéger et de garantir.

Radicalement parlant, on pourrait soutenir que les débats qui se déroulent dans le cadre de la démocratie délibérative ne sont pas nécessairement anthropocentrés ; en tant qu'elle est procédurale, la théorie de la discussion qui fonde la démocratie permet d'aborder des questions qui ne sont exclusivement centrées sur l'homme. L'écologie démocratique, fondée sur la théorie de la communication, n'implique donc pas, dans ses principes, la reconnaissance de valeurs propres à la nature indépendantes de toute évaluation humaine. Elle ne postule pas, par conséquent, l'*égalitarisme* entre l'homme et la nature comme condition de la légitimité et comme solution à la crise écologique. Elle se démarque des positions de l'écologie profonde radicale qui voudrait subordonner l'homme à la nature. Elle part du principe que, puisque l'humanité est consciente des risques liés à la dégradation de l'environnement, toute mesure pour parer au danger ne peut tenir sa légitimité que du consensus qui se dégage au terme du processus de discussion.

Conclusion générale

Au terme de notre réflexion, nous pouvons retenir essentiellement l'ambivalence de la philosophie jonassienne de la responsabilité, aussi bien sur le plan théorique que sur le plan de son application politique. Sur le plan théorique, elle apparaît d'abord comme une doctrine holistique radicale, établissant une égalité entre l'homme et la nature, recherchant la liberté et la subjectivité jusques dans les manifestations les plus inférieures de la vie. Ensuite, et paradoxalement, la doctrine se construit, bien entendu sur le fond de la problématique écologique, comme une théorie éthique qui maintient l'anthropocentrisme en ce qu'elle reconnaît que ce qui est ultimement visé n'est rien d'autre que le sort de l'humanité. Hans Jonas reste en effet convaincu que de tous les êtres, l'homme est le seul qui peut avoir des responsabilités. Au regard de cette ambivalence de la théorie, nous estimons que cette dernière s'inscrit davantage dans le cadre du holisme critique ou de l'humanisme holistique que dans celui d'un rejet radical de toute forme d'anthropocentrisme qui conduit à la subordination de l'homme à la biosphère.

Sur le plan politique, l'auteur *a priori* privilégie la solution autoritaire, n'envisageant aucune réforme de la démocratie pour la rendre apte à servir de cadre d'application politique de l'éthique de la responsabilité. Mais en même temps, il présente la voie autoritaire, tyrannique comme une solution conjoncturelle. Il suggère en effet que la suspension de la liberté, dans le contexte de la crise environnementale, n'est recommandable que dans la situation où il n'y aurait pas d'autre choix – ou plus précisément lorsque nous serions placés devant le choix entre la sauvegarde de la liberté, mais d'une liberté qui conduirait inexorablement à la catastrophe, et la tyrannie, perçue alors comme une tyrannie bienveillante, quoiqu'elle conserve le caractère de toute tyrannie : la suppression des libertés individuelles. Il en est de même de l'application du principe du pieux mensonge.

Sans toutefois rejeter radicalement la doctrine de Hans Jonas, nous avons tenté de soutenir que l'éthique écologique n'est pas radicalement incompatible avec le modèle démocratique du pouvoir politique, mais à la condition que celui-ci subisse une réforme significative. Cette refondation, nous avons cru l'avoir trouvée dans l'idée de démocratie délibérative issue de la théorie de la communication. Mais nous aboutissons à la conviction que l'idée normative de démocratie délibérative ne peut, dans la pratique, constituer une alternative à la solution autoritaire de la crise environnementale qu'à la condition que certaines exigences soient remplies.

La première concerne l'unité, ne serait-ce que formelle, dans la perception de l'environnement et dans la reconnaissance de la nécessité d'agir dans le sens de sa protection. La discussion sur les mesures à prendre pour sauvegarder la nature ne peut s'engager qu'entre des personnes qui en ont déjà reconnu la nécessité. Or, aussi bien au niveau des structures de la société civile que des structures politiques, cette unité ne paraît pas si évidente. Par exemple, au niveau de la structure gouvernementale, il ne va pas de soi qu'un ministre de l'environnement, celui des infrastructures et de l'urbanisme, celui de la culture et du tourisme, et même celui de la défense aient la même perception par exemple d'un écosystème forestier. Pour le premier, il peut apparaître comme un écosystème à protéger ; pour le second, un obstacle au trafic routier et à l'urbanisation ; pour le troisième, il peut être vu ou bien comme un site touristique qu'il convient soit de préserver, soit d'aménager, ou bien comme contenant des éléments essentiels à la culture de la population riveraine par exemple; enfin, pour le dernier, cet écosystème forestier se présente comme un terrain idéal pour les exercices militaires. Tant que chacun campera sur sa position, il ne paraît pas possible de parvenir à un consensus autour des mesures à prendre pour sauvegarder cet espace[301]. La condition

[301] **André Beauchamp** insiste sur le fait que ce manque d'unité dans la vision de l'environnement contraste avec ce qu'implique l'écologie : « *Alors qu'en environnement, on parle d'écosystèmes et d'interrelations, alors qu'en science maintenant on essaie de parler d'approche holistique, la gestion de l'Etat reste cloisonnée et sectorialisée. Le Conseil des ministres est normalement le lieu de l'arbitrage des différents enjeux, mais les impératifs de temps, les rapports de force des ministres entre eux, la pression de l'opinion publique et l'anxiété typique des milieux politiques devant les fluctuations des sondages et des intentions des électeurs, tout cela contribue à rendre les décisions sinon absurdes, du moins fort*

pour parvenir justement au consensus, c'est que la discussion parte d'un présupposé déjà admis à l'avance qui fonctionne alors comme un impératif : «cet espace forestier doit être protégé !» Cela signifie que l'objet de la discussion n'est plus cela : la sauvegarde ou non, mais plutôt les moyens qui doivent être mis en œuvre.

La deuxième condition du succès de la politique délibérative dans l'application de l'éthique écologique de la responsabilité consiste dans l'aptitude réelle des citoyens, qu'ils appartiennent à la société civile ou aux structures politiques, à comprendre les enjeux liés à la question environnementale. Cela signifie qu'il faut que les citoyens soient instruits des questions écologiques, s'ils doivent participer à des discussions qui visent les solutions à envisager à ces questions. Dans cette perspective, l'écologie ne doit plus être une question réservée uniquement aux experts et aux scientifiques. Il faut des stratégies de vulgarisation du savoir disponible sur la question. Ainsi, au décentrement du pouvoir inhérent à la politique délibérative doit s'ajouter un décentrement du savoir. Cette démocratisation du savoir conditionne, d'une certaine façon, l'égalité et la liberté des citoyens, c'est-à-dire, plus précisément, l'égalité et la liberté des partenaires de la discussion. Mais ce n'est pas seulement des questions écologiques qu'ils doivent être instruits, ils doivent aussi être avertis des règles de la discussion, c'est-à-dire des principes constitutifs de l'éthique de la communication. Seulement en mentionnant cela, il semble que nous touchons à une limite de la théorie de la démocratie délibérative sous sa version habermassienne. Elle n'échappe pas en effet à l'objection selon laquelle, l'égalité des citoyens qu'elle présuppose et qu'elle veut sauvegarder ne vaut qu'en théorie, mais pas dans la pratique. Pouvoir participer à une discussion présuppose en effet que l'on soit non seulement investi d'une compétence particulière sur la question sur laquelle elle porte, mais encore que son identité (culturelle, sexuelle, sociale) soit reconnue, et que cette reconnaissance soit telle, que l'on n'ait pas le sentiment de faire le jeu de la classe dominante. Mais par rapport à une telle objection, on peut observer que l'idée de la démocratie délibérative est ce qu'elle est : une idée normative, c'est-à-dire pour nous une idée régulatrice.

En tenant compte de ce qui précède, nous pouvons affirmer que notre réflexion débouche sur des considérations programmatiques. Il

---

aléatoires. » cf. *Introduction à l'éthique environnementale*, Montréal, éd. Paulines, 1993, p.154.

s'agit de la tâche de l'éducation des citoyens en matière d'éthique de la discussion, en matière des principes de la démocratie délibérative, et en matière des questions environnementales. Il peut sembler qu'il s'agit là d'un long programme en déphasage avec le caractère urgent des problèmes écologiques. Mais nous soutenons que ce chemin est préférable aux mesures arbitraires qui, en provoquant ou en radicalisant les conflits sociaux, peuvent contribuer davantage à aggraver la crise qu'à la résoudre.

BIBLIOGRAPHIE

I. Textes de Hans Jonas

A. OUVRAGES

JONAS, (Hans),(1963), *Zwischen Nichts uns Ewigkeit. Zur Lehre vom Menschen,* Göttingen, Vandenhoeck & Ruprecht.

Version française: JONAS, (Hans), (1996), *Entre le néant et l'éternité*, trad. par S. Courtine-Denamy, Paris, éd. Belin.

JONAS, (Hans), (1966), *The Phenomenon of Life: Toward a Philosophical Biology,* New York, Harper and Row.

Version allemande : JONAS, (Hans), (1973), *Organismus und Freiheit. Ansätze zu einer philosophischen Biologie,* Göttingen, Vandenhoeck & Ruprecht.

Version française : JONAS, (Hans), (2001), *Le phénomène de la vie, vers une biologie philosophique*, trad. par Danielle Lories, Bruxelles, éd. Deboeck Université.

JONAS, (Hans), (1974), *Philosophical Essays: From ancient Creed to Technological Man,* Englewood Cliffs, New Jersey, Prentice- Hall. [**1980** pour la réédition par The University of Chicago Press, Midway Reprints]

JONAS, (Hans),(1978), *On Faith, Reason, and Responsibility: six Essays,* San Francisco, Harper and Row. [1981 pour la seconde édition: Claremont, California, The Institute for Antiquity and Christianity]

JONAS, (Hans), (1979), *Das Prinzip Verantwortung. Versuch einer Ethik für die technologische Zivilisation,* Frankfurt am Main, Insel Verlag.

Version américaine : JONAS, (Hans), (1984), *The Imperative of Responsibility. In Search of an Ethics for the technological Age,* trans.

by Hans Jonas with the collaboration of D. Herr, Chicago-Londres, The University of Chicago Press.

Version française : **JONAS, (Hans), (1990),** *Le principe Responsabilité. Une éthique pour la civilisation technologique,* trad. par Jean Greisch, Paris, éd. du Cerf]

JONAS, (Hans), (1981), *Macht oder Ohnmacht der Subjektivität ? Das Leib-Seele-Problem im Vorfeld des Prinzips Verantwortung,* Frankfurt am Main, Insel Verlag. [1987, pour la réédition en format de poche par Suhrkamp, Frankfurt am Main]

Version française : JONAS, (Hans), (2000), *Puissance où impuissance de la subjectivité ? Le problème psycho-physique aux avant-postes du Principe responsabilité,* trad. par Christian Arnsperger, Paris, éd. Du Cerf.

JONAS, (Hans), (1985), *Technik, Medizin, und Ethik. Zur Praxis des Prinzips Verantwortung,* Frankfurt am Main, Insel Verlag. [1987 pour la réédition en format de poche par Suhrkamp, Frankfurt am Main]

JONAS, (Hans), (1988), *Materie, Geist und Schöpfung. Kosmologischer Befund und kosmogonische Vermutung*, Frankfurt am Main, Suhrkamp.

JONAS, (Hans), (1991), *Erkenntnis und Verantwortung. Gespräch mit Ingo Hermann,* Göttingen, Lamuv.

JONAS, (Hans), (1992), *Philosophische Untersuchungen und metaphysische Vermutungen*, Frankfurt am Main. [1997 pour la réédition en format de poche par Suhrkamp, Fankfurt am Main]

Version française : JONAS, (Hans), (2000), *Evolution et liberté,* trad. par S. Cornille et Ph. Ivernel, Paris, Bibliothèque Rivages.

JONAS, (Hans), (1993), *Dem bösen Ende näher. Gespräch über das Verhältnis des Menschen zur Natur*, Frankfurt am Main, Suhrkamp.

Version française : JONAS, (Hans), (2000), *Une éthique pour la nature*, trad. par S. Courtine-Denamy, Paris, éd. Desclée de Brouwer.

JONAS, (Hans), (1998), *Pour une éthique du futur,* trad. par Cornille et Pr. Ivernel, Paris, éd. Payot et Rivages.

NB. Cet ouvrage résulte du rassemblememnt de deux textes de Hans Jonas*: - « Philosophie: Rückschau und Vorschau am Ende*

Jahrhunderts », Frankfurt am Main, 1993. (« Philosophie. Regard en arrière et regard en avant à la fin du siècle ») ; - « Zur ontologischen Grundlegung einer Zukunftsethik (1997) », *Philosophische Untersuchungen und metaphysische Vermutungen* (« Sur le fondement ontologique d'une éthique du futur »)

B. ARTICLES

JONAS, (Hans), (1951), « Materialism and the theory of Organism », in *University of Toronto Quarterly*, n°21, p.39-52.

JONAS, (Hans), (1964), « Heidegger and Theology », in *The Review of Metaphysics*, n°18, p.207-233.

Version allemande: **JONAS, (Hans), (1964)**, « Heidegger und die Theologie », in *Evangelische Theologie*, n°24, p.621-642.

Version française: **JONAS, (Hans), (1988),** « Heidegger et la théologie », trad. par L. Evrard, dans *Esprit*, n°51, P.163-172. [Voir également *Le phénomène de la vie,* Essai X, p239-262]

JONAS, (Hans), (1965), « Life, Death, and the body in the Theory of Being », in *The Review of Metaphysics*, n°19, p.1-23. [voir également dans *Le phénomène de la vie*, premier essai, p. 19-35 sous le titre: « La vie, la mort, et le corps dans la théorie de l'être.»]

JONAS, (Hans), (1968), « Contemporary Problems in Ethics from Jewish Perspective », d*ans Central Conference American Rabbis Journal,* n°15, p.27-39.

JONAS, (Hans), (1969), « Philosophical Reflections on Experimenting with Human Subjects», dans *Daedalus*, n°98, p.219-247. [Réédité sous le même titre dans *Philosophical Essays*, cinquième essai.]

Version française: **JONAS, (Hans), (1982),** «Réflexions philosophiques sur l'expérimentation humaine», dans *Cahiers de Bioéthique*, n°4, *Médecine et expérimentation,* trad. par E. Baril, Les Presses de l'Université de Laval, p.303-340.

JONAS, (Hans), (1973), « Technology and responsibility: Reflections on the Tasks of Ethics », in *Social Research*,n° 40, p. 31-40.

Version française, **JONAS, (Hans), (1974)**, « Technologie et Responsabilité : Pour une nouvelle éthique », trad. par A. Favre, in *Esprit*, n°42, p.163-184.

Ce texte, réédité sous le titre: **« Das veränderte Wesen menschlichen Handels », constitue le premier chapitre de *Das Prinzip Verantwortung* (*Le principe responsabilité*) et se traduit en Fançais: « La transformation de l'essence de l'agir humain ».**

JONAS, (Hans), (1976): « Responsibility Today: The Ethics of an Endangered Future », in *Social Research*, n°43, p.77-97. [Réédité sous le même titre dans *On Faith, Reason, and Responsibility*, quatrième essai.]

JONAS, (Hans), (1977), « The concept of responsibility : An Inquiry into the foundations of an Ethics for our Age », dans H.T. Engelhardt Jr. and D. Callahan (éds), *Knowledge, Value, and Belief*, Hastings-on-Hudson, New York, Institute of Society, Ethics and the Life Sciences, p.169-198.

L'article, revu et augmenté sous le titre « Das Gute, das Sollen und das Sein: Theorie der Verantwortung » (« Le bien, le devoir et l'être : théorie de la responsabilité »), constitue le quatrième chapitre de *Das Prinzip Verantwortung* (*Le principe Responsabilité*).

JONAS, (Hans), (1978), « Toward a Philosophy of Technology », d*ans Hastings Center Report*, n°9, p.34-43.

Version allemande: JONAS, (Hans), (1981), « Philosophisches zur modernen Technologie », dans R. Löw (éd.): *Fortschritt ohne Mass ? Eine Ortbestimmung der Wissenschaftlich-Zivilisation*, München, Piper.

JONAS, (Hans), (1980), « The Heuristics of Fear », dans M. Kranzberg (éd.), *Ethics in an age of Pervasive Technology*, Boulder, Colorado, Westview Press, p.213-221.

JONAS, (Hans), (1981), « Reflexions on Technology, Progress and Utopia », dans *Social Research*, n° 48, pp.411-455.

JONAS, (Hans), (1982), « Technology as a Subject for Ethics », dans *Social Research*, n°49, p.891-898.

Version allemande : « Warum die moderne Technik ein Gegenstand für die Philosophie ist », dans *Technik, Medizin und Ethik*, deuxième essai.

Version française: JONAS, (Hans), (1997), « La technique moderne comme sujet de réflexion éthique », in Marc Neuberg (éd.) :

La responsabilité : Questions philosophiques, Paris, éd. P.U.F., p.231-240.

JONAS, (Hans), (1982), « Die Zukunft der technischen Kultur : Podiumsgespräch mit Hans Jonas », dans D. Rossler und E. Lindenlaub (éds), *Möglichkeiten und Grenzen der technischen Kultur*, Stuttgart, p.265-296. [voir aussi dans *Technik, Medizin und Ethik*, douxième essai, section a, sous le titre « Möglichkeiten und Grenzen der technischen Kultur ».]

JONAS, (Hans), (1984): « Warum wir heute eine Ethik der Selbstbeschränkung brauchen », dans E. Stoker (éd.), *Ethik der Wissenschaft? Philosophische Fragen*, München, Fink, p.75-86.

JONAS, (Hans), (1984): « Ontological Grounding of a Political Ethics: On the Metaphysics of Commitment to the future of Man », dans Graduate Faculty Philosophy Journal, n°10, p.47-62.

JONAS, (Hans), (1985-1986): « Prinzip Verantwortung. Zur Grundlegung einer Zukunftsethik », dans Th. Meyer und S. Miller (éds), *Zukunftsethik und Industriegesellschaft*, München, J. Schweizer, p.3-14.

Version reprise en 1997 dans A. Krebs (éd), *Naturethik. Grundtexte der gegenwärtigen tier – ökoethischen Diskussion*, Frankfurt am Main, Suhrkamp, p.165-181.

La version modifiée sous le titre « Zur ontologischen Grundlegung einer Zukunftsethik » est publiée dans *Philosophischen Untersuchungen und metaphysische Vermutungen*. C'est cette version traduite en français (« Sur le fondement ontologique d'une éthique du futur ») qui constitue la deuxième partie de l'ouvrage *Pour une éthique du futur* ,1998.(Voir supra).

JONAS, (Hans), (1987): « Wissenschaft als persönliches Erlebnis », Göttingen, Vandenhoeck & Ruprecht.

Version française : JONAS, (Hans), (1988) : « La science comme vécu personnel » , trad. par Robert Brisart, dans *Etudes phénoménologiques*, n°8, p.9-32.

Traduction anglaise : **JONAS, (Hans), (2002):** « Wissenschaft as Personal Experience », trad. par H. Hannum, dans *Hastings Center Report*, n°32 (4), p.27-35.

JONAS, (Hans), (1990): « Das Prinzip Verantwortung in der technisch-industriellen Welt » [Gespräch mit R. Low und anderen], dans B. Engholm und W. Rohrich (éds), *Ethik und Politik heute*, Opladen, Leske und Budrich, p.17-35.

JONAS, (Hans), (1992): « The consumer's Responsibility », dans A. Ofsti (éd.), *Ecology and Ethics. A report from the Melbu Conference », 18-23 July 1990*, Trondheim, Nordland Akademi for Kunst og Vitenskap, p.215-218.

JONAS, (Hans), (1992): « Die Welt ist weder wertfrei noch beliebig verfugbar », dans *Süddeutsche Zeitung*, 11/12/1992. Texte réédité sous le même titre dans *Dem bösen Ende Näher*, Frankfurt am Main, Suhrkamp, 1993.

JONAS, (Hans), (1993): « Der ethischen Perspektive muss eine neue Dimension hinzugefügt werden », dans *Deutsche Zeitschrift für Philosophie*, n°41, p.91-99.

Version française : JONAS, (Hans), (1994): «Surcroît de responsabilité et perplexité. Entretien avec Hans Jonas », trad. par L. Schlegel, dans *Esprit*, n°62, p.8-19.

JONAS, (Hans), (1993): « Plädoyer für eine planetarische Zukunft » [Gespräch mit K.- H. Stamm], dans D. Böhler und R. Neuberth (éds): *Herausforderung Zukunftsverantwortung: Hans Jonas zu Ehren,* Hamburg, Lit Verlag, p. 97-101.

JONAS, (Hans), (1994): « Vom Profit zur Ethik und zurück. Technik-Verantwortung im Unternehmen », dans D. Böhler (éd.), *Ethik für die Zukunft. Im Diskurs mit Hans Jonas*, München, C.H. Beck, p.224-243.

II. AUTRES TEXTES

A – OUVRAGES

ACHAU, (Pierre), *Les portes de l'avenir : l'écologie au service de l'homme et de la nature*, Paris, éd. Horizon de France, 1972.

ACOT, (Pascal) ; FAGOT-LARGEAULT, (Anne) (dir.), *L'éthique environnementale*, Paris, éd. Sens, 2000.

ACOT, (Pascal), *Histoire de l'écologie*, Paris, éd. P.U.F., 1988.

AGAR, (Nicholas), *Life's intrinsic value. Science, Ethics, and Nature*, New York, Columbia University Press, 2001.

ALDO, (Léopold), *Almanach d'un comté des sables*, trad. par Anna Gibson, Paris, éd. Flammarion, 2000.

ALLEGRE, (Claude), *Economiser la planète*, Paris, éd. Fayard, 1990.

APEL, (Karl Otto), *Discussion et responsabilité.* Tome 1. L'éthique après Kant, trad. par Christian Bouchindhomme, Marianne Charrière etRainer Rochlitz, Paris, éd. du Cerf, 1996.

APEL, (Karl Otto), *Discussion et responsabilité,* tome 2. *Contribution à une éthique de la responsabilité,* trad. par Christian Bouchindhomme et Rainer Rochlitz, Paris, éd. du Cerf, 1998.

APEL, (Karl Otto), *Ethique de la discussion,* trad. par Mark Hunyadi, Paris, éd. du Cerf, 1994.

APEL, (Karl-Otto), *La réponse de l'éthique de la discussion au défi moral comme de la situation humaine tel et spécialement aujourd'hui,* trad. par Michel Canivet, Louvain - Paris, éd. Peeters, 2001.

ARISTOTE, *Les parties des animaux,* trad. par Pierre-Louis, Paris, Société d'Editions Les Belles Lettres, 1956.

ARISTOTE, *Leçons de physique, livre I et II,* trad. par Jules Barthélemy Saint Hilaire, Paris, éd. Presses Pocket, 1990.

ARISTOTE, *La politique,* trad. par J. Tricot, Paris, éd.Vrin, 1995.

ARNSPERGER, (Christian) ; LARRERE, (Catherine) ; LADRIERE, (Jean), *Trois essais sur l'éthique Economique et sociale,* Paris, INRA Editions, 2001.

ARZ de Falco, (Andrea) ; MÜLLER, (Denis), Les *animaux et les plantes ont-ils droit à notre respect ? Réflexions éthiques sur la dignité de la créature,* Genève, éd. Médecine et Hygiène, 2002.

ATLAN, (Henri), *La fin du " tout génétique " ? Vers de nouveaux paradigmes en biologie,* Paris, éd. Flammarion, 1999.

BACON, (Francis), *Novum Organum,* trad. par Michel Malherbe & J.-M. Pousseur, Paris, éd. P.U.F., 1986.

BACON, (Francis), *Du progrès et de la promotion des savoirs,* trad. par Michèle Le Doeuff, Paris, éd. Gallimard 1991.

BARBAUT, (Roger), *Ecologie générale : structure et fonctionnement de la biosphère,* Paris, éd. Dunod, 2000.

BEAUCHAMP, (André), *Pour une sagesse de l'environnement,* Montréal, éd. Novalis, 1991.

BEAUCHAMP, (André), *Introduction à l'éthique de l'environnement,* Montréal, éd. Paulines, 1993.

BECK, (Ulrich), *La société du risque: sur la voie d'une autre modernité,* trad. par Laure Bernardi, Paris, éd. Alto Aubier, 2001.

BERNARD, (Jean), *De la biologie à l'éthique,* Paris, éd. Buchet-Chastel, 1990.

BERNARD, (Jean), *La bioéthique,* Paris, éd. Domninos-Flammarion, 1994.

BERQUE, (Augustin), *Êtres humains sur la terre. Principes d'éthique de l'écoumène,* Paris, éd. Gallimard, 1996.

BLOCH, (Ernst), *Le principe espérance,* Vol.1, trad. par Françoise Wuilmard, Paris, éd. Gallimard, 1976.

BLOCH, (Ernst), *Le principe espérance.* Vol.2 *Les épurées d'un monde meilleur,* trad. par Françoise Wuilmard, Paris, éd.Gallimard, 1982.

BLOCH, (Ernst), *Le principe espérance.* Vol.3. *Les images-souhaits de l'instant exaucé,* trad. par Françoise Wuilmard, Paris, éd. Gallimard, 1991.

BLOCH, (Ernst), *Droit naturel et dignité humaine*, trad. par Denis Authier et de Jean Lacoste, Paris, éd. Payot et Rivages, 2002.

BOOCKHIN, (Murray), *Une société à refaire. Pour une écologie de la liberté,* trad. par Catherine BARRET, Paris, Atelier de création libertaire, 1992.

BOONEFOUS, (Edouard), *Réconcilier l'homme et la nature,* Paris, éd. P.U.F., 1990.

BOURG, (**Dominique**), *La nature en politique ou l'enjeu philosophique de l'écologie*, Paris, éd. L'Harmattan, 1993

BOURG, (Dominique), *Les sentiments de la nature*, Paris, éd. La Découverte, 1993.

BOURG, (Dominique), *L'homme-artifice*, Paris, éd. Gallimard, 1996.

BOURG, (Dominique), *Les scénarios de l'écologie. Débat avec Jean-Paul Deléage*, Paris, éd. Hacette, 1996.

BOURG, (Dominique), *Le développement durable a-t-il un avenir ?* Paris, éd. Le Pommier, 2002.

BOUYSSOU, (Jacques), *Théorie générale du risque,* Paris, éd. Economica, 1997.

BROWN, (Lester) et *al.* *Vital signs 1992. The trends that are shaping our future*, New York, Worldwatch institute, 1992.

BROWN, (Lester) et *al.* *L'état de la planète 1997,* trad. par Henri Bernard, Paris, éd. Economica, 1997.

BROWN, (Lester) et *al.*, *L'état de la planète 2001,* trad. par Henri Bernard, Paris, éd. Economica, 2001.

BRUNEL, (Sylvie), *Le développement durable*, Paris, éd. P.U.F., 2004.

BUINAIMA, (Yikiti), *L'esprit de la forêt. Mon combat pour l'Amazonie*, trad. par Claire Lamorlette, Paris, Les Editions de Paris, 1996.

BURGAT, (Florence), *Animal, mon prochain,* Paris, éd. Odile Jacob, 1997.

CALLICOT, (John-Baird), *In defence of the land ethic: Essays in Environmental philosophy*, Albany, Sunny Press, 1989.

CANGUILHEM, (Georges), *Le normal et le pathologique*, Paris, éd. P.U.F., 1969.

CANGUILHEM, (Georges), *La connaissance de la vie*, Paris, éd. Vrin, 1997.

CANGUILHEM, (Georges), *Ecrits sur la médecine,* Paris, éd. du Seuil, 2002.

CHAPOUTHIER, (Georges), *Au bon vouloir de l'homme, l'animal,* Paris, éd. Denoël, 1990.

CHAPOUTHIER, (Georges), *Les droits de l'animal,* Paris, éd. P.U.F., 1994.

COLIN, (Pierre) (éd.), *De la nature. De la physique classique au souci écologique,* Paris, éd. Beauchesne, 1992.

COMTE, (Auguste), *Cours de philosophie positive*, in *Œuvres choisies*, Paris, éd. Aubier, 1952.

DAGET, (Philippe) ; GORDON, (Michel), *Vocabulaire d'écologie*, Paris, éd. C.I.L.F., 1979.

DAGOGNET, (François), *Nature*, Paris, éd. Vrin, 1990.

DE KONINCK, (Thomas), *De la dignité humaine*, Paris, éd. P.U.F., 1995.

DE ROOSE, (Frank) ; VAN PARIJS, (Philippe), *La pensée écologiste*, Bruxelles, ERPI-Science, 1991.

DELEAGE, (Jean-Paul), *La biosphère, notre terre vivante*, Paris, éd. Gallimard, 2001.

DELFOSSE, (Marie-Luce), *L'expérimentation médicale sur l'être humain. Construire les normes, construire l'éthique*, Bruxelles, éd. De Boeck Université, 1993.

DEPRÉ, (Olivier), *Hans Jonas (1903-1993)*, Paris, Ellipses – Éditions Marketing S.A. (coll. « Philo-philosophes »), 2003.

DESBROSSES, (Philippe), *La terre malade des hommes. La bio révolution*, Paris, éd. du Rocher, 1990.

DESCARTES, (René), *Méditations métaphysiques,* Paris, éd. Flammarion, 1979.

DESCARTES, (René), *Traité de l'homme*, Paris, éd. du Seuil, 1996.

DESJARDINS, (Joseph R.), *Environmental Ethics, an introduction to Environmental Philosophy,* Belmont, Wadworth, 1993.

DON E. MARIETTA Jr., *For people and the planet. Holism and humanism in environmental Ethics,* Philadelphia, Temple University Press, 1995.

DROUIN, (Jean-Marc), *L'écologie et son histoire. Réinventer la nature,* Paris, Manchecourt, éd. Flammarion, 1993.

DUCROUX, (Anne Marie), (éditeur scientifique), *Les nouveaux utopistes du développement durable,* Paris, éd. Autrement, 2002.

FAURIE, (Claude) et *al.*, *Ecologie : approche scientifique et pratique,* Paris, éd. TEC et DOC, 2003.

FERENCZI, (Thomas) (éd.), *De quoi sommes-nous responsables ?*, Paris, Le Monde Editions, 1997.

FERRY, (Luc) ; GERME, (Claudine), *Des animaux et des hommes. Anthologie des textes remarquables écrits sur le sujet du XV° à nos jours,* Paris, éd. Livre de poche, 1994.

FERRY, (Luc), *Le nouvel ordre écologique. L'arbre, l'animal et l'homme*, Paris, éd. Grasset, 1992.

FINKIELKRAUT, (Alain), *Nous autres modernes*, Paris, éd. Elipse Marketing, 2005.

FOLSCHEID, (Dominique) (sous la direct. de), *La philosophie allemande de Kant à Heidegger,* Paris, éd. P.U.F., 1993.

FOLSCHEID, (Dominique); FEUILLET- LE MINTIER, (Brigitte); Mattei, (Jean-François), *Philosophie, éthique et droits de la médecine,* Paris, éd. P.U.F., 1997.

FROGNEUX, (Nathalie), *Hans Jonas ou la vie dans le monde,* Bruxelles, éd. De Boeck Université, 2001.

GALBRAITH, (John), *Pour une société meilleure. Un Programme pour l'humanité*, trad. par Jean-Michel Bettar, Paris, éd. du Seuil, 1997.

GIDDENS, (Anthony), *Les conséquences de la modernité*, Paris, éd. L'Harmattan, 1994.

GLAESER, (Bernhard), *Environnement et agriculture : l'écologie humaine pour un développement durable,* Paris, éd. L'Harmattan, 1997

GODARD, (Olivier) (éd.), *Le principe de précaution dans la conduite des affaires humaines,* Paris, éditions de la Maison des sciences de l'Homme/INRA Éditions, 1997.

GOLDSMITH, (Edward) ; HILDYARD, (Nicholas), *Rapport sur la planète,* trad. par Claude Seban et Joëlle Girardin, Paris, éd. Stock, 1990.

GOLDSMITH, (Edward), *Le défi du XXI° siècle. Une vision écologique du monde,* Paris, éd. Du Rocher, 1994.

GORE, (AL), *Sauver la planète terre. L'écologie et l'esprit humain*, trad. par Brice Lalande, Paris, éd. Albin .Michel, 1993.

GORZ, (André), *Capitalisme, socialisme, écologie*, Paris, éd. Galilée, 1991.

GRIBBIN, (John), (sous la direction de), *Une brève histoire des sciences*, Paris, éd. Larousse Bordas, 1999.

GUATTARI, (Félix), *Les trois écologies*, Paris, éd. Galilée, 1989.

GUÉRY, (François); LEPAGE, (Corinne), *La politique de précaution*, Paris, éd. P.U.F., 2001.

GUEYE, (Semou Pathé), *Du bon usage de la démocratie en Afrique. Contribution à une éthique et à une pédagogie du pluralisme,* Dakar, Les Nouvelles éditions Africaines du Sénégal, 2003.

HABERMAS, (Jürgen), *La technique et la science comme "idéologie "*, trad. par J.-R. Ladmiral, Paris éd. Gallimard, 1973.

HABERMAS, (Jürgen), *Morale et communication, Conscience morale et activité communicationnelle,* trad. par C. Bouchindhomme, Paris, éd. du Cerf, 1986.

HABERMAS, (Jürgen), *De l'éthique de la discussion*, trad. par Mark HUNYADI, Paris, éd. du Cerf, 1992.

HABERMAS, (Jürgen), « la réconciliation grâce à l'usage public de la raison » in J. Habermas et J. Rawls, *Débat sur la justice politique*, trad. par R. Rochlitz, avec le concours de C. AUDARD, Paris, éd. du Cerf, 1997.

HABERMAS, (Jürgen), *Droit et démocratie,* trad. par R. Rochlitz et Chr. Boudinhomme, Paris, éd. Gallimard, 1997.

HABERMAS, (Jürgen), *Théorie de l'agir communicationnel. Tome1. Rationalité de l'agir et rationalisation de la société,* trad. par Jean-Marc Ferry, Paris, éd. Fayard, 2001.

HABERMAS, (Jürgen), *L'éthique de la discussion et la question de la vérité*, trad. par Patrick Savidan, Paris, éd. Grasset, 2003.

HARGROVE, (Eugene C.), *Foundations of environmental Ethics,* Englewood Cliffs, Prentice-Hall, 1989.

HEGEL, (F.G.W.), *Leçons sur l'histoire de la philosophie, Introduction et histoire de la philosophie,* t.1, trad. par J.Gibelin, éd. Gallimard, 1954.

HEGEL, (F.G.W.), *Le droit naturel*, trad. par André Kaan, Paris, éd. Gallimard, 1972.

HEIDEGGER, (Martin), *Essais et conférences*, trad. par André Préau, Paris éd. Gallimard, 1958 .

HEIDEGGER, (Martin), *Questions I et II,* trad. par Kostas Alexis, Jean Beauffret et 10 autres, Paris, éd. Gallimard, 1968.

HEIDEGGER, (Martin), *Être et Temps*, trad. par François Vezin, Paris, éd. Gallimard, 1986.

HEIDEGGER, (Martin), *Questions III et IV,* trad. par Jean Beauffret, Paris, éd. Gallimard, 2001.

HENRY, (Michel), *La Barbarie*, Paris, éd. Grasset, 1952.

HOBBES, **(Thomas),** *Le citoyen ou les fondements de la politique*, trad. par Samuel Sorbière, Paris, éd. Flammarion, 1982.

HOTTOIS, (Gilbert), *Aux fondements d'une éthique contemporaine. Hans Jonas et H.T. Engelhardt,* Paris, éd. Vrin, 1993.

HOTTOIS, (Gilbert), *Essais de philosophie bioéthique et biopolitique,* Paris, éd. Vrin, 1999.

HOTTOIS, (Gilbert), *De la Renaissance à la Postmodernité. Une histoire de la philosophie moderne et contemporaine,* Bruxelles, éd. De Boeck Université, 2002.

HOTTOIS, (Gilbert), (édité par), *Evaluer la technique,* Paris, éd. Vrin, 1988.

HOTTOIS, (Gilbert), et MISSA, (Jean-Noël), *Nouvelle encyclopédie de bioéthique*, Bruxelles, éd. De Boeck Université, 2001.

HOTTOIS, (Gilbert); Pinsart, (M.-Geneviève), *Hans Jonas. Nature et responsabilité*, Paris, éd. Vrin, 1993.

HOUDEBINE, (Louis-Marie), *Le génie génétique, de l'animal à l'homme ?* Paris, éd. Flammarion, 1996.

HUME, (David), *Traité de la nature humaine.* Livre I *L'entendement,* trad. de Philippe Baranger et Philippe Saltel, Paris, éd. Flammarion, 1995.

HUME, (David), *Traité de la nature humaine. II. Les passions*, trad. par Jean-Pierre Cléro, Paris, éd. Flammarion, 1991.

HUME, (David), *Traité de la nature humaine. III. La morale,* trad. par Philippe Saltel, Paris, éd. Flammarion, 1993.

HUSSERL, (Edmund), *La crise des sciences européennes et la phénoménologie transcendantale*, trad. par Gérard Granel, Paris, éd. Gallimard, 1976.

HUSSERL, (Edmund), *La philosophie comme science rigoureuse*, trad. par Marc B. de Launay, Paris, éd. P.U.F., 1998.

HUSSERL, (Edmund), *Idées directrices pour une phénoménologie et une philosophie phénoménologique pure*, trad. par Paul Ricœur, Paris, éd. Gallimard, 2001.

HUSSERL, (Edmund), *Méditations cartésiennes. Introduction à la phénoménologie,* trad. par Gabrielle Peiffer et E. Levinas, Paris, éd. Vrin, 2001.

HUSSERL, (Edmund), *Philosophie première*, vol.1, 1923-1924. *Histoire critique des idées*, trad. par Arion L.Kelkel, Paris, éd. P.U.F., 2003.

JANCOVICI, (Jean-Marc), *L'avenir climatique*, Paris, éd. du Seuil, 2002.

JOLLIVET, (Marcel), (éditeur scientifique), *Le développement durable, de l'utopie au concept ? De nouveaux chantiers pour la recherche,* Paris, éd. Elsevier, 2001.

JOUZEL, (Jean); DEBROISE, (Anne), *Le climat : jeu dangereux*, Paris, éd. Dunod, 2004.

KAHN, (Axel), *Société et révolution biologique. Pour une éthique de !a responsabilité,* Paris, INRA Éditions, 1996.

KANT, (Emmanuel), *Critique de la faculté de juger.* Suivi de « *Idée d'une histoire universelle au point de vue cosmopolitique »* et de *« Réponse à la question qu'est-ce que les lumières ? »,* trad. par Alexandre J.-L Demamarre, Jean-René Ladmiral et autres, Paris, éd.Gallimard, 1985.

KANT, (Emmanuel), *Critique de la raison pure*, trad. par Jules Barni revue par P. Archambault, Paris, éd. Flammarion, 1987.

KANT, (Emmanuel), *Critique de la raison pratique*, trad. par François Picavet, Paris, éd. P.U.F., 1993.

KANT, (Emmanuel), *Métaphysique des mœurs I. Fondation*, trad. par Alain Renaut, Paris, éd. Gallimard, 1994.

KANT, (Emmanuel), *Métaphysique des mœurs II. Doctrine du droit. Doctrine de la vertu,* trad. par Alain Renaut, Paris, éd. Flammarion, 1994.

KING, (Alexander); SCHNEIDER, (Bertrand), *Questions de survie. La révolution mondiale a commencé.* Paris, éd. Calmann-Lévy, 1991.

KREMER-MARIETTI, (Angèle) *L'éthique*, Paris, éd. P.U.F., 1987.

LAMOTTE, (Maxime) ; BOURLIERE. ; (François), *Problèmes d'écologie : structure et fonctionnement des écosystèmes terrestres,* Paris, éd. Masson et Cie, 1978.

LARRERE, (Catherine), *Les Philosophies de l'environnement*, Paris, éd. P.U.F., 1997.

LARRÈRE, (Catherine); LARRÈRE, (Raphaël), *Du bon usage de la nature. Pour une philosophie de l'environnement,* Paris, éd. Aubier, 1997.

LATOUR, (Bruno), *Nous n'avons jamais été modernes,* Paris, éd. La Découverte, 1992.

LEVEQUE, **(Christian) ; MOUNOLOU, (Jean Claude)**, *Biodiversité*, Paris, éd. Dunod, 2001.

LEVEQUE, (**Christia**n), *Environnement et diversité du Vivant,* Paris, Cité des sciences de l'Industrie Pocket/ ORSTOM, 1994**.**

LEVEQUE, (Christian), SCIAMA, (Yves), *Développement durable. Avenirs incertains,* Paris, éd. Dunod**,** 2005.

LEVEQUE, **(Christian); Van der Leeuw Sander** (éditeurs scientifiques), *Quelles natures voulons-nous ? Pour une approche socio-écologique du champ de l'environnement,* Paris, éd. Elsevier, 2003.

LEVINAS, (Emmanuel), *Humanisme de l'autre homme,* Paris, éd. Le Livre de poche/Fata Morgana, 1972.

LEVINAS, (Emmanuel), *Autrement qu'être ou au-delà de l'essence*, Paris, éd. Le Livre de Poche/ Kluwer Academic, 1974.

LEVINAS, (Emmanuel), *Ethique et infini. Dialogues avec Philippe Némo*, Paris, éd. Fayard, 1982.

LEVINAS, (Emmanuel), *Entre-nous. Essai sur le penser à l'autre*, Paris, éd. Le livre de Poche/ Grasset, 1991.

LEVINAS, (Emmanuel), *De Dieu qui vient à l'idée,* Paris, éd. Vrin, 1998.

LEVINAS, (Emmanuel), *Totalité et infini. Essai sur l'extériorité*, Paris, éd. Kluwer Academic, 2001.

LEVINAS, Emmanuel, *L'Ethique comme philosophie première*, Paris, éd. Rivages, 1998.

LIPOVETSKY, (Gilles), (1983) : *L'Ère du vide. Essai sur l'individualisme contemporain,* Paris, éd. Gallimard.

LIVET, (Pierre) (éd.), *L'Ethique à la croisée des savoirs*, Paris, éd. Vrin, 1996.

LORIES, (Danielle) ; DEPRÉ, (Olivier), *vie et liberté. Phénoménologie, nature et éthique chez Hans Jonas,* Paris, éd. Vrin, 1993.

MACHIAVEL, (Nicolas), *Le prince*, trad.par Jean Anglade, Paris, Librairie Générale Française, 1983.

MATAGNE, (Patrick), *Comprendre l'écologie et son histoire : les origines, les fondateurs et l'évolution d'une science***,** Paris, éd. Delachaux et Niestlé, 2002.

MIKSELL, (Raymond F.), *Economic development and the Environment. A comparison of sustainable development with cconventional development Economics,* USA, by Mansell Publishing Limited, 1992.

MISSA, (Jean-Noël) et ZACCAÏ, (Edwin) (éd.), *Le principe de précaution. Signification et conséquences*, Bruxelles, éd. de l'Université de Bruxelles, 2000.

MORIN, (Edgar), *La méthode1. La nature de la nature,* Paris, éd. du Seuil, 1977.

MORIN, (Edgar), *La méthode II. La vie de la vie*, Paris, éd. du seuil, 1980.

MORIN, (Edgar), (1986) : *La méthode III : la connaissance de la connaissance*, Paris, éd. du seuil.

MORIN, (Edgar), *Terre-Patrie,* Paris, éd. du Seuil, 1993.

MORIN, (Edgar), *La méthode 6. L'éthique,* Paris, éd. Vrin, 2005.

MORIN, (Edgar), *L'an I de l'ère écologique. La Terre dépend de l'homme qui dépend de la Terre*, Paris, éd. Tallandier, 2007.

MOSCOVICI, (Serge), *Essai sur l'histoire humaine de la nature,* Paris, éd. Flammarion, 1977.

MÜLLER, (Denis); SIMON, (René), (éds), *Nature et descendance,* Genève, éd. Labor et Fides, 1993.

NAESS, (Arne); ROTHENBERG, (David), *Ecology, community and lifestyle: Outline of an Ecology,* Cambridge, Cambridge University Press, 1989.

NATIONS-UNIES, *Déclaration de la conférence des Nations Unies sur l'environnement,* STOCKOLHM, 1972.

NATIONS-UNIES, *Convention sur la diversité biologique*, Rio de Janeiro, 1992.

NATIONS-UNIES, *Convention-Cadre des Nations-Unies sur les Changements Climatiques, Nations-Unies, 1992*

OCDE, *La pollution des véhicules à moteur. Stratégies de réduction au-delà de 2010*, OCDE, 1995.

OUDERKIRK, (Wayne.); HILL, (Jim.), *Land, value, community: Callicot and Environmental Philosophy,* Albany, Suny Press, 2002.

PELT, (Jean-Marie), *La terre en héritage*, Paris, Librairie Arthène Fayard, 2000.

PERETTI-WATEL, (Patrick), *La société du risque*, Paris, éd. La Découverte, 2001.

PETERSON, (Anna Lisa), *Being human. Ethics, Environment and our place in the world,* Berkeley, University of California Press, 2001.

PINSART, (**Marie-Geneviève),** *Jonas et la liberté. Dimensions théologiques, ontologiques, éthiques et politiques,* Paris, éd. Vrin , 2002.

Platon, *Le Banquet, Phèdre, Apologie de Socrate,* trad. par Luc Brisson, Paris, éd. Flammarion, 2008.

PNUE, *L'avenir de l'environnement mondial3 : le passé, le présent et les perspectives d'avenir,* Bruxelles, éd. De Boeck Université**,** 2002.

POAME, (Lazare M.), (sous la dir.), *Promotion de la Bioéthique en Afrique, Ethique de la recherche, Ethique environnementale, Modules de formation*, Abidjan, éd. P.U.C.I.**,** 2008.

POSTEL, (Sandra), *La dernière Oasis,* trad. par Agnès Bertrand, Paris, éd. Nouveaux Horizons, 1992.

QUERE, (France), *L'éthique et la vie*, Paris, éd. Odile Jacob, 1991.

RAMADE, (François), *Eléments d'écologie appliquée: action de l'homme sur la biosphère,* Paris, éd. Ediscience International, 1974

RAMADE, **(François)**, *Dictionnaire encyclopédique de l'écologie et des sciences environnementales,* Paris, éd. Ediscience International, 1993.

RAWLS, (John), *Justice et démocratie*, trad. par C. Audard et autres, Paris, éd. du Seuil, 1993.

RAWLS, (John), *Libéralisme politique*, trad. par C. Audard, Paris éd. P.U.F., 1995.

RENNER, (Michel), *Combat pour la survie. Dégradation de l'environnement, affrontement social : le nouvel âge de l'insécurité,* trad. par Monique Berry, Paris, éd. Nouveaux Horizons, 1996.

ROCHLITZ, (Rainer), (coordonné par), *Habermas, l'usage public de la raison*, Paris, éd. P.U.F., 2002.

ROLSTON, (Holmes), *Environmental Ethics: Duties to and values in the natural world,* Philadelphia, Temple University Press, 1988.

ROLSTON, (Holmes), *Philosophy gone wild,* New York, Prometheus Books, 1989.

ROLSTON, (Holmes), *An invitation to environmental philosophy,* Oxford University Press Janvier, 1999.

ROLSTON, (Holmes); Light, (Andrew), *Environmental Ethics: an anthology,* Malden, MA, Blackwell Pub, 2003.

ROSENBAUM, (Water), *Environmental politics and policy.* New Delhi, Affiliated East-West Press Private Limited, 1991.

ROUSSEAU, (Jean-Jacques), *Discours sur les sciences et les arts*, Paris, éd. Gallimard, 1964.

ROUSSEAU, (Jean-Jacques), *Du contrat social* ou *principes du droit politique.* In *Œuvres complètes III,* Paris, éd. Gallimard, 1964.

RUSS, (Jacqueline), *La pensée éthique contemporaine*, Paris, éd. P.U.F., 1994.

SARTRE, (Jean-Paul), *L'être et le néant. Essai d'ontologie phénoménologique*, Paris, éd. Gallimard, 1943.

SARTRE, (Jean-Paul), *Cahiers pour une morale*, Paris, éd. Gallimard, 1983.

SAVADOGO, (Mahamadé), *La parole et la cité. Essais de philosophie politique*, Paris, éd. L'Harmattan, 2002.

SAVADOGO, (Mahamadé), *Pour une éthique de l'engagement,* Namur, Presses Universitaires de Namur, 2008.

SCHELER, (Max), *Formalisme dans l'éthique et l'éthique matériale des valeurs,* trad. par M. Gandillac, Paris, éd. Gallimard, 1955.

SCIAMA, (Yves), *Petit Atlas des Espèces menacées*, Paris, éd. Larousse, 2005.

SEN, (Amarthya), *Un nouveau modèle économique: développement, justice, liberté*, Paris, éd. Odile Jacob, 2001.

SERRES, (Michel), *Le contrat naturel*, Paris, éd. Flammarion, 1992.

SEVE, (Lucien), *Pour une critique de la raison bioéthique*, Paris, éd. Odile Jacob, 1994.

SILVER, (Cheryl Simon); DEFRIES, (Ruth S.), *Une planète, un avenir*, trad. par Agnès Bertrand, Paris, éd. Sang de la Terre, 1992.

SIMON, (René), *Ethique de la responsabilité*, Paris, éditions du Cerf, 1993.

Simporé, (Jacques), *Manipulation génétique de la vie et éthique de la recherche,* Rome, 2006.

SINGER, (Peter), *In defence of animals*, New York, Blackwell, 1985.

SINGER, (Peter), *Animal Liberation*, New York, New York Review of Books/ Random House, 1990.

SPINOZA, (Baruch de), *Ethique démontrée suivant l'ordre géométrique et divisée en cinq parties,* dans *Œuvres III,* trad. par Charles Appuhn, Paris, éd. Flammarion, 1965.

Stuart Mill, (John), *L'utilitarisme*, trad. par Georges Tanesse, Paris, Flammarion, 1988.

SUREN, (Erkman), Vers *une écologie industrielle. Comment mettre en pratique le développement durable dans une société industrielle,* Paris, éd. Charles Léopold Meyer, 1998.

TOLBA, (Mostapha), *Saving our planet. Challenges and hopes*, London, éd. Chapman and Hall, 1992.

TOURAINE, (Alain), *Qu'est-ce que la démocratie ?* Paris, Librairie Arthène Fayard, 1994.

WAPNER, (Paul), *Environmental Activism and civic Politics*, Albany, State University of New York Press, 1996.

WEIL, (Eric), *Philosophie et réalité : derniers essais et conférences*, Paris, éd. Beauchesne , 1982.

WEIL, (Eric), *Essais et conférences. Tome1. Philosophie*, Paris, J.Vrin , 1991.

WEIL, (Eric), *Philosophie morale,* Paris, éd. Vrin, 1998.

WEIL, (Eric), *Essais et conférences*. Tome2. *Politique*, Paris, éd. Vrin, 1991.

WEYEMBERGH, (Maurice), *Entre politique et technique. Aspect de l'utopisme contemporain,* Paris, éd. Vrin, 1990.

WUNENBERGER, (J.-J.), *Questions d'éthique,* Paris, éd. P.U.F., 1993.

YANNICK, (Barthe), *Agir dans un monde incertain. Essai sur la démocratie technique,* Paris, éd. Du Seuil, 2001.

B. ARTICLES

ABEL, (Olivier), « La responsabilité incertaine », in *Esprit*, n°57, 1994, pp.20-27.

BERQUE, (Augustin), « Ce qui fonde l'éthique de l'environnement », in Diogène, n°207, Juillet-Septembre 2004, pp.03-14.

BERSTEIN, (Richard J.), « Rethinking Responsibility », in *Social Research*, n°61, 1994, pp.833-852.

BERSTEIN, (Richard J.), « Hans Jonas's Mortality and Morality », in *Graduate Faculty Philosophy Journal*, n°19/20, 1997, pp.315-321.

BOURG, (Dominique), « Hans Jonas et l'écologie », in *La Recherche*, n°256, 1993, pp.886-890.

BOURGUET, (Vincent), « Bioéthique et dualisme ontologique », in *Revue Thomiste*, n°97, 1997, pp.619-639.

BOUSSINOT, (Christian), « La réception française de l'œuvre de Hans Jonas », in *Revue d'éthique et de théologie morale*, n°194, 1995, pp.180-206.

BRISART, (Robert) (éd.), « Hans Jonas », in *Etudes phénoménologiques*, n°08,1988, pp. 3-90.

CALLICOT, (John-Baird), « Animal liberation: a triangular affair », in *Environmental Ethics*, Vol.2, 1980, pp331-338.

CALLICOT, (John-Baird), « The case against moral pluralism? », in *Environmental Ethics*, vol.12, 1990, pp.99-124.

CALLICOT, (John-Baird), « Intrinsic value in nature. A Metaethical Analysis. Two Proofs for the existence of intrinsic Value », in *The Electronic Journal of Analytic Philosophy*, N°3, 1995.

CALLICOT, (John-Baird), « Animal Liberation and environmental Ethics Back together again », in *Between the species,* n° 4, 1998, pp.163-169.

CIARAMELLI, (Fabio), « Sans abri. Phénoménologie de la liberté et question du mal chez Hans Jonas », in *Etudes phénoménologiques*, n°33-34, 2001, pp.131-154.

DEPRÉ, (Olivier), « Philosphie de la nature et écologie. À propos de Hans Jonas », in *Etudes phénoménologiques*, n°19, 1994, p.85-108.

DEPRÉ, (Olivier), « Finalité et respect de la nature chez Hans Jonas », in Schulthess D. (éd.), *La nature. Thèmes philosophiques,* *thèmes d'actualité*, numéro spécial des *Cahiers de la Revue de théologie et de Philosophie*, n°18, 1996, p.323-327.

DEPRÉ, (Olivier), « " Ce dont la possibilité contient l'exigence de sa réalité". De l'être au devoir-être chez Hans Jonas », in *Etudes phénoménologiques*, n°33-34, 2001, p.111-129.

DEPRÉ, (Olivier); LORIES, (Danielle) (éd.), « Hans Jonas dans le mouvement phénoménologique », in *Etudes phénoménologiques*, n°33-34, 2001, p.3-162.

DEWITTE, (Jacques), « Préservation de l'humanité et image de l'homme », in *Etudes phénoménologiques*, n°8, 1988, p.33-68.

DIKIENOU, (K.-Christophe), « Philosophie et éducation pour le respect de la nature », in *Exchoresis*, Revue africaine de philosophie, n°1, juillet 2002, pp. 107-123.

DONNELEY, (Strachan), « Hans Jonas : la philosophie de la nature et l'éthique de la responsabilité », in *Etudes phénoménologiques,* n°08, 1988, p.9-90.

DUMAS, (André), « La réponse à Hans Jonas », in *Esprit*, n°42, 1979, p.190-192.

FERKISS, (Victor), « Technology and a Metaphysics of responsibility », in *The review of Politics*, n°02, 1985, p.288-289.

FOLSCHEID, (Dominique), « Une éthique pour notre temps ? Le "principe responsabilité" selon Hans Jonas », in *Ethique*, n°09, 1993, p.23-35.

GREISCH, (Jean), « L'amour du monde et le principe responsabilité », in *Autrement-séries*, n°14, numéro sur « La responsabilité », 1994, p.72-93.

HABERMAS, (Jürgen), « Etre résolument moderne » (Propos recueillis par Joël Roman et Etienne Tassin), in *Autrement*, n°102, 1988, p.23-29.

JANICAUD, (Dominique), « En guise d'introduction à Hans Jonas », in *Esprit*, n°51, 1988, p.163-171.

JEAN-PAUL II, « Pour un code éthique commun de l'humanité », in *Concilium, Revue Internationale de Théologie,* N° 292 : *En quête de valeurs universelles*, 2001.

N'DONG MEYE, (Pierre), « Heidegger : précurseur de l'écologie moderne ? », in *Exchoresis*, Vol. 1, n°1, juillet 2002, pp. 124-139.

NAESS, (Arne), « A defence of the deep ecology movement », in *Environmental Ethics*, Vol. 6, n° Automne, 1984, pp.265-270.

O'NEIL, (Rick.), « Animal Liberation versus Environmentalism », in *Environmental Ethics*, Vol.22, n°2, 2000, p.183-190.

PLUMWOOD, (Val), « Integrating Ethical Frameworks for Animals, Humans, and Nature: A critical Feminist eco-socialist Analysis », in *Ethics and the Environment*, vol.5, n°2, 2000, p285-322.

RABB, (J. Douglas), «From triangles to Tripods: Polycentrism in Environmental Ethics », in *Environmental Ethics*, Vol. 14, n°2, 1992, p177-183.

REGAN, (Tom), « Animals Rights, Human Wrongs », in *Environmental Ethics*, vol.2, 1980, p.99-120

RICŒUR, (Paul), « La responsabilité et la fragilité de la vie. Ethique et philosophie de la biologie chez Hans Jonas », in *Le Messager Européen,* n°5,1991, p.203-218.

SERRES, (Michel), « Retour au contrat naturel », Paris, Bibliothèque Nationale de France, 2000.

SESSIONS, (Georges), « The deep ecology Movement: a review », in *Environmental Review*, Vol.11, n°2, 1987, p.105-126.

SÈVE, (Bernard), « Hans Jonas et l'éthique de la responsabilité », in *Esprit*, n°53,1990, p.72-88.

TAMINIAUX, (Jacques), « Sur une éthique pour l'âge de la science », in *Le Messager Européen*, n°5,1991, p.187-202.

TAVOILLOT, (Pierre-Henri), « Entre conviction et utopie. La fondation jonassienne de l'éthique de la responsabilité », in *Cahiers de Philosophie de l'Université de Caen*, n°30,1996, p.243-258.

TAYLOR, (Angus), « Animal Rights and Human needs », in *Environmental Ethics*, vol.18, n°3, 1996, p.249-264.

THORENS, (Adèle), « L'écocentrisme à l'épreuve de la question anthropologique dans la philosophie de Hans Jonas », in *Revue de Théologie et de Philosophie, Genève*, II, vol. 133, 2001, p.131-147.

VOGEL, (Lawrence), « Does Environmental Ethics Need a Metaphysical Grounding ? », in *Hastings Center Report,* n°25, 1995, p.30-39.

TABLE DES MATIÈRES

Philosophie
aux éditions L'Harmattan

Dernières parutions

ALAIN BADIOU
Vivre en immortel
Vinolo Stéphane
À la différence de penseurs comme Deleuze ou Derrida, Alain Badiou est un philosophe classique, cherchant à apporter des réponses aux questions les plus anciennes de la philosophie. Pour Badiou, la philosophie n'est plus au coeur du processus de production des vérités. Toute la pensée de Badiou nous enjoint donc à cesser d'être des animaux humains pour devenir des sujets, à ne plus survivre à l'aune de nos seuls intérêts, pour vivre pleinement, c'est-à-dire, vivre enfin comme des immortels.
(Coll. Ouverture Philosophique, 20.00 euros, 196 p.)
ISBN : 978-2-343-05087-4, ISBN EBOOK : 978-2-336-36612-8

CENT MILLIONS D'ORGASMES
Essai sur la pornographie
Rubino Francesco
La pornographie sera l'un des objets les plus invasifs des réglementations morales à venir. Aux positions naïves (M. Marzano) et aux reconstructions puristes (C. MacKinnon) et relativistes (M. C. Nussbaum, L. Williams), ce «pornouvrage» oppose le sens authentique de cette anomie érotique : le sens d'un corps opprimé qui, pourtant, pornographiquement écrit (A. J. Magliacane) et se resymbolise dans un cri (P. Pat Califia) ou se désymbolise dans un fantasme (Ch. Ackerman, E. Lemoine-Luccioni).
(Coll. Ouverture Philosophique, série Arts vivants, 24.00 euros, 240 p.)
ISBN : 978-2-343-05144-4, ISBN EBOOK : 978-2-336-36662-3

COURT TRAITÉ D'ONTOLOGIE
Bouvier Pascal
Pourquoi existons-nous ? Est-ce que nous existerons après la mort ? Autant d'interrogations profondément humaines qui sont prises en charge par la philosophie. Au sein de celle-ci, une discipline spécifique se consacre à la question de l'être : l'ontologie. Elle semblait tombée en désuétude et dans l'oubli depuis les critiques sévères de certains courants philosophiques. Ce traité tente de saisir les grandes lignes de cette histoire de l'être.
(Coll. Ouverture Philosophique, 14.50 euros, 148 p.)
ISBN : 978-2-343-04094-3, ISBN EBOOK : 978-2-336-36722-4

CRITIQUE (LA) RADICALE DE L'ARGENT ET DU CAPITAL CHEZ LE DERNIER-MARX
Matériaux pour une refondation du marxisme
Bayer Philippe
Ce livre s'inscrit dans une réflexion sur la Critique radicale associée à ce qu'on peut appeler le Dernier-Marx. Ce Dernier-Marx, on peut le lire dans l'édition française du *Capital* en un repositionnement de Marx, venant problématiser sa pensée objective précédente, qui réceptionnait un donné du mode de production capitaliste pour l'interpréter comme un donné de l'histoire. À

cette entreprise ruineuse pour le mouvement ouvrier, le Dernier-Marx substitue une problématique radicalement subjective à partir d'une ontologie de l'identité vitale.
(Coll. Ouverture Philosophique, 25.00 euros, 248 p.)
ISBN : 978-2-343-04705-8, ISBN EBOOK : 978-2-336-36730-9

DÉCONSTRUCTION PHÉNOMÉNOLOGIQUE ET THÉOLOGIQUE DE LA MODERNITÉ OCCIDENTALE
Awazi Mbambi Kungua Benoît
Le puissant travail de déconstruction phénoménologique et théologique de la modernité occidentale fait apparaître l'autisme épistémologique qui caractérise son horizon de la Mathesis Universalis à la base de ses productions scientifiques, techniques, athées, consuméristes et médiatiques. À travers cet ouvrage, l'auteur opère un puissant tournant prophétique, mystique et thérapeutique de la théologie négro-africaine de la libération holistique, échappant ainsi aux schèmes idéologiques et politiques des théologies occidentales frappées d'obsolescence.
(33.00 euros, 320 p.)
ISBN : 978-2-343-03719-6, ISBN EBOOK : 978-2-336-36791-0

ÉVEIL BOUDDHIQUE ET CORPORÉITÉ
Marcel Antoine
«Voir dans sa propre nature», dans le bouddhisme zen, est une expression convenue qui désigne l'éveil. Pourquoi, et comment ? Observant l'importance première donnée au corps dans la pratique méditative, la mise à l'écart de la noèse, l'auteur, s'appuyant sur les développements de la pensée phénoménologique à la suite de Maurice Merleau-Ponty, tente une investigation de l'éveil bouddhique.
(Coll. Ouverture Philosophique, 12.00 euros, 108 p.)
ISBN : 978-2-343-05191-8, ISBN EBOOK : 978-2-336-36785-9

PROBLÈME (LE) KANTIEN DE L'ÉTHIQUE
Habiter le monde
Gaudet Pascal
La philosophie critique de Kant peut être interprétée comme une éthique, qui signifie non pas seulement l'impératif de la vertu, mais l'exigence d'une réalisation du souverain Bien en l'homme et dans le monde. Ce livre montre comment la recherche d'un passage de la liberté à la nature fonde le projet d'une « habitation » du monde et permet de penser le sens éthique de la philosophie en ses domaines théorique et pratique.
(Coll. Ouverture Philosophique, 12.00 euros, 110 p.)
ISBN : 978-2-343-05328-8, ISBN EBOOK : 978-2-336-36702-6

RACINE (LA) DE LA LIBERTÉ
Urvoy François
À l'issue d'un siècle qui a vu le plus grand écrasement des hommes et des peuples et en ce début qui en prend bien le relais, les préoccupations de liberté ont pris une urgence plus grande et plus sensible. Les investigations obtiennent jusqu'ici des résultats très décevants car elles s'attachent aux moyens externes sans jamais chercher qui et surtout comment on sera en mesure de les produire et de les mettre en œuvre. Il s'agit, ici, de remonter à la racine de la question : ce qui dépend de nous, ce que nous pouvons par nous-mêmes dans un monde qui nous produit et nous conduit.
(Coll. Ouverture Philosophique, 27.00 euros, 258 p.)
ISBN : 978-2-343-03005-0, ISBN EBOOK : 978-2-336-36731-6

SYMBOLIQUE (LE) ET LE TRANSCENDANTAL
Verley Xavier
Ce livre part du différend qui a opposé Frege et Husserl à propos du psychologisme. Comment ces deux pensées tournées vers une réflexion sur l'arithmétique ont-elles pu parvenir à deux conceptions si différentes de la logique ? Il est apparu qu'il s'agissait d'évaluer l'idée de représentation qui est au cœur du problème. Ainsi, faut-il se (re)présenter pour penser ou y a-t-il la place pour une pensée symbolique et aveugle ?
(Coll. Ouverture Philosophique, 30.00 euros, 294 p.)
ISBN : 978-2-343-02833-0, ISBN EBOOK : 978-2-336-36557-2

CRITIQUE ET ÉMANCIPATION
Recherches foucaldiennes sur la culture arabe contemporaine
Beghoura Zouaoui - Préface de Jacques Poulain
Cet ouvrage utilise les pensées de Michel Foucault dans la culture arabe. Il joint à une histoire socio-politique de cette culture une critique qui vise à y établir les conditions d'une émancipation réelle, indépendante de l'actualité brûlante qui semble la rendre aujourd'hui impossible. Cette expérience de critique socio-politique développe en effet les critères d'une émancipation intellectuelle qui conditionne toute émancipation sociale.
(Coll. La philosophie en commun, 17.00 euros, 176 p.)
ISBN : 978-2-343-04092-9, ISBN EBOOK : 978-2-336-36304-2

DU FÉMINISME DANS L'ŒUVRE DE MICHEL FOUCAULT
A demain le bon sexe
Essai
Sastre Danièle
«Le sexe, disait Foucault, ça s'administre, la sexualité, ça se subit ; quant à la sensualité, elle est chaque jour à inventer.» L'auteur a voulu rouvrir le dossier, emprunter les chemins qu'il a tracés en 1976 en écrivant son Histoire de la sexualité, qui est l'histoire des discours sur la sexualité, eux-mêmes histoire des corps investis par le pouvoir.
(27.00 euros, 268 p.)
ISBN : 978-2-343-04763-8, ISBN EBOOK : 978-2-336-36305-9

GASTON BACHELARD, UNE POÉTIQUE DE LA LECTURE
Buse Ionel
L'éthique bachelardienne est une éthique simple, mais pas du tout simpliste : l'homme du théorème est complété par l'homme du poème. Mais, si l'éthique est une direction de la pensée qui doit maîtriser notre avenir, la poétique est la source ontologique de cette pensée. C'est-à-dire la liberté de rêver doit être à l'origine de la liberté créatrice de la pensée ou de l'homme des théorèmes. En fait, il ne s'agit pas d'une éthique fermée dans les modèles artificiels d'une pensée techniciste, mais toujours d'une éthique soutenue, à l'origine, par une poétique de la pensée ouverte.
(Coll. Ouverture Philosophique, 16.50 euros, 160 p.)
ISBN : 978-2-343-04292-3, ISBN EBOOK : 978-2-336-36292-2

HOMME (L') EST-IL UN ANIMAL POLITIQUE ?
Physique de la misanthropie, entre littérature et philosophie
Ainseba Tayeb
Le compartimentage disciplinaire hérité du XIXe siècle pousse à opposer les intentions esthétiques de la littérature au chemin vers la vérité que serait la philosophie. Cette opposition nie la possibilité d'une philosophie littéraire tant que, réduite à un dogme, elle n'est pas critiquée. Ce livre, plutôt que d'opposer la littérature et la philosophie, raconte ce qui les rapproche en prenant un thème qui leur est commun, celui de la misanthropie.
(30.00 euros, 298 p.)
ISBN : 978-2-343-04870-3, ISBN EBOOK : 978-2-336-36346-2

LOGIQUE ET RHÉTORIQUE SELON CHAÏM PERELMAN
ou le jugement partagé
L'éloquence de la raison
Melcer Jean-François
Des trois volets de l'oeuvre de Chaïm Perelman – la philosophie du droit, l'éthique et la logique – le troisième est le moins connu. Les précédents tomes de *L'éloquence de la raison* ont mis l'accent sur les deux premiers. Il s'agit, à présent, d'expliciter les conditions épistémologiques de possibilité de la nouvelle rhétorique, conçue comme logique argumentative, non comme technologie persuasive.
(Coll. Ouverture Philosophique, 31.00 euros, 304 p.)
ISBN : 978-2-343-04209-1, ISBN EBOOK : 978-2-336-36286-1

MERLEAU-PONTY - FREUD ET LES PSYCHANALYSTES
Le Baut Hervé
Le parcours de Maurice Merleau-Ponty ne peut se comprendre sans le fil rouge de la Psychanalyse : dès sa thèse, il restaure le primat de la perception et du corps sexué à la lumière de Freud et de Binswanger. A la Sorbonne, il renouvelle la Psychologie de l'enfant en y intégrant M. Klein, J. Lacan et F. Dolto. Au Collège de France plusieurs cours font des rêves et de la libido une dimension inéluctable de l'humain. De nombreux psychanalystes et psychiatres se sont « laissés interroger par lui « : citons : H. Ey, A. Hesnard, P. Fédida, A. Green, J. Laplanche, J.-B. Pontalis, Luce Irigaray...
(Coll. Ouverture Philosophique, 24.00 euros, 296 p.)
ISBN : 978-2-343-04080-6, ISBN EBOOK : 978-2-336-36381-3

NAÎTRE MÈRE
Essai philosophique d'une sage-femme
de Gunzbourg Hélène
Cet essai est la réflexion d'une sage-femme qui, depuis trente ans, a accompagné des femmes pendant leur grossesse et après la naissance de leur enfant, écoutant leur questionnement sur l'arrivée au monde d'un enfant désormais « désiré ». La révolution dans la procréation et la transformation de la famille concerne chacun d'entre nous. Faut-il redouter que les forces aveugles de la nature ou du destin soient remplacées par la rigueur glaciale et anonyme de la technoscience et de son « expertise » ?
(Coll. Ouverture Philosophique, 28.00 euros, 274 p.)
ISBN : 978-2-343-04437-8, ISBN EBOOK : 978-2-336-36405-6

PENSÉE DIALOGIQUE, LANGAGE ET INTERSUBJECTIVITÉ DANS LA PHILOSOPHIE DE FRANZ ROSENZWEIG
Muller Alain - Préface de Bernard Forthomme
L'originalité de cet ouvrage, c'est de tenter d'éclairer le « retour » de Franz Rosenzweig au judaïsme, - et le concept de « révélation » qui s'y rattache -, à partir de l'itinéraire intellectuel et de la philosophie de celui-ci, et en s'appuyant sur les philosophies d'Hermann Cohen et d'Eugen Rosenstock, et cela en plaçant le premier dans le contexte historique de la « symbiose judéo-allemande », le second dans le cadre du dialogue interreligieux entre le christianisme et le judaïsme.
(Coll. Ouverture Philosophique, 28.00 euros, 270 p.)
ISBN : 978-2-336-00746-5, ISBN EBOOK : 978-2-336-36432-2

PENSÉE (LA) POSITIVISTE SOUS LE SECOND EMPIRE
Charlton Donald Geoffrey - Traduction : René Boissel
Le Second Empire fut l'époque charnière dans la construction de la France moderne : développement exponentiel de la science qui repousse les frontières de l'inconnaissable, culte du 'Progrès' sans limite qui atteindra son apogée à la veille de la Première Guerre mondiale. Parallèlement, une nouvelle philosophie se construit avec pour base la science et remet en cause les profondes certitudes préalablement acquises : le positivisme, esquissé par Saint-Simon et structuré par Auguste Comte. Le professeur Donald Geoffrey Charlton (1925 – 1995) présenta sa thèse à l'Université de Londres.
(Coll. Ouverture Philosophique, 26.00 euros, 260 p.)
ISBN : 978-2-343-01340-4, ISBN EBOOK : 978-2-336-36430-8

PHILOSOPHIE ET SPÉCIFICITÉ AFRICAINE DANS LA REVUE PHILOSOPHIQUE DE KINSHASA
Massamba-Makoumbou Jean-Serge
La revendication d'une rationalité purement africaine par les milieux scientifiques ou universitaires africains, depuis des décennies, dérive de la minorisation de l'Afrique. Cette étude s'interroge sur le sens et la signification de la notion d'africanité attachée à sa philosophie. Elle tente de répondre à la question de l'identité africaine de cette philosophie et partant de celle du philosophe africain, telle qu'elle se donne à lire dans la Revue philosophique de Kinshasa.
(Coll. Ouverture Philosophique, 16.50 euros, 168 p.)
ISBN : 978-2-343-05119-2, ISBN EBOOK : 978-2-336-36416-2

L'HARMATTAN ITALIA
Via Degli Artisti 15; 10124 Torino
harmattan.italia@gmail.com

L'HARMATTAN HONGRIE
Könyvesbolt ; Kossuth L. u. 14-16
1053 Budapest

L'HARMATTAN KINSHASA
185, avenue Nyangwe
Commune de Lingwala
Kinshasa, R.D. Congo
(00243) 998697603 ou (00243) 999229662

L'HARMATTAN CONGO
67, av. E. P. Lumumba
Bât. – Congo Pharmacie (Bib. Nat.)
BP2874 Brazzaville
harmattan.congo@yahoo.fr

L'HARMATTAN GUINÉE
Almamya Rue KA 028, en face
du restaurant Le Cèdre
OKB agency BP 3470 Conakry
(00224) 657 20 85 08 / 664 28 91 96
harmattanguinee@yahoo.fr

L'HARMATTAN MALI
Rue 73, Porte 536, Niamakoro,
Cité Unicef, Bamako
Tél. 00 (223) 20205724 / +(223) 76378082
poudiougopaul@yahoo.fr
pp.harmattan@gmail.com

L'HARMATTAN CAMEROUN
BP 11486
Face à la SNI, immeuble Don Bosco
Yaoundé
(00237) 99 76 61 66
harmattancam@yahoo.fr

L'HARMATTAN CÔTE D'IVOIRE
Résidence Karl / cité des arts
Abidjan-Cocody 03 BP 1588 Abidjan 03
(00225) 05 77 87 31
etien_nda@yahoo.fr

L'HARMATTAN BURKINA
Penou Achille Some
Ouagadougou
(+226) 70 26 88 27

L'HARMATTAN SÉNÉGAL
10 VDN en face Mermoz, après le pont de Fann
BP 45034 Dakar Fann
33 825 98 58 / 33 860 9858
senharmattan@gmail.com / senlibraire@gmail.com
www.harmattansenegal.com

L'HARMATTAN BÉNIN
ISOR-BENIN
01 BP 359 COTONOU-RP
Quartier Gbèdjromèdé,
Rue Agbélenco, Lot 1247 I
Tél : 00 229 21 32 53 79
christian_dablaka123@yahoo.fr

Achevé d'imprimer par Corlet Numérique - 14110 Condé-sur-Noireau
N° d'Imprimeur : 124738 - Dépôt légal : décembre 2015 - *Imprimé en France*